货币未来
从金本位到区块链

［黎］赛费迪安·阿莫斯 著
(Saifedean Ammous)

李志阔 张昕 译

THE BITCOIN STANDARD
The **Decentralized** Alternative to
Central Banking

机械工业出版社
China Machine Press

图书在版编目（CIP）数据

货币未来：从金本位到区块链 /（黎巴嫩）赛费迪安·阿莫斯（Saifedean Ammous）著；李志阔，张昕译. —北京：机械工业出版社，2020.7（2025.6 重印）

书名原文：The Bitcoin Standard: The Decentralized Alternative to Central Banking

ISBN 978-7-111-65912-9

I. 货… II. ① 赛… ② 李… ③ 张… III. 货币 – 研究 IV. F82

中国版本图书馆 CIP 数据核字（2020）第 107239 号

北京市版权局著作权合同登记　图字：01-2020-0203 号。

Saifedean Ammous. The Bitcoin Standard: The Decentralized Alternative to Central Banking.
ISBN 978-1-119-47386-2

Copyright © 2018 by Saifedean Ammous. All rights reserved.

This translation published under license. Authorized translation from the English language edition, Published by John Wiley & Sons. Simplified Chinese translation copyright © 2020 by China Machine Press.

No part of this book may be reproduced or transmitted in any form or by any means, electronic or mechanical, including photocopying, recording or any information storage and retrieval system,without permission, in writing, from the publisher. Copies of this book sold without a Wiley sticker on the cover are unauthorized and illegal.

All rights reserved.

本书中文简体字版由 John Wiley & Sons 公司授权机械工业出版社在全球独家出版发行。未经出版者书面许可，不得以任何方式抄袭、复制或节录本书中的任何部分。

本书封底贴有 John Wiley & Sons 公司防伪标签，无标签者不得销售。

货币未来：从金本位到区块链

出版发行：机械工业出版社（北京市西城区百万庄大街 22 号　邮政编码：100037）	
责任编辑：岳晓月	责任校对：李秋荣
印　　刷：北京富资园科技发展有限公司	版　次：2025 年 6 月第 1 版第 13 次印刷
开　　本：170mm×230mm　1/16	印　张：17.75
书　　号：ISBN 978-7-111-65912-9	定　价：69.00 元

客服电话：(010) 88361066　68326294

版权所有·侵权必究
封底无防伪标均为盗版

献给我的妻子和女儿，她们给了我写作的动力
献给中本聪，他给了我值得书写的题材

推荐序一

比特币是什么

比特币是什么

对"比特币是什么"这个问题,赛费迪安·阿莫斯这本书给出了一些说法:

- "比特币代表了诞生于数字时代的对货币问题新的技术解决方案。"
- "作为首个可验证其稀缺性的数字对象,比特币是电子现金的首个样板。"
- "现在,比特币仍然被视为一个古怪的互联网实验。"
- "到目前为止,去信任的数字现金是区块链技术唯一成功的应用。"

赛费迪安最重要的答案正如他的英文书名 *The Bitcoin Standard*(比特币本位)所体现的,像"金本位"曾经是一种主要的货币制度一样,未来数字世界的货币制度可能以比特币为本位币。

这本出版于 2018 年年初的著作是关于货币历史与货币未来的雄辩论

述。在我看来,这是区块链领域最重要的两本书之一。另一本是著名的比特币技术传道者安德烈亚斯·M.安东波罗斯撰写的从技术角度探讨的《精通区块链编程》⊖(*Mastering Bitcoin*),它则是从货币角度进行讨论。之前读本书英文版时,我的感受是,我不一定百分之百赞同作者的观点,但他从货币学和经济学角度的讨论给了我极大的头脑冲击。

我之所以无法百分之百赞同他的观点,是因为对"比特币"和"区块链"定位的看法有差异:在赛费迪安看来,区块链是一台机器中不可缺少的一个齿轮,这台机器的产出(即比特币)是最重要的。而我们这些从互联网技术角度出发的人则认为,区块链是诞生于比特币系统的基础技术,但区块链对未来的影响远大于比特币。

这就是为什么我们要问"比特币是什么",这是理解比特币、区块链、数字货币、未来数字经济的关键问题。

用比特币发明者中本聪的话说,比特币是一种点对点的电子现金,而且它的系统运行无须任何可信第三方。自2009年1月3日比特币网络在互联网上开始运行以来,中本聪完美地解决了自己想要解决的技术问题,他也的确创造了一个迄今表现得有如塔勒布所说的反脆弱特征的去中心化的电子现金。

在英文中,首字母大写的Bitcoin指比特币网络,而首字母小写的bitcoin则指比特币这种加密货币(cryptocurrency)。我认为,我们还可以更细致地拆解,从下往上分成四个层次。

第一层(最底层)是比特币相关的基础技术,被称为"区块链技术"。

⊖ 《精通区块链编程:加密货币原理、方法和应用开发》由机械工业出版社2019年5月出版。

第二层是发行比特币、运行比特币的计算机系统，被称为"比特币协议"或"比特币网络"。在强调它的逻辑设计时称之为"比特币协议"，在讨论它的软件、矿机等功能时称之为"比特币网络"。第三层是作为一种去中心化电子现金的比特币。第四层则是围绕比特币展开的加密货币或数字资产的全新经济体。

正如赛费迪安所说，在未来经济体中，比特币最有机会作为其中的本位币，它有着类似黄金在人类千年历史中的金本位的地位。各国央行研究和试点的央行数字货币（CBDC）、社交网站Facebook牵头发起的天秤币（Libra），是试图在没有第二、第三层的情况下创造能把我们带入数字世界的货币。赛费迪安这本书的重大价值在于，他通过对货币历史的分析告诉我们，比特币才是人类经济漫长历史中各种货币在数字时代的迭代。

我赞同赛费迪安关于比特币的一些观点，我总结成两句话："比特币系统是有着完美设计的技术系统、经济系统""比特币是完美的货币或所谓的健全货币（sound money），可能成为未来的本位币"。细微差别只是我们对未来的展望指向了不同的方向：作为经济学教授，赛费迪安的展望重点放在了"比特币本位"，而作为互联网从业者，我们看到这个完美设计的技术系统有着更广泛的应用可能性，比起相信货币革命，我们更相信技术革命。

比特币的优势在哪里

比特币作为一种像黄金一样的本位币，其优势在哪里？在研究比特币与区块链的过程中以及这次重读本书时，我一再强烈感受到，比特币在经济上的设计完美地模拟了黄金，它是稀缺的、总量有限的，它的新增产量是稀少的。赛费迪安在本书中给出了一个有着独特见地的答案:"存量 – 增量比"高的物品才有资格成为健全货币。

这个简单的答案把我们从复杂的货币与加密货币的现象中解救了出来。在发明之时,比特币的定义是去中心化的电子现金。在一个阶段,人们期待它成为新的全球货币,期望它具有货币的三种职能——交易中介(比如用比特币在电商网站上购物)、价值存储(比如投资比特币以获得长期收益)、记账单位(比如用比特币给房子定价)。围绕着比特币扩容的技术之争,争辩的实质结果就是决定是否让比特币具有交易中介的功能。从过去两年、未来两三年的视野看,比特币现在表现出的仅在"价值存储"这一功能上有着显著优势。

比特币可以充当价值储藏工具,不是因为很多人所说的供需关系,而是因为它有着非常高的存量 – 增量比,比特币每年的新增产量很小,而且无人可以操控使其增加。

特别地,作者赛费迪安强调,货币的价值存储功能使人们考虑得更为长远,激励个体将资源用于投资未来而不是即时消费。再往下延伸,我们每个人可以自然得到的推论是,数字世界如果有一种优秀的承担价值存储的货币,那么将刺激每个人投资于未来,人们不再只是即时消费,而是有了本书所说的"创造资本品的心智"。所谓资本品(capital goods),就是未来能创造价值的物品,汽车工厂是资本品,而汽车是消费品。现在互联网不令人满意的一点,正是它只推动人们消费数字商品(资讯、视频和游戏),而没有有效的机制去推动更多的人创造资本品,这样的数字世界很难说是一个健康的经济社会。

与人类历史上各种曾经作为货币的物品(比如贝壳、雅浦岛的巨石、非洲的玻璃珠、白银、黄金）相比，比特币是非常"硬"的硬通货。这是本书读来有趣的地方，作者赛费迪安用历史上的各种货币案例告诉我们，为什么硬通货才能维持货币的稳定，才能促使经济的发展与繁荣。同时你也会看到，历史上各种人物是如何用软通货掠夺他人的。但我想请你特别注意的一点是，以"存量 – 增量比"非常高的物品作为货币本位，其作用是刺激人们去生产，这是历史一次次告诉我们的。在讨论将黄金这种硬通货作为本位币时，作者明确地说："因为黄金不能轻易增发，它会迫使人们把精力从生产货币转向生产更有用的商品和服务。"

在观察比特币现象时，我觉得应该关注的不是它的价值与价格，而是它是否促进了生产创造。通过生产创造，我们将塑造一个更好的未来数字世界，我认为这是比特币的最大优势。而塑造这个世界的技术手段则源自比特币的数字基础技术——区块链技术。

方军

火币大学顾问合伙人，《区块链超入门》作者

推荐序二

从古至今,人们看待事物的发展往往是从它的起源说起。在此,我们不妨换个角度,从事物发展的末端(比如我们每个人都置身于内的当今社会)说起。在我写下这篇推荐序的同时,人类社会正在见证一场彻底的革新,一场旨在颠覆当今社会各个领域形形色色的"专家阶层"的起义。在这些被挑战的领域中,一些领域的复杂程度是我们一般人无法理解的,比如宏观经济现实。在这场社会革新中,大多数所谓的专家失去了他们"皇帝的新装",更滑稽的是,他们自己并不知情。这就是为什么我们要小心那些被授权做集中宏观决策的人。

更糟糕的是,几乎所有国家的中央银行都以相同的模式运作,形成了一种基本同质的单一经济文化。

在复杂的领域,其专业知识并不集中:在有机现实下,事物以分散的形式运作。经济学家已经令人信服地证明了这一点,他用"知识的分散性"来诠释这一现象。而且现在来看,要实现某一领域的有序运作,人类也许根本不需要"知识",甚至不需要个人的理性思维,需要的仅仅是一套免于遭受外来干预式调控的范式。

这样的范式并不意味着每个参与者都有同等的决策权，少数积极的参与者可能会不成比例地影响他们所关心的某一事物的发展（就如我研究过的少数人统治的不对称性）。即便如此，参与者也可以自主地选择是否成为这样的积极分子。

随着参与者的增多、规模的扩大，一个神奇的效应就会逐渐显现：理性市场的诞生并不需要任何参与其中的个体保持理性。实际上，理性市场的运作无须依赖于任何聪明才智。在这样的范式下由一群普通人构成的市场，比在计划模式下由一群天才构成的市场，更能实现高效流畅的运作。

这也正是比特币是一个极佳想法的原因。比特币满足了复杂系统的需要，不是因为它在技术上是一种加密货币，而是因为它的去中心化属性，没有所有者，没有个人或机构能够决定它的命运。比特币的掌控权完全在使用它的普通群众的手中。从诞生到今日，比特币的成长和壮大，足够赢得每个人的严肃对待。

在我看来，其他加密货币如果想与比特币竞争，必须要具备相似的哈耶克特性。

比特币是一种不依赖于任何政府的货币。有人也许会问，我们不是已经有了像黄金、白银或稀有金属这种同样不依赖于政府的货币了吗？事情不完全是这样。当你在市场上购买黄金的时候，你其实购买的是对黄金的认领权，凭借这个认领权，你才可以在指定的第三方黄金托管机构真正结算你所交易的黄金。第三方托管的功能往往由各大银行承担，而这些银行又必须接受各国政府的监管。相比于黄金，比特币在市场交易上有巨大的优势，因为比特币的交易结算过程始终无须任何第三方托管机构的介入。

比特币第一次通过技术手段保证了私有财产的神圣不可侵犯，没有哪个政府能获取你脑子里记住的私钥。

最后我要说的是，比特币的发展并不会一帆风顺。比特币有可能以失败告终，即便如此，人们还可以重新推出一个类似的去中心化的货币，因为我们已经知道了如何发明和运作这样一种去中心化的货币体制。目前阶段，若将比特币用作日常的交易中介，技术上可能尚不完善，人们还不能够方便地用比特币在本地的咖啡店买一杯玛奇朵咖啡。同时，从经济上讲，价格的剧烈波动也使比特币在当前并不适宜用作日常通货。然而，这些现有的不足都不能掩盖一个事实，即比特币是人类有史以来发明的首个真正的"有机"货币。

抛开其他不谈，比特币的存在本身就是一份保险，它提醒各国政府，当局能控制的最后一个目标——货币，已经不再是它们的垄断之物。

纳西姆·尼古拉斯·塔勒布（Nassim Nicholas Taleb）
2018 年 1 月 22 日

前　言

　　2008年11月1日，一位化名为"中本聪"的电脑程序员给一个密码学爱好者的电子邮件组发送了一封邮件，告知他们自己弄出了一个"完全点对点的、不依赖任何第三方的新的电子现金系统"。[⊖]邮件中，中本聪附上了比特币白皮书的摘要，以及白皮书全文的网址链接。简单来说，这是一个使用自身原生货币的支付网络，能让每个成员不需要信任其他任何人就能验证每一笔交易的真实性。中本聪进行了精致复杂的设计，比如，比特币网络内的货币量是按照既定的速率增加的，新增的货币奖励给那些花费自身算力验证交易的网络成员，即新增货币是对他们工作的奖励。比特币这项发明令人吃惊的地方在于，不同于之前很多发明电子现金的尝试，它真的成功了。

　　尽管比特币的设计巧妙，但这个奇特的实验却很难吸引加密极客圈子之外的关注。比特币网络上线后的数月，全球范围内仅有数十位用户加入，参与挖矿，互相发送比特币，此时比特币还只是一种数字形式的收藏品。

　　⊖　邮件全文及其他所有中本聪留下的邮件、论坛发言等资料，可见于中本聪研究所。

直到 2009 年 10 月[○]，出现了一宗以 5.02 美元售出 5050 个比特币的交易，折合一个比特币的价格不足 0.001 美元，这是有记录的第一宗法定货币与比特币之间的交易。[○]在这笔交易中，比特币的价格是根据当时开采新币所需的电费计算的。从经济角度看，这可以称作比特币发展史上最重要的时刻之一。自此以后，比特币不再是边缘程序员群体内部的数字游戏，它变成了有价格的商品，这表明某些地方的某些人已经开始发现和承认它的价值。2010 年 5 月 22 日，有人成功地用 1 万个比特币购买了价值 25 美元的两张比萨，这标志着比特币首次被当作商品交易的中介。比特币从首次成为商品，到首次被用作交易中介，两件事之间隔了 7 个月。

从那以后，比特币网络在用户人数、交易数量和吸纳算力等方面都不断增长，同时比特币的价格也快速上升，到 2017 年 11 月，每个比特币的价格已经超过 7000 美元。^{○○}8 年后，它的兑换率经常和国家货币的汇率一起出现在电视、报纸和网站上，很明显比特币已经不再是一种网络游戏，而是一项通过了市场考验，在现实生活中具备多种用途的技术创新。

比特币可以被理解为一个去中心化的电脑软件，允许人们使用一种具有抗通胀属性的货币直接与他人进行商品交易，无须借助任何第三方机构。换句话说，比特币通过大量网络成员共同运行去中心化的代码，自动

○ 这笔交易发生在比特币早期开发者 Martti Malmi 与一个论坛 ID 为"New Liberty Standard"的用户之间，发生的时间也有说是 9 月。——译者注
○ Nathaniel Popper, Digital Gold (Harper, 2015).
○ 换句话说，作为一种商品，在 8 年间，比特币的价格从 0.000 994 美元上涨到作者着笔时的 7888 美元，上涨了近 800 万倍，或者更精确的数字是 7 995 139.44 倍。
○ 从作者写完到译者着笔的今日，比特币价格又已经一度冬春，不熟悉的读者可于此查看：https://bitcoinwisdom.io/markets/bitfinex/btcusd。——译者注

实现了现代中央银行的功能，而且变得可预测但几乎不可修改，因为没有其他人的同意，没有人可以修改代码。比特币成为得到验证的可靠的电子现金和电子硬通货。尽管比特币是数字时代的新发明，但它试图解决的却是自人类社会形成以来一直困扰我们的古老问题，即找到一种既被其持有者完全掌控，又可以长期保值的货币。我基于自己对比特币技术的研究，对它所试图解决的经济问题以及历史上人们如何应对这个问题的多年研究，提出自己的观点。我的结论可能会吓到那些轻易给比特币贴上"骗局""投机分子的阴谋诡计""即将破灭的泡沫"这样标签的人。实际上，比特币不但改善了之前的"价值存储"方案，而且它作为数字时代健全货币的适用性，更会让反对者大吃一惊。

历史昭示未来，越仔细观察越是如此。时间会证明本书的观点。作为必需的基础，本书第一部分解释了货币，包括货币的功能和性质。作为一名工程学背景的经济学家，我理解一项技术总是从它试图解决的问题出发，这样我就能准确地抓住它的本质，而不会被其他偶然性和装饰性的东西干扰。厘清货币试图解决的问题，才能进一步明白健全货币和不健全货币的区别，进而使用这个概念框架去理解，为什么从古至今很多东西，如贝壳、玻璃珠、金属、政府发行的通货等，可以成为货币，又如何承担了货币职能，以及它们"如何"和"为什么"会失败，不能继续承担社会赋予的价值存储和交易中介的职能。

本书的第二部分讨论了历史上曾经出现的健全和不健全的货币形式对个人、国家和整个人类社会的影响。健全货币让人们着眼于长远，勤俭储蓄，投资未来。储蓄和长线投资是资本积累和人类文明进步的关键。货币是经济体的信息系统和度量系统，健全货币使贸易、投资和创业等经济活动在稳定的基础上进行，而不健全货币则将这些经济活动引向无序混乱。

健全货币也为个人提供了抵抗暴政的有效屏障，是自由社会的一个基本要素。

本书的第三部分解释了比特币网络的运行方式以及比特币最为突出的经济学特征。分析了将比特币作为一种健全货币形式的可能性，讨论了一些比特币尚不尽善尽美的案例，此外还澄清了一些围绕比特币的最常见的误解和迷思。

历史上有很多种技术用于承担货币职能，写本书的目的在于帮助读者理解比特币的经济意义，理解比特币为什么可以作为这些技术在数字时代的迭代。本书并不是宣传和鼓动读者购买比特币。不仅如此，至少在很长时间内，比特币的价格仍然会大幅波动，由于种种可以预见或者不可预见的原因，比特币网络最终可能成功也可能失败。由于技术要求较高、风险较大，对很多人来说，比特币并不是适宜的选择。正因如此，本书并不提供投资建议，而是帮助读者理解比特币网络的经济学特征和运行方式，以期读者在做出是否加入比特币网络的决策之前，充分理解这个决策对象。

只有在充分理解并且对比特币的持有和存储进行了广泛深入的研究之后，一个人才可以考虑使用比特币存储自己的财富。比特币市场价格的上升会使这一投资看起来像是只需要无脑杀入的游戏，然而，任何认为持有了比特币就可以安枕无忧的人都应该谨记，不计其数的技术攻击、社工手段、诈骗和安全漏洞已经让很多比特币用户损失惨重。如果你在读完本书后认为比特币是值得拥有的，那么你的第一笔投资并不是去买比特币，而是花些时间去了解怎样安全地购买、存储和持有比特币。这些知识无法委托或外包给别人，这是由比特币的内在性质决定的。对任何有意使用这个网络的人来说，这都是无法推脱的个人责任，这才是进入比特币世界所需的真正投资。

目 录

推荐序一
推荐序二
前言

第一章　货币　/ 1
第二章　原始货币　/ 11
第三章　货币金属　/ 17
　　　　为什么是黄金　/ 19
　　　　罗马的兴盛与衰弱　/ 25
　　　　拜占庭和拜赞特　/ 28
　　　　文艺复兴　/ 30
　　　　美好年代　/ 35

第四章　政府货币　/ 42
　　　　货币国家主义和自由世界的终结　/ 44

两次大战之间　/ 48
第二次世界大战和布雷顿森林体系　/ 54
政府货币的历年表现　/ 60

第五章　货币和时间偏好　/ 73
通货膨胀　/ 81
储蓄和资本积累　/ 89
创新："从 0 到 1"与"从 1 到多"　/ 95
艺术的繁荣　/ 97

第六章　资本主义的信息系统　/ 103
中央计划制资本市场　/ 106
商业周期和经济危机　/ 111
健全的贸易基础　/ 123

第七章　健全货币和个体自由　/ 130
政府应该管理货币供给吗　/ 131
不健全的货币和持续的战争　/ 139
有限政府与全能政府　/ 142
侵吞　/ 148

第八章　数字货币　/ 160
比特币：数字现金　/ 161
供给、价格以及交易量　/ 170
附录　/ 183

第九章　比特币的优势在哪里　/ 185
价值存储　/ 185

individual主权 / 191

国际和网上清算 / 196

全球记账单位 / 203

第十章　对比特币的常见疑问 / 208

挖矿是浪费资源吗 / 208

失控：为什么没人能改变比特币 / 213

反脆弱性 / 221

比特币具有可扩展性吗 / 223

比特币是为犯罪分子发明的吗 / 229

如何杀死比特币：新手指南 / 231

竞争币 / 240

区块链技术 / 247

致谢 / 263

第一章

货 币

比特币是一项可以履行货币职能的最新技术——利用数字时代的新技术来解决人类社会亘古存在的老问题：如何让经济价值跨越时间和空间流动。要理解比特币，首先要理解货币，要理解货币，我们就不得不研究货币的功能和历史。

最简单的价值交换方式是用一个有价值的东西来交换另一个有价值的东西，这种直接交换被称作"以物易物"。然而，只有在产品和服务都很有限的小群体之间，以物易物才是可行的。假想几十个人组成的与世隔绝的小经济体，这里面不会出现很多专业分工和贸易，每个人都在生产最基本的生存所需，并在相互之间直接以物易物。直到今天，以物易物仍然存在，只是现代社会中比较罕见，通常是发生在很熟悉的人之间的特殊事件。

在更加复杂、更加庞大的经济体中，通过专业化分工，人们有机会大量生产某一种商品，然后与更多的人进行交换。这些交易对象完全是陌生人，无法一一记住对方所提供的商品、服务和个人喜好。市场越大，专业化分工越多，交易越多，需求耦合的问题就越严重——可能你需要对方的东西，可是对方不需要你的东西。这个问题不仅仅是商品需求不匹配这么简单，它有三个层次。

第一是在价值尺度上不匹配，即你所需要的东西与你所拥有的东西在价值上并不相同，也无法将其中一个切割成更小的单位。想象一下用鞋子来交换房子，交易者既不能只换取房子中的一块砖，房主也不会收下与整个房子的价值相等的一大堆鞋子。第二是在时间上不匹配：你出售的东西可能易腐坏，而所需求的东西可能更加耐久也更有价值，这就使得很难在一个时间点积攒足够的易腐的商品来交换那个耐久的商品。就比如很难积攒足够的苹果来交换汽车，因为苹果在交易完成之前就该腐烂了。第三是在空间上不匹配：你可能想在一地售出房子而在另一地购买房子，但是房子根本没有便携性。这三个问题使直接交易变得不具有可操作性，人们需要更多层次的交易来满足自身的经济需求。

解决以上问题的唯一办法是间接地以物易物：如果交易对象不需要你的商品，你就需要找到他愿意接受的商品，并将它交易到手。这个中间商品就是交易中介，虽然逻辑上任何商品都可以成为交易中介，但是随着经济规模的增长，人们不可能为了完成交易，持续寻找不同交易对手需要的不同交易中介，如果那样的话，你可能要先进行很多笔中介交易才能最终完成真正需要的交易。更高效的解决方案将自然浮现，而且接受这种方案的人会比不接受的人获得高得多的生产力，于是所有人都接受的单一交易中介（或少数几种交易中介）便出现了。被人们广泛接受用作交易中介的商品就是货币。

交易中介是货币之所以成为货币最重要的功能。换句话说，人们拥有货币并不是为了消费这个商品本身（作为消费品），也不是为了生产其他物品（作为投资或资本品），而是为了拿它交换其他物品。投资的目的也是获得收入来交换其他物品，但投资与货币有三点不同：首先，投资产生回报，货币并不产生回报；其次，任何投资都有失败的风险，但货币本身携带的风险系数相对最低；最后，投资的流动性不如货币，每次将投资变现都需要付出较高的交易成本。这三点不同有助于我们理解为什么对货币的需求永远存在，为什么持有投资永远不能完全取代持有货币。人类的生活总是充满了不确定性，我们无法确定何时需要多少钱。⊖储备一定数额的货币以备不时之需是常识，也是几乎所有人类文化中古老的智慧。货币是最具流动性的持有价值的方式，可以让持有者在需要的时候迅速兑换所需的物品，而且比任何投资的风险都低。持有货币的代价或者说成本，就是被放弃的消费以及被放弃的投资中可能产生的回报。

通过研究市场中人们的选择，奥地利经济学派创始人、边际效用理论的创立者卡尔·门格尔（Carl Menger）指出，某种商品能够在自由市场上被选择成为货币的关键性质，是它的适销性——无论何时，其持有者在市场上以微小的价格损失出售该商品的便利性。⊜

并没有原则来界定什么可以什么不可以成为货币，只要任何一个人购买某种商品不是为了其原本用途，而是为了交换其他商品，事实上都是将其作为货币在使用。因此，不同人对货币的观点和定义也不尽相同。在人类历史上，很多东西承担过货币的角色，除了最著名的黄金和白银，

⊖ 参见米塞斯的著作《人的行为》，其中论述了未来的不确定性是驱使人们持有货币的关键因素。如果没有对未来的不确定性，人们可以提前知道他们所有的收入和支出，并对其进行最优规划，他们就不必持有任何现金。但由于不确定性是生活中不可避免的一部分，人们只能持有货币，以便在无法预知未来的情况下保持消费能力。

⊜ Carl Menger, "On the Origins of Money," *Economic Journal*, vol. 2 (1892): 239-255; translation by C. A. Foley.

还有铜、贝壳、大石头、盐、牲畜、政府债券、宝石等，甚至在某些特定环境下酒和香烟都可以当货币使用。人们的选择是主观的，没有什么"正确"或"错误"的货币选择。不过，只要选择，自有其后果。

　　商品的相对适销性可以参照前面提到的需求匹配的三个层次进行衡量，即商品在价值尺度、空间和时间上的适销性。在价值尺度上具备良好适销性的商品可以方便地分割成更小的单位或者组合成更大的单位，随便持有者想出售多少，都可以实现。空间上的适销性意味着运输或者随身携带此商品的便利性，进而意味着单位重量适宜的货币媒介通常价值很高。对很多有潜力行使货币职能的商品来说，满足以上两个特征并不是特别困难，而第三个要素——时间上的适销性，才是货币之所以成为货币的最核心的特征。

　　商品在时间上的适销性是指它在未来的保值能力，正是因为这种能力，其持有者才通过这种商品储存财富。这就是货币除交易中介之外的第二个重要职能——价值存储。一种在时间上具备适销性的商品必须可以免于腐烂、腐蚀及其他形式的变质。可以肯定地说，任何想用鲜鱼、苹果、橘子长期储存财富的人都会得到惨痛的教训，财富蒸发之后很长时间，他们都不会再有如何储存财富的烦恼。对于时间上的适销性来说，保持物理上的完整性只是一个必要不充分条件，因为时间变化后，一件商品即使保持物理条件不变，也可能大幅贬值。商品保值还有一个必要条件是其供应在这段时间内不会急剧增加。纵观历史，所有的货币形式都有一个共同特征，就是存在某种限制新货币单位的生产，以保持现有货币单位的价值的机制。生产新货币单位的难度决定了货币的硬度：增加供给难度很高的货币被称作硬通货，增加供给难度不那么高的货币被称为软通货。

　　我们可以通过与商品供给相关的两个维度来理解货币的硬度：①存

量，代表现存的供给量，即过去的生产总量减去被消耗掉的和毁坏掉的部分之后的留存量；②增量，代表在下一个时间周期内将要增加的产量。存量－增量比是一个可靠的指标，可以表示某一商品作为货币的硬度，以及它是否适宜承担货币角色。如果人们选择使用低存量－增量比的商品储存财富，该商品的供给就会在这之后急剧增加，稀释储存者的财富。这样的商品若被选为价值存储的工具，不大可能实现保值的目的。一种商品的存量－增量比越高，就越可能穿越时间保持自身的价值，因此在时间上的适销性也就越好。㊀

如果人们选择存量－增量比高的硬通货作为价值存储的载体，他们的购买、存储行为本身会增加对这种商品的市场需求，引发其价格上涨，价格上涨会刺激生产者生产更多的此种商品。但是，由于该商品的存量－增量比很高，即使单位时间的新增产量（增量）与过去单位时间的产量相比有显著增加，它相对于现有存量总体（存量）来说，还是很小的，因此产量的增加并不会带来该商品价格的显著下降，使用这一载体存储的价值也不会蒸发。与此相反，如果人们选择存量－增量比低的软通货作为价值存储的载体，对生产者来讲，大量生产此种商品是小菜一碟，结果很容易造成供过于求，价格大幅下跌，使用这一载体存储的财富也会蒸发，从而摧毁此种商品在时间上的适销性。

我把这一现象叫作"软通货陷阱"：任何物品，一旦被用作价值存储的载体，都会带来供给的增加；任何供给可以轻易大量增加的物品，一旦被选择成为价值存储的载体，都会毁灭存储者的财富。从这一陷阱可以推知，任何成功承担货币角色的物品，必然会有一些自然或人为的限制，限制其流入市场的增量，以保证其保值能力。因此，某种物品要承

㊀ Antal Fekete, *Whither Gold?* (1997). Winner of the 1996 International Currency Prize, sponsored by Bank Lips.

担货币角色，它的生产成本必须很高，否则生产者赚快钱的诱惑将摧毁储蓄者的财富，人们在这种货币环境中，储蓄的动机也会被摧毁殆尽。

无论何时，一旦由于自然的、技术的或政治的发展导致货币商品的新增供给大量增加，这种商品都将失去货币地位，被其他具有更可靠的高存量-增量比的交易中介取代，我们会在第二章详加阐述。当贝壳难以寻获时，贝壳被用作货币；由于在监狱环境中难以获得也难以生产，香烟在监狱里扮演了货币的角色；对于政府发行的货币来讲，供给的增长率越低，人们对这种货币的青睐以及这种货币长期保值的可能性就越高。

当现代技术使进口和获取贝壳变得很容易时，使用贝壳的社会就转向了使用金属货币或纸币；当一国政府肆意增加货币供应时，其国民就会转而持有外币、黄金或其他更可靠的货币资产。20世纪为我们提供了大量的，特别是来自发展中国家的例子。最长寿的货币是拥有最可靠的限制供给增长机制的货币，换句话说，是硬通货。货币之间的竞争始终存在，通过探究技术发展对这些竞争者的存量-增量比的影响，不难预言竞争的结果，我们会在第二章阐述这一点。

当人们可以自由选择用自己喜欢的任何物品充当交易中介时，将会发生的事情是，随着时间的推移，使用硬通货的个体将受益最多，因为新增供给对他们所使用的交易中介来说微不足道，带来的损失也微不足道。那些选择软通货的人则会遭受损失，因为通货供给会快速增加，带来价格的显著下跌。理性的前瞻和现实的惨痛教训告诉我们，大多数金钱和财富将集中在那些选择最硬和最具适销性的货币形式的人手中。货币的硬度和适销性并不是一成不变的，不同社会和时代的技术能力不同，各种形式货币的硬度和适销性也不同。事实上，什么才是最好的货币，这个选择一直是由不同社会的技术现实决定的，彼时彼地的技术塑造了不同的商品适销性。奥地利经济学派对健全货币的定义从来不是教条主义或客观主义的，健全货币并不特定是某种商品，健全货币是通过市场上人们的自由选择自然浮现出来的，而不是由当局强加给人们的，货币的价值是由市场互动决定的，不是政府强制规定的。㊀自由市场货币竞争在产生健全货币方面无情而高效，只有选择了正确货币的人才能跨越时间将可观的财富保存下来。政府没有必要自己动手将硬度最高的货币推向社会，社会会先于政府干预发现最适宜的货币。如果说政府干预有什么作用的话，也只会是阻碍货币竞争的进程。

硬通货和软通货对社会和个人的影响，远比单纯财务上的得失更为深刻，这也是本书的核心议题之一，我们将在第五章至第七章详加阐述。能够以好的载体储存财富的人会比不能这么做的人更好地规划未来。货币媒介的硬度，即其跨越时间的保值能力，是影响一个人衡量当下与未来的价值，或者说决定其时间偏好的核心因素，这是本书的一个核心概念。

除了存量–增量比，影响货币媒介适销性的另一个重要因素是其他人的接受度。一种货币媒介接受的人越多，它的流动性越好，交易过程需要支付的额外成本就越低。正如计算机协议所证明的，在对等交互很多的社交环境中，出现一些赢家通吃的标准是很自然的，因为随着网络规模的扩大，加入这个网络的收益会呈指数增长。正因如此，尽管有几百个几乎相同的社交网络相继诞生并被迅速推广，但还是由 Facebook 和其他几个社交网络统治着市场。此外，任何收发电子邮件的设备都需要使用 IMAP/POP3 协议接收邮件，使用 SMTP 协议发送邮件。事实上，除此之外，还有很多通信协议被发明出来，这些通信协议本身也很完美，但是它们几乎没有用户。原因是，如果使用别的电子邮件通信协议，用

㊀ Joseph Salerno, *Money: Sound and Unsound* (Ludwig von Mises Institute, 2010), pp. xiv-xv.

户将无法与其他人沟通，因为其他人都在使用IMAP/POP3和SMTP。货币也是这样，被更多的人接受，可以方便地进行交易是其最重要的性质，因此可以预见，一种或少数几种商品会浮现出来，成为人们主要使用的交易中介。如前所述，成为交易中介不是因为它本身的性质，而是因为它的适销性。

久而久之，随着对一种交易中介的广泛接受，所有价格都可以用它来表示，这就使它能开始发挥货币的第三个职能：记账单位。在没有公认的交易中介的经济环境中，每对待交易的商品都不得不以彼此来定价，导致出现了海量的价格，经济核算极其困难。在具备统一的交易中介的经济环境中，所有的商品都以相同的记账单位表示。在这个社会中，货币是衡量人际价值的一项标准，它按照贡献大小回馈生产者，并告诉消费者需要支付多少钱才能获得想要的商品。只有用统一的交易中介做记账单位，复杂的经济核算才有可能实现，才会有随之而来的复杂生产的专业化分工、资本积累和大型市场的形成。市场经济的运作依赖于价格。准确地说，价格依赖于一种共同的交易中介，反映不同商品的相对稀缺性。如果使用软通货，发行方不断增加货币供给的能力，将阻止它准确反映机会成本。货币数量的每一个不可预测的变化，都将扭曲其衡量人际价值和经济信息渠道的作用。

使用一种单一的交易中介，经济体规模增长的上限就是愿意使用这种交易中介的人数。经济体的规模越大，人们从交易和专业化中获得的益处就越大。更重要的是，经济体的规模越大，生产周期越长，生产结构就越复杂且越先进。生产者可以专门生产资本品，而资本品可以在较长的时间间隔后生产出最终消费品，这就使提高生产效率、生产质量更好的产品成为可能。在原始的小经济体中，渔业的生产结构仅仅是个人走向海边，赤手空拳去抓鱼，整个过程从开始到结束只需要几个小时。

随着经济体的扩大,更多先进的工具和资本品被利用起来,生产这些工具的过程显著延长了生产周期,同时也显著提高了生产效率。在现代社会,渔船的结构性能高度复杂,需要数年的时间才能建造完成,之后便可以服役几十年。这些大型渔船可以航行到小船无法到达的海域,捕捞只有它才能捕捞的鱼类。这些船可以经受恶劣天气的考验,并在非常不稳定的条件下继续生产,在这种条件下,资本密集度较低的船只能进港躲避。资本积累使生产过程变长,同时每单位劳动力的生产率也得到提高,可以生产出只有简陋工具没有资本积累的原始经济根本不可能生产出来的优质产品。如果没有货币充当交易中介,推动劳动的专业化分工,这一切都不可能实现;货币的价值存储功能使人们考虑长远,激励个体将资源用于投资未来而不是即时消费;货币记账单位的功能使人们可以进行经济盈亏计算。

在货币发展史上,多种商品扮演过货币的角色,它们的硬度和健全程度各不相同,这取决于每个时代的技术能力。货币的发展从贝壳到食盐、牲畜、白银、黄金和以黄金背书的政府货币,终于发展到了目前几乎全球统一的货币形态——政府发行的法定货币。每当技术进步让我们利用新的货币形式时,都会带来相应的好处和隐患。通过研究历史上货币所使用的工具和材料,我们能够辨别出好货币和坏货币的特点。只有了解了这些背景,我们才能进一步理解比特币的功能及其作为货币媒介的角色。

第二章将探讨一些鲜为人知的自然或人工物品被用作货币的历史,我们会从雅浦岛的石币说到美洲的贝壳、非洲的玻璃珠,以及更加历史悠久的牲畜和食盐。以上每种曾承担货币角色的物品,都曾经是彼时彼地人们的最佳存量-增量比选择,当它们失去这一性质后,也就失去了货币的地位。理解"如何"和"为什么",是理解未来货币演化以及比特币所扮演角色的关键。第三章分析了货币金属，以及黄金如何在19世纪末的金本位时代成了首要的货币金属。第四章谈了货币向政府货币的转变以及政府货币的历年表现。接下来在第五章至第七章阐述不同货币形式对经济和社会发展的影响，之后，我们在第八章开始对比特币的发明及其货币属性进行介绍。

第二章

原始货币

　　我所知的历史上出现过的货币形式中，与比特币的运行机制最为相像的是雅浦岛上古老的石币系统。雅浦岛是位于西太平洋上的小岛，当前属于密克罗尼西亚联邦。了解这种由石灰岩制成的圆形大石头如何行使了货币的职能，有助于理解我们将在第八章讲述的比特币的运行机制。了解雅浦岛石币失去其货币角色的故事，则会让我们学到重要一课：货币硬度不足之后，将如何失去其货币地位。

　　行使货币职能的雅浦岛石币呈圆形，中间有孔，规格多样，较大的重达4吨。由于雅浦岛上并不出产石灰岩，这些石头并非产自本地，所有的雅浦岛石币都来自邻近的帕劳或关岛。石币的美丽和稀有使它们在雅浦岛人心中变得可爱和珍贵。获取石币是困难的，采石以及之后用木筏或独木舟将它们运到岛上等过程充满了艰辛。有些石币需要数以百计的人运送。一旦到达雅浦岛，它们就被放置在显眼的位置，以确保每个人都能看到。不需移动它，石币的拥有者就能行使其支付职能：所需要的是石币的拥有者向全体岛民宣布石币的拥有权转移到了下一个人而已。所有的岛民都会知道石币所有权的转移，新的接收者可以在需要的时候再次使用这块石币进行支付。偷走石币是没有用的，因为每个人都知道它的所有权。

在长达数百年甚至可能上千年的时间里，这一货币系统对雅浦岛人来说都很实用。石币不移动，却拥有空间上的适销性，人们可以用它们在岛上任意一个地方进行支付。石币有大有小，同时，每次不是必须使用整块石币，也可以只使用石币的一部分，这就提供了价值尺度上的适销性。这些石币并不产自本地，在帕劳开采并将它们运送过来非常不容易，这种高企的难度和成本保证了几百年来石币在时间上的适销性，同时这也意味着在任一时间看来，现存的石币数量都远远大于新石币的供应量，这也使人们乐于接受以石币的形式进行支付。换句话说，石币具有很高的存量－增量比，不管多么渴望，任何人都很难通过运来新的石头扩大石币的供应量。或者，至少可以说，在1871年之前这种情况都是成立的。1871年，一位名叫大卫·奥基弗（David O'Keefe）的爱尔兰裔美国船长在雅浦岛海滩失事并被当地人救起。⊖

奥基弗在岛上发现一个商机，准备从当地收购椰子，然后转卖给椰子油生产商。然而，雅浦岛人非常满意他们既有的热带天堂般的生活，并且对他们来说，奥基弗支付给他们的任何异域货币都在当地派不上用场。因此，奥基弗无法雇到当地人为他工作。但奥基弗没有就此放弃，他来到中国香港，采购了大船和炸药，然后又来到帕劳，在帕劳使用炸药和现代工具开采石币，然后将这些石币运到雅浦岛，向当地人展示这

⊖ 基于奥基弗的故事，Laurence Klingman 和 Gerald Green 在1952年创作了小说《奥基弗殿下》(*His Majesty O'Keefe*)，并在1954年被改编为伯特·兰卡斯特主演的同名好莱坞电影。

些石币并用它们购买椰子。与奥基弗的预期不尽相同的是，岛民们并不乐于接受他的石币，当地的首领也禁止人们为奥基弗工作，称奥基弗的石币得来太过容易，没有价值，只有按照传统方式开采的、凝结了雅浦岛人血汗的石币，才是被雅浦岛接受的货币。但是也有一些人不同意这种主张，向奥基弗供应了他寻求的椰子。奥基弗的活动给雅浦岛带来了冲突，也带来了之后石币货币生命的终结。今天，石币在雅浦岛上只作为一种仪式和文化角色，现代政府货币是岛民们最普遍使用的货币媒介。

奥基弗的故事有很强的象征意义，随着现代工业文明的到来，奥基弗不过是凑巧地给雅浦岛石币带来了不可避免的终结。一旦现代工具和工业能力到达此地，相比以前，石币的生产成本就会不可避免地大幅降低。这时就会出现很多"奥基弗"，他们可能是外国人也可能是本地人，他们会给雅浦岛带来前所未有的新石币供应量。在现代技术的作用下，石币的存量-增量比会出现戏剧性的降低：每年生产大量新的石币，显著降低岛上现存石币的价值。随着时间的推移，石币失去了适销性，并且伴随着这个过程，失去了交易中介的功能。

在每一种货币形式失去货币地位的过程中，细节会有所不同，但内在的存量-增量比的下降都是相同的。在本书写就的当下，这一幕正在委内瑞拉货币玻利瓦尔身上发生。

还有一个相似的故事，西非地区曾有几百年将玻璃珠用作货币。这些珠子在西非的历史并没有被完全搞清楚，有人说它们是由陨石制成的，又或者是来自埃及和腓尼基商人。我们唯一确切知道的是，在玻璃制造昂贵且罕见的地区，这些珠子是珍贵的，获得了很高的存量-增量比，使它们获得了时间上的适销性。这些小而珍贵的珠子也具备价值尺度上的易售性，它们可被制成锁链、项链或手镯。由于便于携带，它们还具备空间上的适销性。但这种货币远称不上完美，因为同时存在多种不同的珠子，没有标准单位。与此相对的是，在欧洲，玻璃珠并不昂贵也不承担货币的角色。这时在欧洲，玻璃制造技术广为扩散，只要玻璃珠被用作货币单位，生产者就可以让它们在市场上泛滥，换句话说，玻璃珠的存量–增量比很低。

欧洲的探险家和商人在16世纪造访西非的时候，他们注意到玻璃珠在当地的高价值，因此开始大量从欧洲进口玻璃珠。接下来的故事就与奥基弗的故事相似了，区别只是玻璃珠的个头更小，西非的人口规模更大。这是一个更缓慢、更隐蔽的过程，产生了更大更加悲剧性的结果。缓慢而稳定地，欧洲人用很少的钱买到非洲很多珍贵的资源，㊀欧洲对非洲的入侵慢慢地将玻璃珠由硬通货变为软通货，摧毁了它的适销性，逐渐腐蚀了非洲人手里玻璃珠的购买力，将非洲人的财富逐步转移到可以轻易获得玻璃珠的欧洲人手中，使他们陷入贫困。后来，由于在从非洲到欧洲和北美洲的奴隶贸易中扮演的角色，这些玻璃珠更以奴隶珠子之名为人所知。货币媒介在价值上一次性的快速崩溃是悲剧性的，但它至少可以快速结束，持有这些货币的人还可以重新使用新的货币进行交易、储蓄和规划未来。货币价值的缓慢失血会持续地将其持有者的财富转移到可以用低廉的成本生产这种货币的人手中。在本书后面的部分讨论政府货币的健全性时，请读者牢记这一点。

从北美、非洲到亚洲，贝壳是另外一种曾经在全世界很多地方广泛使用的货币媒介。历史记录显示，最具适销性的贝壳通常是那些更稀有和更难找到的，因为相比容易找到的贝壳，这种贝壳能够更好地存储价值。㊁美洲原住民和早期的欧洲殖民者曾经广泛使用贝壳串珠，其原因与

㊀ 为了最大化收益，欧洲人常常在船上装大量的珠子，在航行中这些珠子还可以起到稳定船只的作用。

㊁ Nick Szabo, *Shelling Out: The Origins of Money*. (2002) Available at http://nakamotoinstitute.org/shelling-out/.

前面提到的西非人使用玻璃珠的原因一样：难以获得的特点，赋予了贝壳串珠很高的存量-增量比，甚至有可能是当时可获得的耐用品中最高的存量-增量比。贝壳与玻璃珠的缺点是一样的，没有统一的单位，这导致难以方便地确定且统一地表示物价和兑换比例，这个缺点对经济和专业化分工的发展造成了巨大的障碍。从1636年起，欧洲殖民者接受贝壳串珠作为合法的偿付手段，但是后来越来越多的英国金币和银币流向北美，整齐划一的金银币让人们可以方便和统一地定价，于是金银币成为人们更加乐于接受的交换媒介，进而使金银币获得更好的适销性。还有，随着更先进的船只和技术的使用，人们从海上获得了越来越多的贝壳，贝壳的供给严重膨胀，导致其价值跌落，进而失去了其在时间上的适销性。到1661年，贝壳不再是合法的偿付手段，并最终失去了全部的货币角色。⊖

这不仅是北美贝壳货币的命运，任何一个采用贝壳货币的社会，一旦获得了统一的金属货币，就会接受金属货币并从货币形式的转换中获益。此外，工业文明带来了化石燃料驱动的轮船，使人们更容易从海洋中获得贝壳，产量的增加很快降低了贝壳的存量-增量比。

其他古老的货币形式还包括牲畜，这是由于其营养价值受到人们的喜爱，同时也是当时人们可能拥有的最有价值的财产之一，还因为牲畜的可移动性获得了空间上的适销性。直到今天，牲畜还在某些情形下扮演着货币角色，比如，在很多社会，人们依然可以使用牲畜进行支付，尤其是作为嫁妆。然而，牲畜体形庞大，不便分割，这意味着牲畜货币难以解决价值尺度上可分性的问题。因此，往往有另一种货币形式与牲畜货币同时存在，那就是盐。盐易于长期保存，也容易分装成任何需要

⊖ Nick Szabo, *Shelling Out: The Origins of Money* (2002) Available at http://nakamotoinstitute.org/shelling out/.

的重量。这些历史事实直到今天仍在语言中留有印记，比如：pecuniary（金钱）这个词衍生自 pecus，pecus 在拉丁语中指牲畜；salary（薪水）这个词衍生自 sal，sal 在拉丁语中指盐。㊀

随着技术的进步，尤其是冶金术的进步，人们生产出了比这些原始货币更好的货币形式，新的货币很快替代了原始货币。由于便于统一，小的分割单位具有更高的价值，也便于长距离携带，这些金属相比贝壳、石头、珠子、牲畜和盐能更好地充当交易中介。碳氢燃料的大规模利用，显著提高了我们的生产能力，使这些原始货币的供应量（增量）可以快速增加，这意味着原始货币失去了赖以生存的由于难以获得而保持的较高的存量－增量比，为原始货币的棺材钉上了最后一颗钉子。使用现代碳氢燃料，石币可以轻易开采，玻璃珠可以用很低的成本制造，贝壳可以用大船批量采集。一旦这些货币失去了硬度，它们的持有者就会遭受严重的财产蒸发，整个社会结构也会因此分崩离析。拒绝奥基弗廉价石币的雅浦岛首领理解这一很多现代经济学家所忽略的真相：容易生产的货币根本不是货币，轻易得来的钱不会让社会更加富裕；与此相反，轻易得来的钱会让人们用辛苦挣来的财富交换为这些易于生产的东西，从而使整个社会更加贫穷。

㊀ Antal Fekete, *Whither Gold?* (1997). Winner of the 1996 International Currency Prize, sponsored by Bank Lips.

第三章

货币金属

随着人类生产的技术能力不断进步，我们对金属和商品的使用也在增加。很多金属开始被大量生产，需求的增加也使它们获得了很高的适销性，使它们可以被用作货币媒介。这些金属较高的密度和价值使它们比牲畜和盐更易于移动，使它们具备较高的空间上的适销性。早期，生产金属并不容易，因此难以快速增加供给，这给了金属较好的时间上的适销性。

由于耐久性和其他物理性质的差异，以及在地球上丰度的不同，有些金属比其他金属更有价值。例如铁和铜，由于其丰度相对较高和易被腐蚀的特性，开采数量不断增加。不断增加的新增产量会使现有存量相形见绌，从而减少它们所代表的价值。这一类金属货币最终会获得较低的市场价值，用于小额的交易。与之相反，像金银这些稀有金属，具有更长的耐久性，更加不容易被腐蚀或者毁坏，这些属性使它们具备更好的时间上的适销性，可以用作长期的价值储存工具。尤其是黄金，几乎坚不可摧，使人们存储的价值在代际传承，从而让我们在发展中获得更加长远的视野。

最初，买卖过程中货币金属代表的价值是根据重量来衡量的，㊀之后，随着冶金术的发展，这些金属可以被铸造成外形统一的硬币并在上面标识重量，这种做法节省了每次交易时不得不称重并评估价值的步骤，使货币金属获得了更好的适销性。三种曾被广泛用作货币的金属是金、银和铜，在大约2500年的时间里，它们是主要的货币形式，从希腊克洛伊索斯（吕底亚王国最后一位国王）最早开始铸造金币的记载开始，一直到20世纪早期。由于金币可以历经岁月，免于腐朽和毁坏，它在时间上的适销性最好；同时，由于金币可以用较小的重量代表较大的价值，便于运输，它在空间上的适销性也是最好的。换个角度看，银币则在价值尺度的适销性上有最好的表现，相对于金币来说，单位重量的银币代表的价值更低，因此银币适宜作为小额交易的交易中介。铜币则用于更小额的交易。通过将价值标准化为易于识别的单位，金属货币可以创造更大的市场，增加专业分工，促进全球贸易。然而，作为当时技术条件下最好的货币系统，金属货币也存在两个缺点：第一，两三种作为货币本位的金属，长期来看，会由于供给和需求的变化产生价格起伏，进而产生经济问题，尤其是会给这些货币的持有者带来困扰，典型如银币，就由于产量的增加和需求的减少，经历了自身价值的下降；第二，更严重的缺点是，政府和私铸钱币的人有可能（事实上经常）降低这些金属货币中贵金属的含量，因此，部分购买力就偷偷被让渡给了政府或私铸方，钱币的价值也就随之下降。金属货币中金属含量的减少损害了货币的纯

㊀ Nick Szabo, *Shelling Out*: *The Origins of Money* (2002). Available at http://nakamotoinstitute.org/shelling-out/.

度和健全性。

到了19世纪，由于现代银行业的发展和通信技术的进步，人们可以使用以银行或者央行金库中的黄金为担保的纸币进行交易。这使基于黄金的交易可以在任何价值尺度上实现，于是白银作为货币角色的需求被降低了，所有基础的货币适销性特征汇聚于金本位制度。基于以市场为基础的健全货币选择，金本位把全球主要的经济体结合在一起，随之带来了空前的全球资本积累和贸易。然而，悲剧性的缺陷在于，黄金逐步集中于银行，然后是中央银行的金库中，因此，银行可以伺机增加货币供给，让纸币的发行量超过银行的黄金持有量，这种超发造成了货币贬值，并偷偷将一部分价值从纸币的持有人手中转移到了政府和银行。

为什么是黄金

为了理解商品货币是如何出现的，让我们回过头来详细地审视一下第一章介绍过的软通货陷阱。首先区分一下商品的市场需求（由于商品自身属性而进行消费或持有的需求）和货币需求（用于交易中介或价值存储载体的需求）。任何时候，只要有人选择一种商品作为价值存储的载体，他的行为都在常规的市场需求之外增加了这一商品的需求，造成该商品价格的上升。举个例子，每年各种各样的工业用途上，铜的需求量加起来大约是2000万吨，其价格约为每吨5000美元，所以总的市场价值约合1000亿美元。让我们设想一个场景，一个亿万富翁准备用铜来存储他的100亿美元的财富。当他的御用银行家四处奔走试图购买相当于全球年产量10%的铜时，将不可避免地引发铜价的上涨。乍看起来，这像是验证了亿万富翁的眼光：在他完成收购之前，他决定买入的资产就开始涨价了。当然，亿万富翁自己的如意盘算则是，价格的上涨会吸引更多的人跟风买入铜，将铜作为价值存储载体，从而进一步推动铜价的升高。

然而，就算有更多的人如其所愿，加入货币化使用铜的行列，我们假想的着迷于铜的亿万富翁最终还是会陷入麻烦之中。价格的上涨使得不管对全世界的工人还是资本来说，铜都成为一门有利可图的生意。同时，仅仅就矿井开采而言，地层之下的铜储量之多也是我们无法计量的。所以，实际上，铜产量唯一的约束条件是有多少劳动力和资本投入其中。只要价格升高，就会一直有更多的铜被生产出来。在满足我们的亿万富翁的货币投资需求之前，铜的价格和产量会一直上升，我们假设1000万吨铜被额外生产出来，而价格则上升到每吨10 000美元时，亿万富翁的100亿美元花完了，全部以铜的形式存储下来。此后，从某一刻起，铜的货币需求必然平息下来，因为持续不断的大宗购买已经完成，而且有些铜的持有者会出售部分他们所持有的铜，购买其他物品，说到底，这是人们将铜作为货币购入的本意所在。

铜额外的货币需求得到满足之后，假如其他条件不变，铜市场应该退回到原来的供需水平，即年产2000万吨，每吨卖5000美元。但是，由于此时人们开始售卖他们之前积累的存量铜，会导致铜的价格显著低于这个价格。我们的亿万富翁会在这个过程中遭受损失，鉴于正是他一开始的行为引发了铜价的上升，他大部分铜的购入价必然在每吨5000美元以上，但如今，他囤积的大部分铜的价格都在每吨5000美元以下。在铜价上升之后追涨买入的人会比这个亿万富翁承受更大的损失。

这个模型适用于所有如铜、锌、镍、黄铜、石油这些主要用于使用和消耗而不是存储的商品。在任何时候，这类商品的全球库存都与其新的年度产量大致相同。新供给不断地产生以供消耗之用。倘若有人决定使用某一种这类的商品储存财富，该行为就是与其他将此商品用于工业生产的消费者竞争资源，在此行为导致的价格上升消化掉其全部投资之前，他的全部财富也只能买下该商品全球供给的一部分。由于商品生产者的收入增加，他们可以扩大投入，增加产能，进而使价格重新下降，从而蒸发掉用这种商品储值的储蓄者的财富。整个过程的最终结果是财富从做出误判的储蓄者手中转移到他们购买的商品的生产者手中。

这正是对市场泡沫的一次完整剖析：需求增加引起价格快速上涨，进而带来更多的需求使价格进一步上涨，刺激产能和供给增加之后带来价格下跌，最终惩罚所有在惯常的市场价格上方购入的人。泡沫中的投资者被收割而泡沫资产的生产者受益。对于铜和世界上几乎所有的其他商品来说，这个循环几乎在所有的历史记录上颠扑不破，不断地惩罚错误地把这些商品当作货币使用的人，让他们的财富贬值，让他们逐渐归于贫困，最终，这些商品又回归了市场商品的自然属性，而不是交易中介。

任何东西，若想成为良好的价值存储载体，都必须克服这个陷阱：当人们将其用作价值存储工具的时候，必然会引起它的增值，此时它的生产者一定要受到某种限制，不能大量增加供给进而带来价格下降。选择以满足这一条件的资产作为价值存储工具的人，会随着该资产获得更多人的青睐，获得长期的回报，因为做出其他选择的人，最终要么改弦更张，向成功的先行者学习，要么财富受损。

在这个贯穿人类历史的长跑中，毫无疑问，最后的赢家是黄金。由于两种不同于其他商品的独特物理性质，黄金长久保持着货币角色：第一，黄金极好的化学稳定性使其几乎不可能被销毁；第二，黄金不可能通过其他材料合成（尽管炼金术士们一直说他们能），只能从矿石中提取，同时，金矿石在我们的星球极其稀少。

黄金的化学稳定性意味着，人类历史上开采出来的几乎所有黄金直到今天依然存在，被掌握在世界各地的人或机构手中。人类通过珠宝、金币、金条等形式持续积累越来越多的黄金，这些黄金从不消融，从不生锈，从不损耗。由于不可能通过其他化学方法合成，人们增加黄金供给的方式只能是从地层之下开采，这种昂贵、有毒、产出不确定的开采方式千年延续下来，开采难度越来越高，回报越来越少。所有这一切意味着现在全世界的黄金存量是几千年黄金生产的总量，远远大于每年的新增产量。通过过去70年的较为可靠的统计数据，我们可以看到黄金存量每年的增长率约为1.5%，从未超过2.0%（见图3-1⊖）。

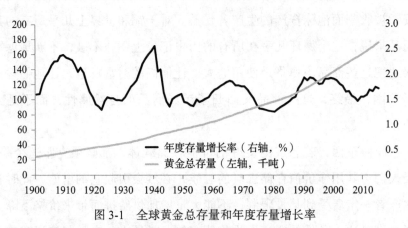

图3-1　全球黄金总存量和年度存量增长率

黄金和其他任何消费性商品都不可同日而语。为了理解这一点，让我们想象一下，价值存储载体的用途导致需求大增，引发价格跳涨和年产量翻倍，假如这种载体是任何一种消费性商品，加倍的产出都将使商品数量暴涨，随之而来的是价格崩溃，伤害持有者；对黄金来说，就算价格跳涨带来黄金年产量翻倍，也无关紧要，总存量增长的比率不过是从1.5%增加到3%。如果年产量维持在翻倍的水平上，随着总存量的增长，每年的新产量相对于总存量也会越来越微不足道。金矿依然不可能

⊖　资料来源：U.S. Geological Survey.

开采出足够多的黄金来显著压低金价。

从这个角度上讲,只有白银接近黄金,历史上白银的年供给增长率为 5%～10%,现代则上升到约 20%。这个数字高于黄金,原因有二:其一,白银确实可以被腐蚀,也可以在工业生产过程中被消耗掉,这意味着现有的白银总存量和年产量的比率不像黄金总存量和年产量的比率那样大;其二,白银在地壳中的含量并不像黄金那样稀有,而且白银比较容易提纯。黄金单位价值很高,事实上无法切割成过分微小的重量单位,在这种情况下,由于白银有第二高的存量-增量比,同时单位重量白银代表的价值低于黄金,于是,几千年来,白银一直是小额交易使用的主要货币,与黄金形成互补的格局。后来,国际通用的金本位制度流行后,人们开始使用以黄金背书的纸币,可以进行任何价值尺度的支付行为(在本章的后面的部分我们会详细讨论这一点)。这一发展架空了白银的货币地位,随着不再被用于小额交易,白银很快失去了货币的角色,变成一种工业用金属,并且相对于黄金来说,价值大幅下降。白银本来在货币序列内扮演着千年老二的角色,不料由于 19 世纪的技术进步,人们进行支付行为的时候不再需要移动金属本身了,如此一来,在货币竞争中第二名便成了失败出局的代名词。

这解释了之前发生的白银泡沫的破裂,以及为什么如果再次出现白银泡沫,结果必然还是破裂:一旦有大量资金流入,为白银谋求货币地位,那么对于白银生产者来说,大量增加白银供给,击溃银价并拿走囤积白银的人的财富,总是不难办到的事情。在所有的商品中,最广为人知的软通货陷阱的例子正是出自白银。20 世纪 70 年代后期,富有的亨特兄弟(Hunt Brothers)决定将白银重新货币化,他们开始大量买入白银,并因此带动了白银价格的上升。他们认为,随着价格不断上升,会吸引更多的人买入白银,这会带来银价进一步持续上涨,这一切最终将引导人们接受以白银作为支付手段。然而，无论亨特兄弟买入多少白银，他们的财富都无法接住矿工和白银持有者在市场上持续的出货。白银价格最终崩溃了，亨特兄弟损失了大约10亿美元。这也许是有史以来最昂贵的一堂货币课，告诉了人们存量–增量比的重要性，告诉了人们为什么不是所有闪闪发亮的东西都是黄金㊀（见图3-2㊁）。

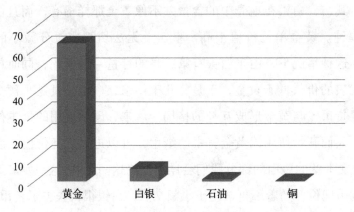

图3-2　现有库存量相对于年产量的倍数

黄金这种稳定的低供给率，正是其货币地位贯穿整个人类历史的根本原因。今天，为避免它们发行的纸币沦为空气，中央银行仍在继续持有大量的黄金，黄金的地位依然稳固。官方中央银行的黄金储备总和约为33 000吨，占地上黄金总量的1/6。供给价格弹性（price elasticity of supply）的定义是供给量增加的百分数比上价格增加的百分数，黄金高的存量–增量比使它成为供给价格弹性最低的商品。现在全世界人们持有的黄金是几千年来产量的积累，一个$X\%$的价格上涨带来的黄金产量增加与现存的黄金总库存相比总是微不足道。例如，2006年，黄金现货价

㊀　"Big Bill for a Bullion Binge," *TIME*, August 29, 1989.
㊁　资料来源：U.S. Geological Survey data for gold. Silver Institute data for silver, BP.com statistical review for oil. Author's estimates from various media sources for copper.

格上涨36%，对任何其他商品来说，都可以预见接下来将会发生的是，产量显著增长，大量商品冲击市场并带来价格下降，而黄金，2006年的产量为2370吨，反而比2005年的产量低100吨，2007年的产量还会再减少10吨。换个角度讲，2005年的黄金产量是存量的1.67%，2006年的产量是存量的1.58%，2007年的产量是存量的1.54%。即使价格上涨了36%，也没有带来市场上新黄金供给量的明显增加。根据美国地质调查局的数据，单一年度黄金产量增加最大的年份是1923年，当年增加了约15%，这一增加最终造成黄金总存量增加了约1.5%。即使黄金产量比这个数据再增加一倍，也不过是带来总存量3%～4%的增加。迄今为止，黄金全球总存量年度增加最快的年份是1940年，增加了约2.6%，总存量的年度增长率从未超过这个数字，1942年之后更是从未超过2%。

在人类历史上，随着冶金术的扩散，文明古国（如中国、印度、埃及）开始将铜，然后是白银用作货币。这是因为在当时这两种金属较难生产，赋予了它们在时间和空间上良好的适销性。在这些文明中，黄金被人们珍视，但是由于极度稀缺，黄金在交易中的适销性受到了限制。在现代文明的发源地希腊，克洛伊索斯时期为了方便贸易，黄金第一次被铸成规则的金币。黄金全球的吸引力使它传播得越来越远，并进一步促进了全球贸易。自那时起，人类历史的变迁就和货币的健全性（soundness of money）紧密交织在一起。人类文明在健全货币被广泛使用的时期和地方繁荣发展，而不健全的货币则往往和文明的衰弱和社会的崩溃联系在一起。

罗马的兴盛与衰弱

第纳里（Denarius）是罗马共和国时期用于交易的银币，每一枚第纳里银币的含银量为3.9克，与此同时，黄金成为文明世界最有价值的货币，金币的传播日渐广泛。罗马共和国最后一任独裁官尤利乌斯·恺撒（Julius Caesar）铸造了奥雷金币（Aureus），1个奥雷金币重8克，在欧洲和地中海地区被广泛接受，奥雷金币拓展了旧世界○的贸易范围并促进了专业化分工的发展。奥雷金币时期，即使发生了恺撒被刺杀引起的政治动荡，发生了罗马在恺撒选定的继任者奥古斯都的统治下由共和国向帝国的转变，经济还是在长达75年的时间里保持了稳定发展。经济的稳定一直持续到臭名昭著的尼禄统治时期，尼禄是罗马人"剪硬币"（Coin Clipping）陋习的始作俑者，他回收人们手中的钱币，重新铸造成金银含量更低的新的金币和银币。

只要罗马可以持续征服富有的新领土，士兵和皇帝就可以持续享用战利品的盛宴，皇帝常常为了给自己赢得人气，人为压低谷物和其他主食的价格——有时候甚至会免费发放。因此，很多在乡村辛苦谋生的农民选择离开农田，奔向罗马城，他们在这里可以免费获得更好的生活。随着时间的流逝，旧世界不再有这么多富庶的土地可供征服，可是不断膨胀的奢侈生活和持续增加的军队数量在呼唤更多的资金，屋漏偏逢连夜雨，没有生产能力的、依靠皇帝的慷慨和价格控制度日的人数还在不停地上升。尼禄（Nero，罗马皇帝，公元54~68年在位）找到了解决这个问题的办法，而且这个办法与第一次世界大战后凯恩斯为英国和美国的经济困局开出的药方高度相似：让货币贬值以降低工人的实际工资，减少食物补贴以降低政府负担，从而增加其他政府支出。

奥雷金币的含金量从8克降到7.2克，第纳里银币的含银量从3.9克降到3.41克。经济困局得以短暂缓和，但随之而来的是一个破坏力很强且自我强化的循环：公众愤怒、价格控制、货币贬值、价格上升，如同

○ 指欧洲、亚洲和非洲，这是大航海之前人们所认知的全世界，与此相对的是，大航海发现的美洲和大洋洲则被称为新世界。另一种类似的说法是旧大陆和新大陆。——译者注

四季般轮番上演。㊀

在卡拉卡拉（Caracalla，罗马皇帝，公元 211～217 年在位）统治时期，奥雷金币的金含量进一步降低到 6.5 克，在戴克里先（Diocletian，罗马皇帝，公元 284～305 年在位）统治时期，又进一步降低到 5.5 克，之后他推出了一种叫作苏勒德斯（Solidus）的金币，金含量只有 4.5 克。在戴克里先治下，第纳里银币变成铜芯外面包裹一层白银，而随着使用和磨损，外包的白银会很快消失，最后的结局是，第纳里不再是银币的称号了。随着这种货币通胀主义的做法在第三、第四世纪愈演愈烈，皇帝们错误地试图通过控制基本商品的价格来掩盖通胀。当市场的力量试图应对货币贬值，向上修正商品价格的时候，行政力量设置的价格上限却阻止了这种调整，结果是，生产者变得无利可图。因此，在新的政令下达，允许价格自由上浮之前，经济生产将不可避免地陷入停滞。

随着货币价值的下降，在帝国无可挽回地走向衰弱的漫长过程中，出现了现代读者可能很熟悉的循环："剪硬币"降低了奥雷金币的真正价值，增加了货币供给，使皇帝可以继续挥霍无度，最终带来通胀和经济危机，困境中的皇帝则试图通过进一步"剪硬币"来缓解危机。费迪南德·利普斯向现代读者总结了这一过程：

> 现代凯恩斯主义经济学家和新一代的投资者应该注意的是，尽管罗马的皇帝们疯狂地试图"管理"帝国的经济，但他们的管理只会让事情变得更糟。虽然价格控制、工资控制和法定货币法案得以实施，但这些举动就像试图对抗潮汐一样徒劳。暴乱、腐败、不法行为以及对投机和赌博的狂热像瘟疫一样席卷了帝国。货币贬值不再可靠，对人们来说，投机炒作比从事生

㊀ See Schuettinger and Butler's highly entertaining *Forty Centuries of Wage and Price Controls*.

产更具吸引力。⊖

货币贬值对罗马帝国的长期影响是毁灭性的。尽管由于政府对经济活动施加了大量限制，直到公元 2 世纪，罗马也不能被归类为一个完全的自由市场资本主义经济体，但是，借助奥雷金币，罗马还是形成了前无古人的最大市场，规模最大且生产效率最高的劳动分工。⊜罗马和主要城市的居民通过与帝国偏远地区的贸易获得基本生活必需品，这种贸易有助于解释增长时期的繁荣，而当这种分工瓦解时，帝国也随之遭受毁灭性的崩溃。通胀和赋税增加使皇帝对主要商品的价格控制劳而无功，在城市谋生的人开始逃往空旷的土地，哪里有机会过上自给自足的生活他们就奔向哪里，哪里低收入者不必交税他们就奔向哪里。罗马帝国错综复杂的文明大厦、遍布欧洲和地中海的大规模劳动分工开始瓦解，帝国的后裔成为分散在各地的自给自足的农民，之后很快就沦为封建领主统治下的农奴。

拜占庭和拜赞特

戴克里先皇帝的名字永远与财政和货币欺诈联系在一起，在他的统治下，罗马帝国走向谷底。他退位一年后，君士坦丁大帝接管了帝国，实施了负责任的经济政策和改革，扭转了帝国的命运。君士坦丁，这位第一位信仰基督教的罗马皇帝，承诺将苏勒德斯金币的重量稳定在 4.5 克，停止货币裁剪和劣化，并从公元 312 年开始大量铸造这种金币。君士坦丁

⊖ Ferdinand Lips, *Gold Wars*: *The Battle Against Sound Money as Seen from a Swiss Perspective* (New York: Foundation for the Advancement of Monetary Education, 2001).
⊜ Ludwig von Mises, *Human Action*: *The Scholar's Edition* (Auburn, AL: Ludwig von Mises Institute, 1998).

大帝东进，在连接欧洲和亚洲的地方建造了君士坦丁堡，由此，东罗马帝国即拜占庭帝国诞生了。拜占庭帝国以苏勒德斯金币为货币。西罗马帝国则继续在经济、社会、文化上不断衰退，最终于公元 476 年彻底崩溃。拜占庭帝国延续了 1123 年，苏勒德斯金币也成为人类历史上寿命最长的健全货币。

君士坦丁大帝维护了苏勒德斯金币的完整，这份馈赠使苏勒德斯金币成为全世界获得最广泛认可和使用的货币，后来被称为拜赞特（Bezant，意为来自东方的金币）。西罗马帝国由于货币崩溃，破产的皇帝无法为士兵们支付薪水，最终灭亡，而君士坦丁堡则由于负责任的财政和货币政策，矗立并繁盛了好几百年。汪达尔和西哥特蛮族杀入了罗马城，而君士坦丁堡则在数个世纪内免遭侵略，繁荣稳定。不过和西罗马一样，君士坦丁堡的衰弱也是发生在统治者开始劣化货币之后，历史学家认为这一过程起自君士坦丁九世（1042~1055 年在位）统治时期。[⊖]伴随着货币贬值而来的是帝国财政、军事、文化和宗教的全面衰退，之后帝国面对不断增长的危机步履蹒跚，直到 1453 年被奥斯曼帝国攻陷。

尽管发生了自身的贬值和帝国的陷落，但深受拜赞特影响的另一种健全货币继续广泛流通。这种健全货币就是伊斯兰第纳尔（Islamic Dinar）。今时今日，尽管伊斯兰第纳尔已经不是任何一个国家的正式货币，但它还有很大的保有和使用量。在拜占庭帝国的黄金时代，伊斯兰教逐渐兴起，拜赞特和在重量与规制上与拜赞特相似的金币在伊斯兰教传播的地区被广泛使用。公元 697 年，倭马亚王朝（Umayyad）的阿卜杜勒-马利克·本·马尔万确定了伊斯兰第纳尔的重量和价值。尽管倭马亚王朝以及随后的数个伊斯兰国家相继兴起和灭亡，但直到今天，伊斯

⊖ David Luscombe and Jonathan Riley-Smith, *The New Cambridge Medieval History*: Volume 4, C.1024-1198 (Cambridge University Press, 2004), p. 255.

兰第纳尔还是保持了最初的与拜赞特相似的重量和规制，广泛流行于伊斯兰教地域，用于嫁妆、礼物以及各种宗教活动和传统习俗。由于长期保持了货币的完整性，阿拉伯和伊斯兰文明的衰弱不同于西罗马帝国和拜占庭帝国，与自身货币的崩溃无关。公元301年，由罗马皇帝戴克里先首铸的苏勒德斯金币流变为拜赞特，后来又流变为伊斯兰第纳尔，直到今天仍在被人使用。世界各地的人们用它进行交易长达17个世纪，这也凸显了黄金在时间上的适销性。

文艺复兴

罗马帝国在经济和军事上崩溃之后，封建制度成为社会组织的首要形式。在这个转变过程中，健全货币遭到破坏是帝国公民沦落为受封建领主支配的农奴的关键。当时，黄金集中在封建领主手中，欧洲农民使用的主要钱币形式是铜币和青铜币。由于冶金技术的进步，铜币和青铜币很容易生产，供给量也很容易膨胀，是极不可靠的价值存储载体。与此同时，欧洲的银币常常被劣化，偷工减料，不达标准，于是远方的人不愿意接受，降低了银币在空间上的适销性，限制了整个欧洲贸易的范围。

税收和通货膨胀掏空了欧洲人民的财富和储蓄，新一代的欧洲人来到世界上，赤手空拳，无法从他们的长辈那里继承财富。由于缺乏被广泛接受的健全货币本位，严重限制了贸易的范围，于是社群之间日渐封闭，狭隘主义日渐抬头，曾经富饶文明的贸易社会陷入农奴制、疾病横行、思想封闭、宗教迫害的黑暗世纪。

人们普遍认为，是城邦的崛起将欧洲拉出黑暗的中世纪，带来了文艺复兴，而健全货币在这一过程中起到的重要作用则较少为人所知。是的，在城邦中，人们得以自由地工作、生产、贸易，带来城邦的繁荣，但这些在很大程度上是城邦采用了健全货币本位的结果。一切开始于 1252 年的佛罗伦萨，当时佛罗伦萨铸造了弗罗林（Florin），这是自恺撒时代的奥雷金币以来第一个主要的欧洲健全货币。之后佛罗伦萨崛起为欧洲的商业中心，弗罗林成为欧洲人首选的交易中介，佛罗伦萨人的银行开遍了整个欧洲。在公元 1270 年，维也纳学习佛罗伦萨好榜样，开始自行铸造达克特（Ducat），其规格与弗罗林相同。到 14 世纪晚期，超过 150 个欧洲城邦以与弗罗林相同的规格铸造货币，这些健全货币在空间和时间上具有良好的适销性，且有很多小额辅币，便于分割。于是这些城市的欧洲人得以自由且有尊严地积累财富和互相贸易。随着农民在经济上获得的自由，意大利城邦的政治、科学、知识、文化也繁盛起来，这种变化后来遍及整个欧洲。无论是罗马、君士坦丁堡、佛罗伦萨还是威尼斯，历史向我们表明，健全的货币本位是人类社会繁荣昌盛的必要前提，一旦没有健全的货币本位，社会就处在野蛮和崩溃的边缘。

尽管弗罗林被引入之后，货币的健全性得到了改善，越来越多的欧洲人使用金币和银币进行交易和储蓄，欧洲和世界的市场规模都不断扩大，但情况还远称不上完美，很多时候，君主们还是会劣化人民的货币，以攫取财富来支持战争消耗或奢侈的生活。金币和银币都是实物货币，且互为补充：黄金的高存量－增量比使它成为理想的长期价值存储工具和大额交易的支付中介，而白银由于单位重量价值较低，适合被分割成用于小额交易的重量，也适合短期持有。这样的安排有其合理之处，同时也有一个不可忽视的缺点：黄金和白银之间的汇率波动会带来贸易问题和核算问题。试图固定金银比价的努力总是弄巧成拙，好在黄金即将在货币竞争中全面胜出。

君主可以通过规定金银之间的兑换比率，直接影响金币或银币的持有者的决策：继续持有还是将其出售。这种令人不便的金银二元货币本位在欧洲和全世界持续了几个世纪，但是就像货币从盐、牲畜、贝壳到金属的变化一样，技术不可阻挡的进步将带来解决方案。

在带领欧洲和世界远离了实物货币，进而带来了白银货币地位的消亡的过程中，有两项技术尤其特殊：一个是电报，最先于1837年投入商业使用；一个是不断增长的铁路网络，使便捷的运输覆盖欧洲全境。这两样创新，使银行之间的信息联通越来越便利，于是，在需要的时候，人们可以通过借记账户而不是实物支付的方式，有效地完成远距离的支付行为。这使得单据、支票、纸质收据超越实物的金币银币，越来越多地被用作货币媒介。

越来越多的国家开始转而使用纸质货币本位，这种纸质货币由存放在保险柜中的贵金属完全背书并可以立即赎回贵金属。在背书贵金属的选择上，有的国家选择了黄金，有的国家选择了白银，这个选择是决定命运的，随后会带来巨大的后果。1717年，在英国皇家铸币局局长、物理学家艾萨克·牛顿的指导下，英国成为第一个采用现代金本位制的国家。在推动大英帝国的全球贸易方面，金本位将扮演重要的角色。直到1914年之前，英国一直实行金本位制，期间只是在拿破仑战争期间暂停实行过。英国的经济霸权和它优越的货币本位有千丝万缕的联系，随后其他欧洲国家也逐渐开始效仿。主流欧洲国家一个接一个地采用金本位制。拿破仑战争的结束宣告了欧洲黄金时代的开始。正式采用金本位制的国家越多，黄金的市场价值就越高，新的国家加入金本位阵营的动力也就越强。

之后，个体不再需要为了自身或大或小的交易需求随身携带金银币，人们可以用银行里面的黄金来储存财富，同时使用纸质收据、单据、支票进行任意大小的支付。纸质收据可以直接用于支付，单据由其发行银行背书，可用于清算，支票可以从其发行银行变现。它们的诞生解决了黄金在价值尺度上的适销性上存在的不足，使黄金成为最好的货币媒介，只要囤积了人们黄金的银行不会虚增作为收据的纸币数量。

这些纸质的交易媒介由金库里的实物黄金背书，可以进行任意数量和大小的支付，此时，小额支付领域对白银的真实需求就不存在了。普法战争的结束敲响了白银货币角色的丧钟，当时德国为了在本国建立金本位制度，要求法国支付价值2亿英镑的黄金。随着德国加入英国、法国、荷兰、瑞士、比利时等国家的金本位阵营，货币的钟摆不可挽回地向黄金倾斜。随后，全世界采用白银本位的国家和个人见证了白银购买力的逐步下降，它们转向金本位的动机也更加强烈。印度最终在1898年从银本位转向金本位，而1935年放弃银本位的中国（包括香港地区）则是全世界放弃银本位最晚的大型经济体。

只要黄金和白银都直接用于支付，它们就会同时扮演货币的角色，彼此的相对价格也会保持大体稳定。长久以来，白银和黄金的兑换比例维持在12～15盎司⊖白银兑1盎司黄金，这一比例与它们在地壳中的相对稀缺度以及开采难度和成本对比大体相当。但是随着由这些金属背书的纸币和金融工具越来越流行，白银的货币角色不再有继续存在的理由。个人和国家都开始转而持有黄金，随之带来银价暴跌，再无回升。20世纪白银和黄金的平均兑换比率下降到47∶1，2017年则进而下降到75∶1。时至今日，中央银行对黄金的囤积证明黄金仍然在一定程度上扮演着货币角色，而白银则已经无可争辩地失去了货币角色（见图3-3⊜）。

⊖ 1盎司 = 28.3495克。

⊜ 资料来源：Lawrence H. Officer and Samuel H. Williamson, "The Price of Gold, 1257-Present," *Measuring Worth* (2017). Available at http://www.measuringworth.com/gold/.

图 3-3　1687～2017 年，以白银计价的黄金价格

白银的去货币化给当时以白银为货币本位的国家带来了巨大的负面影响。对印度来说，与以黄金为本位的欧洲国家相比，印度卢比持续贬值，导致印度的英国殖民政府只好增加税收以维持自身运转，同时增税也带来了持续动荡和人们对英国殖民政策的不满。到 1898 年印度转而将以黄金背书的英镑作为卢比的背书货币的时候，在普法战争结束后的 27 年里，为卢比提供背书的白银自身价格已经暴跌了 56%。对中国来说，银本位制一直延续到 1935 年，中国银币（包含多种名称和规格）则在这段时期内损失了 78% 的价值。在笔者看来，中国和印度近代史上的苦难，它们在 20 世纪追赶西方的过程中承受的曲折，与它们所使用的货币金属在去货币化的过程中带来的巨大财富和资本损失密不可分。在白银的去货币化过程中，中国人和印度人的境遇，实际上与欧洲人到来时使用玻璃珠货币的西非人面临的境遇类似：国内的硬通货对外国人来说只是软通货，并且正在被外国人带来的硬通货赶出市场。这使外国人在此时期控制和拥有了越来越多的中国和印度的资本和资源。所有认为自己对比特

币的拒绝只是因为事不关己的人,都应该牢记这个重大的历史教训。历史向我们证明,如果其他人持有的通货比你的硬,你根本无法置身事外。

随着黄金越来越被集中在银行的手中,它获得了时间、空间和价值尺度上的适销性,却失去了现金属性,导致基于黄金的支付行为需要仰赖金融和政治当局对黄金的集中囤积,仰赖它们发行的收据和结算票据。悲剧的是,黄金同时解决其在价值尺度、时间、空间上适销性的唯一途径是被中心化,因此黄金失去了20世纪的经济学家所强调的健全货币最重要的属性:个体对货币的主权及货币对政府中心化控制的抗性。因此也不难理解,为什么19世纪关注健全货币的经济学家(如门格尔),对货币健全性的理解集中在货币作为市场商品的适销性上,而20世纪关注健全货币的经济学家(如米塞斯、哈耶克、罗斯巴德、萨勒诺),则将他们对货币健全性的分析集中在其对主权控制的抗性上。这是因为,20世纪货币的阿喀琉斯之踵就是它被控制在政府手中。后面我们将会看到,比特币这种21世纪发明的电子货币,其设计的重点就是如何避免中心化控制。

美好年代

1871年普法战争的结束,以及它之后所有欧洲强国采用了相同的货币本位黄金的转变,带来了一段繁荣昌盛的时期,随着时间的推移,这段时期越发令人赞叹。19世纪,尤其是19世纪后半段成为人类前所未有的最繁荣、最富于创新和硕果累累的时期,黄金的货币地位在其中起到了至关重要的作用。随着白银和其他货币媒介不断地去货币化,地球上大多数人开始使用相同的金本位货币制度,加之电信和交通系统的进步,全球贸易和资本积累开始以空前的面貌大步向前。

在大家都使用金本位制度的时候,不同货币之间的区别仅仅是每货币单位黄金重量的不同，不同国家货币之间的汇率就是简单的不同重量单位之间的换算，就像英寸和厘米之间的换算一样简单。英镑被定义为1英镑与7.3克黄金等值，而1法郎是0.29克黄金，1德国马克是0.36克黄金，这就表示它们之间的汇率必然是固定的1英镑兑换26.28法郎或24.02德国马克。如同公制单位和英制单位只是用不同的方法度量客观长度一样，不同国家的货币也只是以通用的价值存储载体黄金来衡量经济价值。由于本质上都是黄金，所以不同国家的金币在彼此之间都有良好的适销性。每个国家的货币供应量不是取决于由博士们组成的中央计划委员会制定的指标，而是取决于市场体系的自然运作。人们想存多少钱就存多少钱，想花多少钱就花多少钱，这些钱可能是本币，也可能是外币，实际的货币供应量甚至都不易衡量。

货币的健全性促进了世界各地的自由贸易，但也许更重要的影响是，大多数施行金本位制的社会中储蓄率都在上升，由此带来的资本积累为工业化、城市化和技术进步提供了资金，塑造了我们的现代生活（见表3-1㊀）。

表3-1 主要欧洲经济体采用金本位的时期

货　币	金本位时期（年）	延续年数
法国法郎	1814～1914	100
荷兰盾	1816～1914	98
英镑	1821～1914	93
瑞士法郎	1850～1936	86
比利时法郎	1832～1914	82
瑞典克朗	1873～1931	58
德国马克	1875～1914	39
意大利里拉	1883～1914	31

㊀ 资料来源：Lips, 2001。

到1900年，包括所有的工业国在内，约有50个国家正式采用了金本位制度，此外还有一些国家虽然没有正式宣布采用金本位，但也使用金币为主要的交易中介。在这段金本位时期，集中涌现了一批人类最重要的技术、医学、经济和艺术成就，这部分解释了为什么这段时期在全欧洲被称为"美好年代"（la belle époque，法语）。英国人见证了"不列颠和平"鼎盛时期，帝国在世界范围内扩张，同时不曾卷入大规模的军事冲突。1899年，美国作家娜丽·布莱（Nellie Bly）开始她创纪录的72天全球旅行，随身携带的就是英国金币和英格兰银行发行的钞票。㊀ 娜丽环游世界，几乎可以用同一种货币在所到之处畅行无阻。

在美国，这段时期被称为"镀金时代"。内战结束以后，美国于1879年恢复了金本位制度，随后迎来了经济的爆发式增长。镀金时代仅发生过一次货币非理性的插曲，美国财政部试图以强制使用银币的方式使白银再次货币化，这个插曲可以看作银币生命的最后一次垂死挣扎，我们将会在第六章再次讨论这件事。简单地说，后果是引起货币供应大量增加，以及由于持有国债和白银的人挤兑黄金而导致的银行停业。这次货币非理性最后带来了1893年的衰退，之后美国经济开始回升。

由于全世界大多数地方都采用同样健全的货币单位，这个时期见证了人类历史上前所未有的资本积累、全球贸易、对政府的约束和世界范围内生活水平的上升。正如米塞斯所描述的：

> 无论在政治上还是在经济上，金本位都增进了福利、自由和民主。在自由交易者看来，金本位最主要的优点恰恰是，它是符合国际贸易要求、国际货币和资本市场交易要求的国际标准。金本位是西方资本和工业主义者将西方文明传播到地球上

㊀ Nellie Bly, *Around the World in Seventy-Two Days* (New York: Pictorial Weeklies, 1890).

最遥远地方的交易媒介，金本位在所到之处摧毁陈旧的偏见和迷信的枷锁，播撒新生的种子，解放思想和灵魂，创造了前所未闻的新财富。

因此我们不难理解，人们为什么将金本位视作此次人类最伟大、获益最丰的变革的象征。[1]

美好年代在1914年这个灾难性的年份崩溃了，这一年不仅是第一次世界大战爆发的年份，更是主要经济体放弃金本位，代之以不健全的政府货币的年份。只有在第一次世界大战中保持中立的瑞士和瑞典，将金本位制度保持到了20世纪30年代。自那之后，全球进入政府控制货币的时代，随之而来的是沉重的灾难性后果。

19世纪的金本位制度应该是人们见过的最接近理想健全货币的货币制度，尽管如此，它也有缺点。首先，政府和银行发行出来的纸质交易中介，总是超过其储备的黄金数量；其次，对很多国家来说，发行货币的价值储备不仅是黄金，其他国家发行的纸币也成为背书价值的组成部分。比如，英国作为当时的超级强国，就由于全世界很多国家将英镑用作储备货币而得到了不少益处。这样做的结果是，真正有黄金背书的货币供应实际上只占一小部分。随着国际贸易越来越依赖世界各地的大额货币结算，英格兰银行发行的银行券在当时很多人的印象中变得"等于黄金"。黄金是硬通货，而中央银行之间用于支付结算的工具虽然名义上可以赎回黄金，但实际上可比黄金容易"生产"得多。

这两个缺点意味着，在任意一个国家，只要形势不妙，大量民众要求将他们的纸币赎回为黄金，这个国家的金本位制度就面临挤兑的风险。这两个缺点的核心在于金本位制度的致命缺陷，即实物黄金的结算

---

[1] Ludwig von Mises, *Human Action* (pp. 472-473).

是笨重、昂贵和不安全的，这意味着只能将实物黄金集中储藏在少数地点——银行或中央银行，进而易于被政府控制。随着以实物黄金进行支付结算的交易在所有交易支付中所占的比例越来越小，持有黄金的银行和中央银行就有机会创造大量实际上并没有实物黄金背书的货币，并将它们用于贸易结算。结算网络变得非常有价值，以至于其拥有者的信用得到了充分的货币化。当经营一家银行意味着有能力进行货币创造时，政府自然食指大动，通过中央银行体系接管银行业。这种诱惑的吸引力无比强大，它所带来的几乎无尽的金融财富不仅能平息异议，还能资助御用文人和经济学家进一步大张旗鼓地宣传这一理念。黄金本身没有提供任何约束当局的机制，黄金自己只能相信政府不滥用金本位制度，而人们则永远对此充满了怀疑和警惕。当人们普遍受过良好教育，知晓不健全货币的风险时，或许还能对这样的制度安排形成一定的牵制，但是随着一代代人伴随表面财富的增加而陷入智识上的自满，[1]越来越多的人将无法抵御骗子和御用经济学家的诱惑之歌。只留下少数知识渊博的经济学家和历史学家陷入苦战，告诉人们不可能通过在货币供应上作弊而获得财富，告诉人们允许国家控制货币只会将政府控制的触角伸向每个人的私生活，告诉人们文明的人类生活依赖于货币的健全性，唯其才能为贸易和资本积累提供坚实的基础。

黄金被中心化使它的货币角色易于被敌人篡夺，而黄金有太多敌人了，正如米塞斯所深刻理解的：

> 民族主义者反对金本位，因为他们试图将自己的国家与世界市场隔离开，并尽可能让自己的国家在所有的事情上自力更生。干预主义政府和压迫者反对金本位，因为金本位是他们操

---

[1] See John Glubb, *The Fate of Empires and Search for Survival*.

纵价格和工资水平的重大障碍。不过，对金本位最狂热的攻击来自于那些试图扩张信贷水平的人，在他们看来，信贷扩张可以解决所有的经济问题。㊀

金本位制度清除了来自政治舞台的钞票变化对货币购买力的决定性影响。要人们普遍接受金本位，首先需要人们承认这样一个事实，即无法通过印发钞票让每个人都变得富有。对金本位的厌恶源于一种迷信，即全能的政府可以通过印发小纸片创造财富。……政府迫不及待地丢弃金本位制度，因为它们错误地认为信贷扩张是降低利率的恰当手段，可以"改善"贸易平衡。……人们反对金本位，因为他们想用自给自足取代自由贸易，想用战争替代和平，想用全能政府取代自由。㊁

20世纪初，政府通过发明基于金本位的现代银行制度，将人民的黄金置于自身控制之下。到第一次世界大战开始的时候，这些集中存放的黄金储备允许政府大量发行超过其黄金储备的货币，降低这些货币的价值。尽管如此，直到20世纪60年代，全球美元货币本位开始显现的时候，中央银行还在继续没收和囤积更多的黄金。一般认为，黄金在1971年被完全去货币化了，不过时至今日，中央银行依然大量持有黄金。1971年宣布金本位终结之后，中央银行对黄金的售出极为缓慢，而且在过去10年，它们又重新开始买入黄金了。尽管中央银行不停地宣称黄金的货币使命已经终结，但它们维持黄金储备的行为却看起来更加真实。从货币竞争的角度看，保持黄金储备是完全理性的决定，因为储备其他国家的软通货只会导致本国货币与其一起贬值，同时铸币税被发行储备货币

㊀ Ludwig von Mises, *Human Action* (p. 473).
㊁ Ludwig von Mises, *Human Action* (p. 474).

的国家而不是被自己国家的央行收走。此外，如果中央银行抛售它们所有的黄金储备（大约为全球黄金存量的20%），最可能的影响是，由于黄金很高的工业价值和美学价值，它们将会在贬值有限的情况下被抢购一空，而中央银行将失去所有的黄金储备。政府软通货和黄金硬通货之间的货币竞争长期来看只有一个胜出者。就算在当前政府货币占主导的世界里，政府也无法彻底清除黄金的货币地位，因为它们的行动比语言更能说明问题（见图3-4[⊖]）。

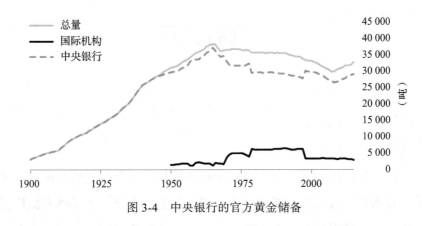

图3-4 中央银行的官方黄金储备

⊖ 资料来源：World Gold Council, Reserve Statistics. Available at https://www.gold.org/data/gold-reserves.

第四章

政府货币

第一次世界大战见证了自由市场决定货币媒介时代的终结，以及政府货币时代的开始。尽管直至今日黄金依然在为全球货币体系提供必要支撑，但自那时起，与个人选择相比，从任何角度看，政府的法令、决策和货币政策都更加决定了这个世界的货币现实。

政府货币俗称"法定货币"（fiat money），fiat 来自拉丁语，表示法令、命令或授权。首先我们必须明白与政府货币有关的两个重要事实。

第一，尽管都由政府发行，但可兑换黄金的政府货币与不可兑换黄金的政府货币之间有巨大的差异。在金本位下，货币就是黄金，政府只是承担了铸造标准重量单位的黄金或者印刷由黄金背书的纸币的责任。政府在经济上对黄金的供应没有控制权，人们可以在任何时候用他们的纸币赎回实物黄金，而且他们在互相交易的时候还可以使用其他形状和形式的黄金，如金条或外国金币。与此不同的是，在不可兑换黄金的政府货币体系下,政府的债务和(或)债券也被当作货币,只要政府认为合适,就能够增加这些东西的供给。任何人如果想在交易中使用其他形式的货币,或者想自行制造更多的货币,都要承担被司法铁拳惩罚的风险。

第二个经常被忽略的事实,与其名字所暗示的正好相反,没有任何法定货币是单纯通过政府法令进行流通的。法定货币起初都可以直接兑换成金或银,或者可以兑换成可兑换金银的其他货币。只有能兑换为具备适销性的货币形式,政府货币才能获得自身的适销性。政府可以颁布法令,强制人们在支付中使用它们发行的钞票,但是,如果这些钞票在最初的时候不能兑换为金或银,没有政府能够凭空赋予其适销性。直至今日,所有中央银行仍然会储备资产来支撑它们国家的货币的价值。大部分国家会储备黄金,那些没有黄金储备的国家则会储备其他有黄金储备的国家的法定货币。没有任何形式支撑的纯粹的法定货币在流通中是不存在的。与货币国家理论中最惊人的错误和中心原则相反,并不是政府赋予了黄金货币地位,并且,只有通过持有黄金,政府才有可能让它们发行的货币获得认可。

有记载的最古老的法定货币是交子,它是公元10世纪中国宋朝发行的一种纸币。最初,交子是金银的收据,但后来政府控制了它的发行并暂停了交子的可赎回性,之后政府一直增加这种货币的印刷量,直到它崩溃。中国元朝也在1260年发行了法定货币,名为"钞",但发行量远远超出了其背后的贵金属支撑,带来了可预见的灾难性后果。当货币的价值暴跌之时,人民陷入赤贫,许多农民成为债务的奴隶,不得不卖儿卖女。

其实政府货币类似于我们在第二章讨论的原始的货币形式,也类似于黄金之外的其他商品,它们的共同之处在于,与存量相比,增量很容易快速增加,使这种货币的适销性快速丧失,购买力被摧毁,并使其持有者变得贫穷。黄金与它们不同,黄金的增量不会快速增加,这是前面讨论过的黄金的基本化学性质决定的。强制使用可能会多少延长一些政府货币的寿命，但是只有政府控制货币供给的快速膨胀，才能有效地保护其法定货币免于快速贬值。比较不同国家的货币时，我们发现那些主流的和最广泛使用的国家货币与适销性更差的非主流政府货币相比，货币供给的年度增长率更低。

货币国家主义和自由世界的终结

随着1914年欧洲中部一场小型战争的开始，以及这场战争像滚雪球一样发展成人类历史上第一次世界大战，在第三章结尾处的引文中，米塞斯提到的健全货币的诸多敌人终于战胜了金本位制度。当然，当战争开始时，谁也没有预想到它会持续那么久，产生那么多伤亡。例如，当时英国媒体将其称为"八月银行假日战争"⊖，希望对英国军队来说只是一场简单而硕果累累的远足。经过数十年的相对和平，新一代欧洲人对发动战争可能引发的后果没有正确的概念。人们误以为这将是一场有限冲突。时至今日，历史学家仍未能提供一个令人信服的战略或地缘政治解释，告诉我们为什么奥匈帝国和塞尔维亚分裂分子的冲突发展成为世界大战，夺走上千万人的生命，并彻底改变了世界版图。

回过头看，第一次世界大战与之前的有限战争之间最主要的不同，既不是地缘政治也不是战争策略，而是货币政策。战前，政府实行金本位制，政府直接控制着大量的黄金，人民使用以这些黄金背书的纸币。激战正酣时，这种安排下政府增发纸币的便利性成为不可阻挡的诱惑，而且增发纸币也比直接向公民征收战争税来得便捷和隐蔽。在战争开始的几周内，所有主要交战国都暂停了纸币与黄金的可兑换性，实际上脱离了金本位，把法币本位强加给国民，这时候人们使用的货币是政府发

⊖ 在部分欧洲地区，公共假日也称"银行假日"。

行的不能兑换黄金的纸币。

随着黄金可兑换性的肆意中止，政府的战争潜力不再局限于国库中的资金，事实上它们可以动用人民的全部财富。只要政府可以印更多的钱，并让本国人和外国人使用，就可以持续获得支持战争的资金。在更早的货币体系中，黄金作为货币掌握在人民手中，政府支撑战争的资金只能来自国库的现金，最多再加上战争税和债券收入。这种机制使冲突的发展受到限制，不能无限升级，这也是20世纪以前世界处于相对较长的和平时期的一个核心原因。

如果欧洲国家继续坚持金本位制，或者欧洲人民将黄金掌握在自己手中，使政府不得不通过增加税收而不是通过发行债券来获得战争资金，历史的走向可能会截然不同。只要有一方开始资金告罄，同时人民不愿意为了保卫统治者的利益而牺牲自己的财富，第一次世界大战就会因为难以获得新的资金支持，在几个月内结束军事冲突。但是，随着金本位被中止，资金耗竭已不足以结束战争，要等到统治者通过通货膨胀耗尽人民积累的财富，战争才会停止。

欧洲国家的货币贬值让这场血腥的僵局持续了4年，就这么僵持着，没有解决方法，甚至也没有什么进展。整件事情的无意义感笼罩在这些国家人民的心头，士兵在前线冒着生命危险，并没有什么值得付出的理由，仅仅是为了那些互为姻亲且经常近亲通婚的君主的虚荣和野心。对这场战争的无意义感最生动的诠释是，1914年圣诞夜前夕，法国、英国和德国的士兵停止执行作战命令，他们放下武器，跨过战场，互赠礼物和纪念品。德国士兵中有很多人在英国工作过，会讲英语，同时绝大多数士兵热爱足球，因此在前线举行了多次即兴的足球赛。㊀休战暴露出来的事实真相

㊀ Malcolm Brown and Shirley Seaton, *Christmas Truce: The Western Front December 1914* (London: Pan Macmillan, 2014).

是，士兵们之间本无仇恨，也不会从这场战争中获得什么好处，他们看不到将战争继续下去的理由。国家之间的争斗还不如通过足球来进行，这是一项受到普遍欢迎的运动，国家或国家联盟之间可以和平地一决雌雄。

战争就这样多打了4年，却还是几乎没有任何进展，直到1917年美国介入，为协约国带来了同盟国无法企及的大量战争资源，胜利的天平才开始发生倾斜。还有，尽管所有的政府都在利用通货膨胀为战争机器提供资金，但是到1918年，德国和奥匈帝国经历的货币贬值最为严重，从这个角度看，它的最终失败也不可避免。通过对比各交战国货币与当时依然执行金本位制度的瑞士法郎之间的汇率变化，可以很清晰地衡量这些货币发生的贬值程度（见图4-1）。

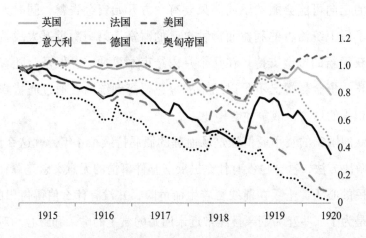

图4-1　第一次世界大战期间各主要国家货币与瑞士法郎之间的汇率（1914年6月=1）

第一次世界大战尘埃落定之后，所有欧洲主要国家的货币价值都下降了。1918年11月，战败国德国和奥匈帝国的货币价值仅为1913年时的51%和31%。战胜国一方，意大利货币跌至原来的77%，法国货币跌至原来的91%，英国货币跌至原来的93%，美国货币则仅下跌至原来的

96%①（见表4-1②）。

表 4-1 第一次世界大战期间各国货币对瑞士法郎的贬值

国家	第一次世界大战期间货币贬值	国家	第一次世界大战期间货币贬值
美国	3.44%	意大利	22.3%
英国	6.63%	德国	48.9%
法国	9.04%	奥匈帝国	68.9%

国际版图的变化难以与第一次世界大战带来的巨大创伤相提并论，尽管战后绝大多数参战国的国境线发生了变化，但没有任何一个胜利者可以宣称自己得到的领土值得付出那么大的牺牲。奥匈帝国战后分裂成几个国家，不过这些国家没有被并入战胜国，而是由其人民自行统治。战争最主要的影响是，许多欧洲国家的君主政体被共和政体所取代，但与战争给人民带来的巨大毁灭和破坏相比，进步的代价过于高昂。

战争期间，央行停止纸币与黄金的兑换、回购黄金、国际黄金流动被暂停，或者即使偶有流动也受到严格管制。因此，即使物价上涨，政府也尚能在表面上维持其货币价值对黄金的锚定。战争结束的时候，之前的以金本位为核心的国际货币体系事实上失效了。所有国家都在战时抛弃了金本位，战后则面临着是否回归金本位，以及如果回归，如何重估自家的货币的价值的问题。如果通过自由市场的方式，通过各国现存的货币数量对比各国的黄金持有量来确定各自货币的真实价值，则这些国家将不得不极不情愿地承认其货币实际上已经发生了巨大的贬值。如

---

① 我猜想，是不是因为德国和奥地利在地理上与瑞士接近，三国人民之间的关系也历来相对亲密，这导致更多的德国人和奥地利人将他们手中的货币兑换成瑞士法郎，这加速了德奥两国货币贬值、政府榨取财源的过程，从而对一战的结果产生了决定性的影响。但我从未对这个猜想进行过任何深入的研究。

② From July 1914 to November 1918. Source: George Hall, "Exchange Rates and Casualties During the First World War," *Journal of Monetary Economics*.

果直接回归战前货币与黄金的兑换率，人们则势必会挤兑黄金，并将黄金带到国外估值更合理的地方。

这一困境让货币脱离了市场的范畴，使之变为受政治控制的经济决策。货币不再是市场参与方自由选择的、作为交易中介的、最具适销性的商品，此后，货币的价值、供给和利率由各国政府中央计划。哈耶克在其同名的精彩著作中将这种货币体系称为货币国家主义[一]：

> 我所说的货币国家主义，是指一个国家在全世界所有货币供应量中所占的份额，不应该由决定不同国家和地区相对货币数量的共同原则或者共同机制来决定。真正的国际货币体系应该是全世界使用统一的货币，这种货币可以在不同的国家获取，货币在区域之间的流动是所有个体行为的结果。[二]

由于中央银行对黄金的垄断性持有，以及政府限制人民持有黄金，强制人民使用政府货币，黄金再也不可能重新成为世界统一货币了。比特币作为一种原生于互联网的货币，天然带有超越国界和政府控制范围的属性，提供了发展新的国际货币体系的令人着迷的可能性，我们将在第九章继续讨论这一点。

两次大战之间

在国际金本位制度下，货币可以在国家之间自由流动，换取商品，不同货币之间的汇率就是其所代表的不同重量的黄金之间的换算，而货

[一] 中文普遍将"Monetary Nationalism"译为"货币民族主义"，但译者认为此处译为"民族主义"与汉语语境稍显隔阂。——译者注

[二] Friedrich Hayek, *Monetary Nationalism and International Stability* (Fairfield, NJ: Augustus Kelley, 1989 [1937]).

币国家主义盛行的时候，每个国家货币的供给量、货币之间的汇率则取决于国际会议和条约。《凡尔赛和约》要求德国支付巨额的战争赔款，德国试图用通货膨胀来偿还债务，之后，德国发生了超级通货膨胀。英国面临的主要问题则是试图继续施行金本位制度，同时还继续维持英镑被高估而黄金被低估的错位汇率，这造成了黄金持续从英国流向法国和美国。

20世纪这个货币国家主义世纪里面第一个重要的货币条约是1922年的《热那亚条约》，按照《热那亚条约》，美元和英镑被认为是储备货币，与黄金在其他国家货币储备中的地位相当。通过此举，英国希望让其他国家出于货币储备的需要，大量购入英镑，以此来缓解英镑被高估的问题。此举相当于世界主要大国做出表态，不再坚守坚硬的金本位原则，而是拥抱以通货膨胀的方式应对经济问题的解决方案。这种安排的愚蠢之处在于，妄图在通货膨胀的同时，将货币对黄金的价格保持在战前水平。它们试图从数量中获取安全感：如果每个国家都让自己的货币贬值，那么资本也就无处可逃了。这种图谋没有奏效，也不可能奏效，黄金依然流出英国，流向美国和法国。

普通大众不会注意到英国的黄金外流，但这件事的后果是严重的。利雅卡特·艾哈迈德（Liaquat Ahamed）的《金融之王》（*Lords of Finance*）一书聚焦的就是这个主题，并很好地刻画了发生的戏剧性事件和被牵扯其中的个体。不过作者使用的是主流的凯恩斯主义观点，将所有的失序归咎于金本位。尽管做了大量研究，艾哈迈德还是未能理解问题的根本并不在于金本位，而是在于第一次世界大战结束后，政府妄图以战前的汇率回归金本位。如果它们向本国人民承认战争期间货币贬值的幅度，并以新的汇率重新将货币与黄金挂钩，那么经济很可能只经历一次衰退性的崩溃，之后便将在健全货币的基础上复苏。

默里·罗斯巴德在其著作《美国大萧条》中对这件事极其可怕的后果进行了更好的分析。英国的黄金储备不停外流，去向估值更加合理的地方，英格兰银行行长蒙塔古·诺曼爵士（Sir Montagu Norman）只是寄希望于他的法国、德国、美国同行也增加货币供给，为这些国家带来和英镑近似的货币贬值，这样就能阻止黄金流出英格兰。法国和德国的银行家没有如其所愿，但纽约联邦储备银行的本杰明·斯特朗（Benjamin Strong）在整个20世纪20年代都执行了蒙塔古·诺曼期望的通货膨胀的政策。此举在一定程度上减慢了英国黄金的外流速度，但更主要的后果是在美国的住房和股票市场催生了巨大的泡沫。美联储⊖的通货膨胀政策在1928年结束，此时美国经济已经迈过了不可避免的崩溃的门槛。随后发生的就是1929年股票市场的崩盘，之后美国政府的不良应对将其铸成现代历史上持续时间最长的大萧条。

对大萧条常见的解释是，面对经济衰退，美国胡佛总统坚持金本位制度，选择了不作为，错误地相信自由市场会带来经济复苏。直到罗斯福取代他成为总统，让政府积极干预经济，中止金本位制度，美国才迎来复苏。为对抗经济衰退，胡佛总统不仅增加了公共工程方面的政府开支，还通过美联储大肆进行信用扩张，面对工资水平的下行，他的政策焦点是极其想让工资维持在高位。胡佛总统还对产品尤其是农产品实行了价格管制，想让其价格维持在大萧条发生之前的高位上，不可理喻地认为大萧条之前的价格是公平合理的。继而，美国和全球主要经济体都开始施行贸易保护政策，让世界经济雪上加霜。◎

历史书精心掩盖了一个鲜为人知的事实，1932年美国大选的时候，胡

⊖ 20世纪之前美国并没有中央银行，曾经成立的美国第一银行和美国第二银行的寿命都不长。现在大名鼎鼎的美联储成立于1913年。美联储有12个联邦储备分行，上文提到的纽约联邦储备银行是美联储系统内实力最雄厚的分行之一。——译者注
◎ 罗斯巴德的著作《美国大萧条》中对于胡佛总统干预主义政策有详尽的记述。

佛的竞选纲领主张对经济进行高度干预，而罗斯福的竞选纲领则强调负责任的财政和货币政策。竞选结果表明，美国人民反对胡佛的政策。但是当罗斯福当选之后，他发现与践行自己的竞选纲领相比，还是与此前影响了胡佛的利益集团合作来得更方便。结果是，胡佛的经济干预政策被放大成后来被称为"罗斯福新政"的东西。我们应该知道，所谓的新政并没有什么独特或新颖之处，它只是胡佛经济干预政策的放大版。

从经济学的角度稍微思考一下就会明白，价格管制总会适得其反，带来的不是短缺就是过剩。美国经济在20世纪30年代面临的问题与工资和物价管制大有关系。人为锁定的高工资水平，导致了高失业率，有时失业率高达25%。价格管制则带来了多种商品的短缺或过剩。为了维持高价，一些农产品甚至被直接焚毁，当时出现了这样的疯狂境况：挨饿的人们渴望工作，而雇用者却因为无法支付他们高工资而不能雇用他们；同时，农民为了维持高价位而将谷物烧毁。所有这一切都是为了将物价维持在1929年股市泡沫顶点时的水平，同时保持美元没有相对黄金贬值的错觉。从住房市场到股票市场，20世纪20年代的通货膨胀导致了巨大的资产价格泡沫，也引发了工资和物价水平的人为上涨。泡沫破裂之后，市场寻求通过美元对黄金的贬值，以及实际工资和物价水平的下降来进行调整。而想阻止这三件事发生的固执的中央计划者将经济带入瘫痪：美元、工资和物价的高估，引发黄金挤兑、失业率高企以及生产萎缩。

如果使用健全货币，这些事情都不会发生，只有货币供给膨胀才会带来这些问题。退一步讲，通货膨胀发生后，只要以市场决定的价格重估美元的价值，让自由市场来调整工资水平和物价水平，通货膨胀带来的伤害就会小很多。当时的政府豢养的经济学家没有吸取教训，认为问题的根源不在于通货膨胀，而在于限制政府施行通货膨胀政策的金本位制度。为了给通货膨胀解除黄金枷锁，罗斯福总统颁布了行政命令，禁止私人拥有黄金，迫使美国人将自己持有的黄金以每盎司 20.67 美元的价格出售给美国财政部。当人们被剥夺了健全的货币，被迫只能使用美元后，罗斯福在国际市场上重估美元价值，从每盎司黄金 20.67 美元重新估价为每盎司黄金 35 美元，使美元价值贬值 41%（相对实物黄金）。美元贬值是 1914 年美联储成立以来，多年的通货膨胀政策带来的必然结局，也使美国获得了参加第二次世界大战的资本。

正是由于抛弃了健全货币，改而使用政府发行的法定货币，才将世界主要经济体拖入中央计划和政府主导的失败之中。政府控制了货币，也就控制了大多数经济、政治、文化和教育活动。几个世纪以来，世界各地的学者共同构筑的经济学大厦的基础被全然不顾，取而代之的是一种从未如此轻易诞生的结论，一种适合于喜欢立竿见影的政客和集权政府的新的信念：经济状况是由总支出水平决定的，任何失业率上升或生产放缓的内因都不是生产结构的失衡或者中央计划者造成的市场扭曲；相反，这些完全是支出不足造成的，而补救措施则是，贬值货币和增加政府支出；消费是最重要的，储蓄会减少消费，因此政府必须尽其所能阻止公民储蓄；进口会导致工人失业，因此增加的支出必须用于购买国货。政府喜欢这些主张，凯恩斯对此心知肚明。他的书在 1937 年被翻译成德语，当时正是纳粹德国的鼎盛时期，凯恩斯在德语版的序言中写道：

> 总生产的理论是这本书的要义所在，不过这一关于生产和分配的理论更容易在极权主义国家的条件下实践，而不是在高度自由放任、商品生产基于自由竞争的环境中被采纳。

自那时起的凯恩斯主义洪流时至今日仍未退潮。作为学术的经济学不再是一门专注于理解人类如何在稀缺条件下做出的改善自身的选择的学科。相反，它成为政府的一个分支，旨在指导决策者制定管理经济活动的最佳政策。翻阅任何一本现代经济学教科书，我们都可以看到，一个观点成为所有现代经济学教育毋庸置疑的出发点，那就是，政府对经济的管理是必要的。政府在其中扮演的角色与上帝在宗教经文中扮演的角色相同：一种无所不在、无所不知、无所不能的力量，它只需要发现问题并令人满意地加以解决。政府不考虑机会成本，甚至很少考虑干预经济活动的消极结果，即使考虑到，也只是为了证明需要进行更多的政府干预。古典自由主义传统认为，自由市场是经济繁荣的基础，但是伪装成经济学家的政府宣传人员将政府过度干预引发并加剧的大萧条描述为对自由市场的驳斥。古典自由主义的传统被悄悄抛诸脑后。古典自由主义者是20世纪30年代政治体制的敌人：他们被俄罗斯、意大利、德国和奥地利驱逐，他们在美国和英国只是受到学术迫害。在英美，大师们为找一份工作历尽艰难，一些大学的经济系都充斥着满嘴科学主义和虚假确定性的平庸官僚及失败的统计学家。

今天，政府钦定的经济学课程仍然将大萧条归咎于金本位制。金本位制在1870～1914年全球经济持续增长和繁荣的40多年中发挥了重要作用，但在20世纪30年代，由于金本位意味着不允许政府为应对经济衰退而大肆扩张货币，金本位突然成了大萧条的替罪羊。除了凯恩斯主义对动物精神⊖的暗示，这些经济学家无法自圆其说。他们似乎都没有注意到，如果大萧条确实是金本位引发的，那么停止金本位后经济就应该复苏才对。事实上，金本位被停止之后又过了10年，经济增长才开始恢复。对任何一个对货币和经济有基本常识的人来说，结论显而易见，1929年的经济大崩溃是后第一次世界大战时代对金本位的背离带来的，而大萧条的发展则是胡佛和罗斯福政府时期的政府控制和经济计划的恶果。无

⊖ 凯恩斯认为，投资行为不能用理论或理性选择去解释，因为经济前景难以捉摸。因此，他提出投资的冲动要靠"动物精神"，即靠自然本能的驱动。

论终止金本位还是战争支出，对缓解大萧条都没有任何益处。

随着主要经济体脱离金本位，全球贸易很快搁浅在法定货币潮涨潮落的海滩上。没有价值本位，就没有合理的国际价格形成机制，于是政府越来越多地受到统计学家和孤立主义冲动的影响，货币操纵发展成为一种常见的贸易政策工具，各国竞相贬值本币，以期为自己的出口商制造竞争优势。越来越多的贸易壁垒被树立起来，经济上的民族主义成为时代精神，随之而来的灾难性后果不言自明。之前在共同的金本位下互相贸易共同繁荣的国家之间现在竖起了货币和贸易壁垒，民粹主义领导者把自身的所有失误归咎于外国敌对势力，互相憎恶的民族主义思潮的上升很快实现了奥托·马利（Otto Malley）的预言："如果商品不能跨境流通，士兵将跨境作战；如果枷锁不能来自贸易，炮弹将来自天空。"⊖

第二次世界大战和布雷顿森林体系

炮弹确实从空中落下了，与之相伴的还有此前不可想象的各种谋杀和恐怖。这要感谢凯恩斯主义错谬中最危险和荒唐的理念的广泛传播，即政府在军事方面的支出有助于恢复经济。第二次世界大战时，主宰经济的政府所打造的战争机器前所未有地恐怖。根据原汁原味的凯恩斯主义经济学，任何支出都是支出，不管是来自个体养家糊口的消费，还是来自政府杀害外国人的战争支出，它们都是一样的，都构成了社会总需求，都可以减少社会总失业率！在大萧条中陷入赤贫的人越来越多，所有大国都花费巨资武装自己，最终结果是又回到30年前那种毫无意义的巨大破坏。

对凯恩斯主义经济学家来说，战争可以带来经济复苏，如果只看政

⊖ Otto Mallery, *Economic Union and Durable Peace* (Harper and Brothers, 1943), p. 10.

府官僚收集的统计数据，如此荒谬的理念竟然是成立的。战争花费和征兵额度持续上升，带来了迅猛的政府支出和迅速下降的失业率，因此，所有被卷入第二次世界大战的国家都因为参加战争而获得了经济复苏。然而，对比第二次世界大战期间人们的生活，任何一个对凯恩斯主义经济学有异议的人都会意识到，哪怕在美国这样战火并未在本土燃烧的国家生活，无论如何臆想，都跟"经济复苏"不沾边。战争带来大量的死亡和破坏，参战国巨大的资本和人力资源的消耗意味着民生部门产出的极度短缺，随之而来的必然是定量配给和价格管制。第二次世界大战期间，美国一度禁止人们建造和修缮住房。㊀更加显而易见的是，每个参战国都有大量人口被征召入伍，哪怕有再多的总支出用于给他们制造武器，你都不能说在前线战斗和牺牲的士兵享受到了任何形式的经济复苏的好处。

凯恩斯主义将总需求作为经济状况决定因素的理论遭受的毁灭性打击之一，发生在第二次世界大战后，尤其是在美国。战后，在一系列因素的合力作用下，政府开支大幅削减，于是那个时代的凯恩斯主义经济学家预测，战争之后将是一片黯淡。这些因素包括，军事敌对的结束极大地减少了政府的军事开支；民粹主义的强势总统罗斯福去世，取而代之的是温和且不那么符号化的杜鲁门，新总统要面对被共和党控制的国会，政治僵局阻止了罗斯福新政的继续。在凯恩斯主义经济学家看来，这些因素叠加起来，将会带来迫在眉睫的灾难。正如二战后时代编写经济学教科书的保罗·萨缪尔森在1943年所写的：

> 如果战争在未来6个月内突然结束的话，根据上次战争结束

㊀ Robert Higgs, " World War II and the Triumph of Keynesianism " (2001), Independent Institute research article. Available at http://www.independent.org/publications/article.asp?id=317.

时的经验得出的最后推论将不可避免地实现，即我们又一次毫无计划地以最快的速度结束战争，遣散武装部队，取消价格管制，从天文数字的赤字转向 20 世纪 30 年代的赤字水平，然后将迎来任何经济体不曾面临的最严重的失业和产业混乱时期。[1]

由于第二次世界大战的结束和罗斯福新政的停止，美国政府的支出水平在 1944~1948 年令人吃惊地降低了 75%，同时还取消了绝大部分价格管制。然而，在这些年里，美国经济出现了超凡的增长。约有 1000 万参加和服务战争的人回到家乡，他们顺利地融入了劳动力市场，经济生产的蓬勃发展，与所有凯恩斯主义的预测背道而驰，彻底颠覆了支出水平决定经济产出的荒谬观念。随着来自政府的中央计划自 1929 年股市崩盘以来第一次有所缓解，实践向我们证明，只要让市场自由调整价格水平，市场就可以发挥经济活动协调机制的作用，撮合买卖双方，鼓励生产消费者需要的商品，并回报工人的努力工作。然而，这也只是表面上的改善，因为世界仍然脱离金本位，货币供给仍会不断扭曲，而这种扭曲将继续给世界经济带来一场又一场危机。

有一种广为人知的说法，历史是由胜利者书写的，在政府货币的时代，胜利者不但要决定过往的历史如何书写，还要决定未来的货币体系如何构建。美国召集其盟友代表到新罕布什尔的布雷顿森林召开会议，讨论制定一个新的全球贸易体系。不过历史对这个系统的设计者并不友好。英国的代表正是约翰·梅纳德·凯恩斯（John Maynard Keynes），他的经济学说在战后几十年中不断在现实的海滩上搁浅，美国代表亨利·迪克特·怀特（Harry Dexter White）则在后来被指与苏联政权有

---

[1] Paul Samuelson, "Full Employment after the War," in Seymour Harris, *Postwar Economic Problems* (New York: McGraw-Hill, 1943).

多年联系。怀特为中央计划的全球货币新秩序而战，他的计划甚至让凯恩斯的理论看上去不那么疯狂，他的行动甚至接近了胜利。布雷顿森林体系下，美国成为全球货币体系的中心，美元成为其他国家中央银行的储备货币。他国货币以固定汇率兑换美元，而美元以固定汇率兑换黄金。为构建这一体系，其他国家央行将把自己储备的黄金运到美国保存。

美国人民仍被禁止持有黄金，但美国政府承诺其他国家的中央银行可以以固定汇率用美元赎回黄金，开启了所谓的黄金交易窗口。理论上讲，此时全球货币体系仍然以黄金为基础，如果美国政府发行的美元不超出其黄金储备，维持住美元和黄金的可兑换性，同时其他国家的货币发行量也不超出其美元储备，货币体系则可以事实上接近于第一次世界大战之前的金本位货币体系。当然，它们没有这样做，而且在实践中，汇率根本不是固定的，有专门条款允许政府改变汇率，以解决"基本失衡"。㊀

为了管理这个由一厢情愿的固定汇率制度组成的全球系统，并修复任何潜在的基本失衡，布雷顿森林会议决定建立国际货币基金组织（IMF），作为各国央行之间的国际调节机构，以实现汇率和金融的稳定。本质上讲，布雷顿森林体系是试图借助中央计划来实现19世纪自发实现的国际金本位。在19世纪的经典金本位下，货币单位是黄金，资本和商品在国家之间自由流动，不需要中央控制或指导就能自动平衡，从未导致国际收支危机：无论有多少资金或货物跨境流动，都是由其所有者自行决定的，不可能出现任何宏观经济问题。

然而，在布雷顿森林体系下，政府充斥着凯恩斯主义者，认为政府天生要实施积极的财政和货币政策，并且这样的政策十分重要。持续的

㊀ U.S. Department of State, "Volume I" in *Proceedings and Documents of the United Nations Monetary and Financial Conference*, Bretton Woods, New Hampshire, July 1-22, 1944.

货币和财政干预自然会导致各国货币价值的波动，导致贸易和资本流动的不平衡。当一个国家货币贬值时，它的产品对外国人来说会变得更便宜，从而带来更多的产品出口，同时，持有该货币的人则会寻求转而持有外国货币，以保护自己免受贬值的影响。与货币贬值相伴的往往是人为的低利率，这时候资本会寻求撤出该国，流向有更好回报的地方，资金外流又会进一步加剧货币贬值。此外，当邻国货币贬值时，能更好地保持本币价值的国家就会出现资本流入，从而导致本国货币进一步升值。贬值将播下更多贬值的种子，升值将导致更多的升值，这种动态变化会给两国政府造成头疼的局面。金本位下不可能出现这样的问题，因为金本位下两个国家的货币价值都与黄金挂钩，都是稳定的，商品和资本的流动不会影响货币的价值。

金本位制的自动调节机制曾为衡量所有经济活动提供了一根恒定的标尺，但浮动的货币造成了世界经济的不平衡。国际货币基金组织的目标是在各国政府之间达成一种不可能的平衡，在货币价值浮动的混乱局面中找到某种形式的稳定或"均衡"，在贸易和资本流动不停改变汇率的同时，将汇率保持在预定的某个区间内。如果全球经济没有稳定的记账单位，这就是不可能完成的任务。如果使用每次测量都会给出不同结果的卷尺，你是无法建成房子的。

除了布雷顿森林体系下的世界银行和国际货币基金组织，美国及其盟友还希望建立另一个专门安排贸易政策的国际金融机构。由于被国会否决，首个尝试以失败告终，但它的替代方案关贸总协定（GATT）于1948年开始生效。关贸总协定旨在帮助国际货币基金组织完成平衡预算和贸易以确保金融稳定这一不可能完成的任务。换句话说，旨在让中央计划的全球贸易和财政及货币政策保持平衡，就好像这种事真的有可能。

布雷顿森林体系另一个重要但往往被忽视的方面是，大多数成员国将其大量黄金储备转移到美国，并以每盎司 35 美元的汇率换取美元。背后的基本逻辑是，实物黄金不再需要流动，美元将成为全球贸易货币，各国央行将通过美元进行贸易，并以美元结算。从本质上讲，这一体系类似于整个世界是一个运行在金本位之上的国家，美联储是世界的中央银行，其他国家的央行则充当地区性银行，主要的不同之处在于，古典金本位时期的货币纪律在这一体系内几乎完全丧失了，每个国家的人民都不能用政府发行的纸币从银行兑换黄金，任何国家央行扩大货币供给的行为都得不到有效控制。只有政府才能用美元跟美国兑换黄金，但事实证明，即便是政府，想换回黄金也比预期复杂得多。今天，当年外国央行换回了 35 美元的每盎司黄金的价值超过了 1200 美元。

货币扩张主义成为新的全球准则，而布雷顿森林体系与黄金之间微弱的联系无力阻止全球货币的贬值，也无力阻止影响大多数国家的持续的国际收支危机。然而，美国被置于一个不同寻常的位置，这种状况类似于罗马帝国的货币扩张对旧世界大部分地区的掠夺，差别只是与现在的规模相比，当年真是小巫见大巫。由于美元分布在世界各地，各国央行不得不将其作为相互间贸易的储备，美国政府可以通过扩大美元供给获得可观的铸币税，同时也不用担心出现国际收支逆差。法国经济学家雅克·吕夫（Jacques Reuff）创造了"无泪赤字"（deficit without tears）一词，用来描述美国所处的新经济现实：美国可以通过让全世界使用的货币（美元）膨胀，来将债务货币化，从而获得资金，在全世界购买任何东西。

第二次世界大战后的最初几年，美国的财政政策还能保持相对克制，但这种克制很快就被通过通货膨胀获取免费午餐这种不可抗拒的诱惑打败，当出于战争和福利目的时候，这种手段更是用得十分顺手。第二次世界大战期间，繁荣发展的军事工业变成艾森豪威尔总统所谓的军工联合体——强大到足以左右从政府获取更多资金支持的庞大工业集团，推动美国的外交政策走向没有理性目的或清晰目标的无尽的昂贵冲突。凯恩斯主义理论声称，这种支出将有利于经济，于是，摧毁数百万外国人的生活成为美国人民可以接受的选项。

这架战争机器给美国人民带来了更多好处，因为说到底它是那些致力于以各种形式加强政府福利的政治人物的产物。从"伟大社会"⊖（Great Society）到经济适用房（affordable housing）、教育和医疗，法定货币让美国选民无视经济规律，相信免费午餐或者至少是永远打折的午餐在某种程度上是可能的。由于限制兑换黄金以及能够将通胀成本分摊到世界其他地区，对美国政客来说，唯一成功的政治方案就是增加政府支出，战后的每一任总统都见证了美国政府的支出和国债的增长，以及美元购买力的下降。有了法定货币源源不断地资助政府，政党之间的政治分歧就无足轻重了，因为政治不再由权衡组成，每一位候选人都有足够的资源支持每一项竞选纲领。

政府货币的历年表现

对美国政府的通货膨胀政策来说，美元与黄金之间微弱的可兑换性联系是一个恼人的细节，它表现在两个方面：

第一，全球黄金市场总是试图通过更高的金价反映通货膨胀的现实。伦敦黄金总库（London Gold Pool）就是为了解决这一问题建立的。伦敦黄金总库试图通过将政府持有的部分黄金储备出售给市场，来降低黄金

⊖ "伟大社会"是20世纪60年代美国总统约翰逊提出的施政目标，包含一系列政策和立法，犹如美国版的"五年计划"。——译者注

价格，然而这也注定只能暂时奏效。到了 1968 年，美元就不得不承认其多年来的通胀，进行重新估值。

第二个问题是，一旦意识到美元购买力的下降，就会有一些国家试图从美国取回它们的黄金储备。法国总统戴高乐甚至派了一艘军舰到纽约取回法国的黄金。当德国人也试图运回他们的黄金时，美国终于坐不住了。由于黄金储备持续走低，1971 年 8 月 15 日，理查德·尼克松总统宣布不再维持美元与黄金的固定汇率，让市场上的黄金价格自由浮动。美国事实上没有履行之前的承诺。国际货币基金组织最初的使命是维持世界各国货币之间的固定汇率，而现在，这种汇率已经被放开，由商品和资本的跨境流动以及越来越复杂的外汇市场决定。

摆脱了布雷顿森林体系规定的黄金赎回这个最后约束，美国政府开始以前所未有的力度扩张货币，导致美元购买力大幅下降，物价全面上涨。美国政府及其御用的经济学家把物价上涨归咎于他们看到的每个人和每件事，就是避而不谈上涨的真正原因——美元供应的增加。美元之外的其他货币的表现甚至更糟，因为它们不但是储备货币（美元）通胀的受害者，还要叠加自身央行通胀政策的戕害。

尼克松总统此举最终完成了自第一次世界大战开始的，世界经济由金本位向以政府发行的几种货币为本位的转变。随着交通和电信技术的发展，世界变得越来越全球化，汇率自由浮动造成了霍普所说的"部分以货易货的系统"㊀。在新的货币本位下，从他国购买东西，需要使用不止一种交换媒介，这重新引发了那个由来已久的问题：需求耦合。卖方不想要买方的货币，因此买方必须先购买另一种货币，并承担转换成本。随着交通和电信技术的进步，全球经济一体化程度不断提高，缺乏同质

㊀ Hans-Hermann Hoppe, "How Is Fiat Money Possible?" *Review of Austrian Economics*, vol. 7, no. 2 (1994).

的国际货币导致贸易低效，而且代价越来越大。日交易量5万亿美元的外汇市场的存在，就纯粹是这种低效的结果。

虽然绝大多数国家都发行自己的货币，但美国才是发行储备货币的国家，其他国家都以美国政府发行的美元为自己发行货币的储备。这是人类历史上第一次，整个世界都依赖政府发行的货币运行。这种货币安排常被认为是正常和无须质疑的，但实际上，研究一下占主导地位的货币即美元的硬度是很有必要的。

从理论上讲，创造一种人为稀缺的资产并赋予它货币的角色，是可能的。世界各国政府在放弃金本位后就这么做了，比特币的创造者也这么做了，但结果却截然相反。在法定货币不再和黄金挂钩之后，纸币的供给量增速高于黄金，因此大家看到的结果就是纸币的价值相对黄金大幅下跌。1971年，美国的M2约为6000亿美元，而如今已超过12万亿美元，年均增长6.7%。相应地，1971年，1盎司黄金的价值是35美元，而今天它的价值超过了1200美元。

从政府货币的历年表现来看，不同国家的货币在不同时期的存量-增量比呈现出一幅喜忧参半的图景。发达国家货币相对稳定和坚挺，其货币供应的增长率通常为个位数，增长率的变异系数相对要大得多，在通货紧缩经济衰退时期也会发生货币供应量的收缩。⊖有些发展中国家的货币则多次像普通消费品一样发生供应量的暴涨，导致灾难性的恶性通货膨胀，洗劫持有者的财富。世界银行提供了1960～2015年167个国家广义货币增长的数据。将所有国家的数据平均，广义货币年均增长率如图4-2所示。虽然并非所有国家和所有年份的数据都是完整的，但整体看来，各国货币供应量平均每年增长32.16%。

⊖ 政府货币的这个特点很重要但常常被忽视。银行在发放贷款时创造货币，当贷款偿还或借款人破产时，货币供应量就减少了。不用直接干预，政府和央行的各种决定常常就会造成货币供给的增加或者减少。

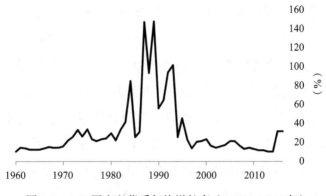

图 4-2 167 国广义货币年均增长率（1960~2015 年）

32.16% 的计算不包含好几个恶性通货膨胀的年份，在那些恶性通胀时期，有些国家的货币被完全摧毁并被一种新货币所取代，因此，这一分析结果并不能确切地告诉我们哪些货币表现最差，那些死亡的货币已经无法进行比较了。但看看货币供应量年均增幅最高的那些国家，就相当于看了一份在 1960~2015 年出现过的广为人知的剧烈通胀的国家名单。表 4-2[⊖] 列举了货币供应量年均增长率最高的 10 个国家。

表 4-2 广义货币供应量年均增长率最高的 10 个国家（1960~2015 年）

国家	年均	国家	年均
尼加拉瓜	480.24	玻利维亚	184.28
刚果民主共和国	410.92	阿根廷	148.17
安哥拉	293.79	乌克兰	133.84
巴西	266.57	阿塞拜疆	109.25
秘鲁	198.00	亚美尼亚	100.67

在恶性通货膨胀时期，一些发展中国家的人们抛出本国货币，换购耐用品、大宗商品、黄金和外币，而美元、欧元、日元和瑞士法郎这些

⊖ 资料来源：World Bank.

国际储备货币,则流通于世界上大部分地区,哪怕是通过黑市渠道。这些强势货币满足了各国人民很大一部分的价值存储需求。审视一下这些强势货币供应量的增长率,它们成为获得广泛认可的价值存储载体的原因显而易见:长期看来,相对来说这些国际储备货币的供应增长率都比较低。鉴于对全球大多数人来说,它们是主要的价值储值选项,因此在分析供给增长率时,我们有必要将它们与那些不怎么稳定的货币分开来考察。

表 4-3 列出了当前外汇市场的前十大货币,以及它们在 1960~2015 年和 1990~2015 年的广义货币供应量的年均增长率。㊀ 在 1960~2015 年,十大最具国际流动性的货币平均增长水平为 11.13%,而在 1990~2015 年,这一数字为 7.79%。这表明,正如本书的分析所预测的那样,全球最受欢迎、最具适销性的货币,其存量–增量比高于其他货币。

表 4-3 全球十大货币广义货币供应量年均增长率 (单位:%)

国家/地区	1960~2015 年	1990~2015 年
美国	7.42	5.45
欧盟(19 国)		5.55
日本	10.27	1.91
英国	11.30	7.28
澳大利亚	10.67	9.11
加拿大	11.92	10.41
瑞士	6.50	4.88
中国	21.82	20.56
瑞典	7.94	6.00
新西兰	12.30	6.78

20 世纪七八十年代是各国浮动汇率时代的开始,也是大多数国家经历高通货膨胀的时期。1990 年后,情况有所好转,平均货币供应增长

㊀ 资料来源:World Bank for all countries, and OECD. Stat for Euro area.

率有所下降。经济合作与发展组织①（简称"经合组织"，OECD）数据显示，对于经合组织成员而言，1990~2015 年，广义货币供应量年均增长 7.17%。

可以看到，全球主要国家的货币普遍有一个可预见的比较低的增长率。在最近的历史上，我们亲眼见证了好几个发展中经济体发生的价格飙升和恶性通胀，与发展中经济体相比，发达经济体的货币供给增长通常比较慢。发达经济体的广义货币增长率通常在 2%~8%，平均在 5% 左右，很少攀升至两位数或跌至负值（见图 4-3②）。发展中国家的增长率则不稳定得多，有时波动到两位数，有时是三位数，有时甚至是四位数，有时还会下降到负值，这反映出这些国家及其货币的高度的金融不稳定性。

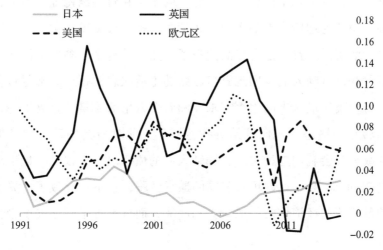

图 4-3　日本、英国、美国和欧元区年度广义货币增长率

每年 5% 的增长听起来可能不算多，但在短短 15 年内，一个国家的

---

① 由全球 38 个市场经济国家组成的政府间国际组织，总部设在法国巴黎。——译者注
② 资料来源：OECD. Stat。

货币供给量就能翻一番。这正是白银在货币竞争中输给黄金的原因，黄金的供给增长率较低，意味着购买力下降的速度比白银慢得多。

恶性通货膨胀是政府货币特有的一种经济灾难。在金本位或银本位的经济体，未有过发生恶性通胀的先例。哪怕是贝壳和玻璃珠失去货币地位的时候，它们失去购买力的过程也是缓慢的。但是，在政府货币时代，由于货币的生产成本趋近于零，全社会以货币形式存储的财富完全有可能在几个月甚至几周的时间内归零。

恶性通货膨胀的坏处远远不只是很多人失去了很多钱，它是社会经过几百上千年才建立的经济生产结构的彻底崩溃。随着货币的崩溃，除了挣扎于基本的生存需求，人们再也不可能进行贸易、生产或从事其他任何活动。货币崩溃，消费者、生产者和工人无法完成相互之间的支付，于是社会在过去几个世纪中发展起来的生产和贸易结构随之崩溃，商品这种人类认为理所当然的东西开始消失。资本被摧毁，被变卖，以维持基本生活所需。首先是奢侈品消失了，然后是越来越多的生活必需品也难以寻获，直到人们退回到野蛮原始的生活状态，每个人都尽量自给自足，努力确保最基本的生存需求。随着个人生活质量的显著下降，绝望开始转化为愤怒，人们开始寻找替罪羊，此时最具煽动性的、机会主义的政客就会利用这种情况，煽动人们的愤怒以获得权力。最生动的例子是20世纪20年代魏玛共和国的通货膨胀，它不仅导致了世界上最发达和最繁荣的经济体之一的毁灭和崩溃，而且助推了阿道夫·希特勒的崛起。

即使经济学教科书中描述的政府管理货币供给的好处是成立的，全球任何地方发生的一次恶性通胀所造成的损害，都远远超过这些收益。而在政府货币的时代，这种灾难性的事件发生了远远不止一次。

法币发生恶性通胀的情况并不鲜见，根据史蒂夫·汉克（Steve Hanke）

和查尔斯·布什内尔（Charles Bushnell）对恶性通货膨胀的定义，即一个月内物价水平上涨 50%，那么自第一次世界大战结束以来，这样的事情发生了 56 次。汉克和布什内尔的定义核实的历史上可考的恶性通货膨胀有 57 次，㊀只有 1 次发生在货币国家主义时代之前，那就是 1795 年在密西西比泡沫之后，法国发生的恶性通货膨胀，其实它也是政府货币造成的，其推手正是"纸币发明者"约翰·劳（John Law）。

政府负责货币供给的问题在于，通货的硬度完全取决于那些主张不扩大货币供给的人的政治实力。货币硬度只来自政治约束，而在物理上、经济上或自然上，政府生产多少货币完全没有任何限制。牲畜、白银、黄金和贝壳的生产都需要付出大量劳动，且不可能一下子大量生产，但是政府货币的生产只需要政府的法令就够了。不断增加的货币供应量意味着货币不断贬值，使货币的持有者财富受损，使货币的生产者和最早获得货币的人受益。㊁历史表明，政府将不可避免地屈服于货币供给膨胀的诱惑。无论是纯粹的因为贪污腐败，还是因为"国家紧急状态"，又或者是受到通货膨胀学派泛滥的蛊惑，政府总会找到一个理由和方法来增加货币供给，扩大政府权力，同时稀释货币持有者的财富。这与铜生产商为了应对铜的货币需求而开采更多铜没有什么不同；它奖励货币的生产者，但惩罚那些选择用铜来储备财富的人。

㊀ Steve Hanke and Charles Bushnell, "Venezuela Enters the Record Book: The 57th Entry in the Hanke-Krus World Hyperinflation Table," *Studies in Applied Economics*, no. 69 (December 2016).

㊁ 在爱尔兰－法国经济学家理查德·坎蒂隆最先于 18 世纪解释了这一现象之后，这种现象就被称作"坎蒂隆效应"。货币供应扩张的受益者是新资金的第一批接受者，因为他们能够在新资金导致价格上涨之前将其花掉；第二批接收者可以在价格水平小幅上涨的情况下将钱花掉。价格水平充分上升之后，再后面的接收者得到的只是实际购买力的下降。这就是为什么通货膨胀会帮助现代经济中最富有的人，却会伤害最贫穷的人。受益最多的是那些最容易获得政府信贷的人，而受害最大的则是工薪阶层和低工资的人。

如果一种货币可以证明自己的供给量是无法扩大的，那么它会立即大幅升值。2003 年，当美国入侵伊拉克时，空袭摧毁了伊拉克中央银行，同时也摧毁了伊拉克政府印刷新第纳尔的能力。这导致第纳尔在一夜之间大幅升值，伊拉克人对这种货币越来越有信心，因为没有中央银行能够再印发这种货币了。㊀索马里先令在其中央银行被摧毁后也发生了类似的变化。㊁货币在明显稀缺的时候比在容易贬值的时候更加值得拥有。

有几个原因使政府货币成为我们这个时代的主流货币。第一，政府强制要求用其发行的货币纳税，这意味着普通人极有可能接受这种货币，使其在适销性上棋先一招；第二，政府对银行体系的控制和监管意味着，银行只能用政府批准的货币开立账户和进行交易，因此与其他任何潜在竞争对手相比，政府货币的适销性要高得多；第三，在许多国家，法定货币法规定支付时使用其他形式的货币是违法的；第四，所有政府货币仍有黄金储备支持，或有黄金储备支持的货币支持。根据世界黄金协会（World Gold Council）的数据，各国央行目前的黄金储备约为 3.3 万吨。央行的黄金储备在 20 世纪早期迅速增长，因为许多政府没收了人民和银行的黄金，强迫他们使用自己发行的政府货币。20 世纪 60 年代末，随着布雷顿森林体系在货币供给增加的压力下不堪重负，各国央行开始抛售部分黄金储备。从 2008 年起，央行黄金储备下行的趋势发生了逆转，各国重新开始购入黄金，全球的黄金产量也有所增加。具有讽刺意味的是，在政府货币时代，政府自己储备的黄金数量，远远超过 1871~1914 年国际金本位制度下它们的黄金储备。黄金显然没有失去货币角色；黄

㊀ "Dollar or Dinar?" *Mises Daily*. Available at https://mises.org/library/dollar-or-dinar.

㊁ J. P. Koning, "Orphaned Currency: Odd Case of Somali Shillings." Available at https://jpkoning.blogspot.ca/2013/03/orphaned-currency-odd-case-of-somali.html?m=1.

金的价值不是来自任何人的债务，它仍然是债务的唯一最终消除者，是不存在交易对手风险的最好的全球通用资产。然而，它的货币角色仅限于中央银行，而个人则被迫使用政府货币。

央行的巨额黄金储备可以用于在黄金市场上紧急出售或租赁，以防止黄金价格在需求增加期间上涨，保护政府货币的垄断地位。正如艾伦·格林斯潘（Alan Greenspan）曾经解释的那样："如果金价上涨，各国央行随时准备租赁更多的黄金。"㊀（见图 3-4㊁）技术发展已经带来了更加复杂精致的货币形式，比如纸币这种容易携带的货币，随之出现了一个新的影响货币适销性的问题，那就是这种货币的使用者在使用过程中会不会受到任何第三方的干预，这种干预往往会限制货币的适销性。商品货币不存在这种问题，商品货币的价值来自市场，不由交易的第三方指定：牲畜、盐、黄金和白银都天生有市场和买家。但是，政府发行的货币从商品角度看，其价值微不足道，如果发行货币的政府宣布它不再适合充当法定货币，其适销性就会受到影响。2016 年 11 月 8 日，印度人一觉醒来，听说他们的政府暂停了 500 卢比和 1000 卢比这两种大额钞票的法定货币地位。转眼间，这些曾经非常好用的货币失去了价值，人们不得不在银行排着长队等待兑换。当前，随着世界上越来越多的国家开始减少对现金的依赖，越来越多人的财富被存入受政府监管的银行，使得这些财富很容易被没收或受到资本管控。事实上，这种事经常发生在经济危机时期，也就是个人最需要这些钱的时候，这种不可控的外来干预是影响政府发行的货币的适销性的一个主要障碍。

在奥地利经济学家门格尔的时代，最好的货币标准主要聚焦于市场

㊀ "Regulation of OTC Derivatives." Testimony of Chairman Alan Greenspan before the Committee on Banking and Financial Services, U.S. House of Representatives, July 24, 1998.

㊁ 资料来源：World Gold Council, Reserve Statistics. Available at: https://www.gold.org/data/goldreserves.

选择和对适销性的考量，在 20 世纪，政府控制的货币意味着一个新的、非常重要的标准被添加到适销性衡量中，这就是货币的适销性是否基于持有者的意愿而不是取决于其他组织。将这些标准结合在一起，就形成了对"健全货币"一词的完整理解：健全货币是市场自由选择的货币，该货币完全在合法赚取它们的人的控制之下，而不受任何第三方的控制。

路德维希·冯·米塞斯（Ludwig von Mises）是他那个时代黄金货币角色的坚定捍卫者，他明白黄金的货币角色并不是天生的或固有的。作为奥地利经济学传统的大师之一，米塞斯很清楚，价值并不存在于人类意识之外，金属和物质本身没有任何天然的东西可以赋予它们货币的角色。对米塞斯来说，黄金的货币地位是因为它满足了他所理解的健全货币的标准：

> 健全货币原则有两个方面，一个是肯定市场对常用交易媒介的选择，另一个是否定政府干预货币体系的倾向。㊀

那么，根据米塞斯的观点，健全货币是市场自由选择的货币，是在其所有者的控制下的货币，是免受强制干预和介入的货币。只要货币的控制者不是它的所有者，而是另有其人或机构，控制它的人或机构总是面临不可抗拒的诱惑，他们总会通过通胀或没收窃取货币的价值，并将货币用作一个政治工具，实现自己的政治目的，让货币的所有者代为承受代价。实际上，这个过程是从创造财富的人手中夺走财富，转交专门控制货币却从不真正为社会创造价值的人，与第二章所述的欧洲商人向非洲社会大量供应廉价珠子，从而窃取非洲社会的财富并无区别。如果这样一条让勤劳致富的人变得贫困，而让另外一批人走向财富自由的道

㊀ Ludwig von Mises, *The Theory of Money and Credit*, 2nd ed. (Irvington-on-Hudson, NY: Foundation for Economic Education, 1971), pp. 414-416.

路持续开放，任何社会都不可能繁荣。反之，在健全的货币下，提供对他人有价值的服务是任何人获得财富的唯一途径，社会会集中于生产、合作、资本积累和互相贸易。

由于货币的市场选择被政府命令拒绝，政府将发行的纸币强加于人，20世纪成为不健全货币和政府万能的世纪。随着时间的推移，支出和赤字不断增加，货币不断贬值，政府离健全货币也越来越远，同时，政府控制的国民收入份额越来越大。随着政府越来越多地干预生活的方方面面，它越来越多地控制着教育体系，并在人们的头脑中植入了一种观念，即经济规则不适用于政府，政府的支出越多，经济就会越繁荣。像约翰·梅纳德·凯恩斯（John Maynard Keynes）这样的学者在现代大学里教授的理念是，政府支出只有好处，没有成本。毕竟，政府总是可以印钞票，因此在开支方面没有真正的限制，它可以用这些钱来实现选民为它设定的任何目标。

对于那些崇拜政府权力、喜欢极权主义的人，比如20世纪许多极权主义的政权来说，这种货币安排是天赐之物。但是，对于那些珍视自由、和平和合作的人来说，这是令人沮丧的时期，经济改革的前景随着时间的推移而越来越暗淡，政治进程使货币理智越来越成为一个幻想。正如弗里德里希·哈耶克（Friedrich Hayek）所言：

> 在将货币从把持它们的政府手中解放出来之前，我相信我们再也不可能重新获得良好的货币。现在的情况是，我们能做的，只是以聪明迂回的方式引入一些它们无法阻止的东西。⊖

直到今天，弗里德里希·哈耶克的判断依然有效，尽管他在1984年

⊖ 摘自1984年詹姆斯·U.布兰查德在弗莱堡大学对哈耶克的视频采访。

发表此番言论时，完全无法预知"它们无法阻止的事情"的具体形式。在他发表上述言论30年后，在各国政府摧毁了金本位这个健全货币的最后堡垒整整一个世纪之后，世界各地的人们开始有机会用一种新形式的、市场自由选择的货币进行储蓄和交易。诞生之初，比特币的表现就已经满足了门格尔、米塞斯和哈耶克的所有要求：它是自由市场选择的，适销性非常高。

第五章

货币和时间偏好

健全货币是由于其适销性而在市场上被自由选择成为货币的,健全货币可以长时间保值,可以高效地远距离地转移价值,可以将价值划分为更小的单位或者整合为更大的单位。作为货币,其货币地位不能是通过权威强加于人,而其供给又被这个权威操纵的。从前面的讨论,以及奥地利学派对货币经济学的理解来看,健全货币的重要性可以从三个大的方面来解释。首先,健全货币可以长时间保值,通过货币储存的财富不会随着时间流逝缩水,这样人们才有更多的精力和动力思考未来,降低自身的时间偏好。低时间偏好开启了人类文明的进程,使人类得以合作、繁荣、和平地生活。其次,健全货币使贸易建立在稳定记账单位的基础上,可以促进市场的发展,使自由贸易免受政府控制和胁迫,自由贸易会带来和平与繁荣。此外,对所有形式的经济核算和规划来说,记账单位都是必不可少的,不健全的货币会使经济核算不可靠,是经济衰退和危机的根源。最后，健全的货币是个人从专制和压迫中获得自由的必要条件，因为拥有创造货币的能力会使国家机器对它的人民拥有过度的权力。

健全货币是决定个体时间偏好的主要因素，时间偏好是个体决策中极为重要且被广泛忽视的一个维度。时间偏好是指个体对当前价值和未来价值的对比。人终有一死，而且我们无法准确预知自己死亡的时间，这使得对每个人来说，未来是不确定的。消费是生存必需，对人们来说，与未来的消费相比，总是当前的消费更有价值，因为如果不能满足当前的消费需求，可能就没有明天了。换句话说，每个人都有时间偏好，未来和现在相比总要打一些折扣。

此外，由于投入时间和资源可以生产出更多的产品，因此理性的人总是倾向于在现在就获取一定数量的资源，利用这些资源生产更多的产品。如果一个人愿意把收货的时间推迟一年，他必然要求获得更多的货物。引诱一个人推迟收货时间的必要的增产量反映了这个人的时间偏好。所有理性个体都有时间偏好，但每个人的时间偏好不尽相同。

动物的时间偏好远远高于人类，因为动物对未来几乎没有概念，它们的行为只是受此时此刻的本能驱动。一些动物会建造可以维持一段时间的巢穴或家园，这些动物的时间偏好要低于那些只满足当前需求，如捕食或攻击的动物。人类较低的时间偏好使我们能够抑制动物本能和兽性冲动，思考什么对我们的未来更好，并做出理性而不是冲动的选择。我们不会把所有的时间都用于生产即刻消费的物品，只要更有好处，我们会分出时间生产那些需要更长的时间才能完成的东西。降低了时间偏好，人类可以执行长时间尺度的任务，为了满足更长远的需求，人类发展出了生产不是用于即时消费，而是用于进一步生产的产品的心智，换句话说，创造资本品㊀的心智。

虽然动物和人类都能狩猎，但人类与动物不同的是，人类会花时间来开发狩猎工具。有些动物可能偶尔也会用工具捕猎，但它们没有能力拥有并保养这些工具以备长期使用。正是因为时间偏好较低，人类才会从狩猎中抽出时间来，并把这些时间用于制造长矛或钓鱼竿，这些工具本身没有食用价值，但它们可以让狩猎更加高效。这就是投资的本质：由于人类推迟了即时满足，将时间和资源投资于资本品的生产，使生产更加纯熟或技术更加先进，并将这种进步一直延续下去。一个人之所以会选择延迟满足，在更长的时间内从事有风险的生产，唯一原因是，这个较长的过程将产生更多的产出和优质产品。换句话说，投资提高了生产者的生产力。

经济学家汉斯-赫尔曼·霍普（Hans-Hermann Hoppe）解释说，一旦时间偏好下降到足以让储蓄、资本或耐久消费品的出现成为可能，时间偏好就会有进一步下降的趋势，于是"文明进程"就启动了。㊁

制造钓鱼竿的渔夫每小时能钓到的鱼比徒手的渔夫多。但是，钓鱼竿最开始出现的唯一途径是，投入一些时间不生产可以食用的鱼，而生产不可以食用的钓鱼竿。这个过程是有风险的，因为生产出来的钓鱼竿可能达不到预期的效果，渔民有可能浪费时间而一无所获。投资不仅需要延迟满足，还总是伴随着失败的风险，这意味着只有预期一定的回报，投资才会发生。一个人的时间偏好越低，他就越有可能进行投资，延迟满足，积累资本。资本积累越多，劳动生产率越高，有效生产时间越长。

为了更生动地理解这种差异，我们以两个虚拟的人物做对比，他们都是什么也没有，白手起家，区别在于两人的时间偏好不同：哈里比琳

㊀ 资本品，一般指一切协助生产其他产品或服务的物品。——译者注
㊁ Hans-Hermann Hoppe, *Democracy: The God That Failed*, p. 6.

达的时间偏好更高。哈里选择徒手抓鱼，每天大约需要花 8 个小时来抓到足够自己一天吃的鱼。琳达的时间偏好较低，她每天只花 6 个小时徒手捕鱼，这意味着琳达每天只能钓到较少的鱼，只能勉强充饥，而另外的 2 个小时琳达用来做钓鱼竿。一个星期以后，琳达成功地做了一根钓鱼竿。在第二个星期，她能在 8 个小时内钓到比哈里多一倍的鱼。琳达在钓竿上的投资可以让她每天只工作 4 个小时，吃到与哈里一样多的鱼。由于琳达的时间偏好较低，她不会就此满足。她将用 4 个小时钓到哈里 8 小时才能抓到的鱼，然后再用另外 4 个小时进行进一步的资本品积累，比如为自己建造一条渔船。一个月后，琳达拥有了一根钓鱼竿和一条船，这条船可以让她驶入大海，钓到哈里从未见过的鱼。琳达不仅是每小时的工作效率更高，她钓到的鱼与哈里的品种也不一样，比哈里的鱼更好吃。她现在每天只需要一个小时就能获得足够的食物，所以她会投入更多的时间进行资本积累，制造更好的更大的钓鱼竿、渔网和渔船，这些工具反过来进一步增加她的生产力，改善她的生活质量。

如果哈里和他的后代继续以同样的时间偏好工作和生活，他们将在现在的消费水平和生产力水平上，日复一日地重复现有的一切。如果琳达和她的后代继续以同样较低的时间偏好生活，随着时间的推移，他们将继续通过这些耗时很长的改进过程，不断改善自己的生活质量，增加资本存量，从事生产率越来越高的劳动。在现实生活中，与琳达的后代相当的人，是世界上最大的拖网渔船 "Annelies Ilena" 号的所有者。这艘强大的渔船花了几十年的时间构思、设计和建造，直到 2000 年才完工，它将继续工作数十年，为几十年前投入建造资金的低时间偏好的投资者提供投资回报。琳达后代捕鱼的过程变得如此漫长和复杂，甚至需要几十年的时间才能完成工具的准备，而哈里的后代仍然每天只需几个小时就能完成他们的捕鱼过程。当然，不同之处在于，琳达的后代比哈里的后代拥有更高的生产力，正是这种不同使得长时间的研究和大量的投入物有所值。

时间偏好重要性的一个重要证明，来自斯坦福大学在20世纪60年代进行的著名的"棉花糖实验"⊖。心理学家沃尔特·米歇尔（Walter Mischel）让孩子们单独留在一个房间中，每个人面前有一块棉花糖或饼干。米歇尔告诉孩子们，面前的糖果可以随意享用，但是如果在他15分钟后回到房间时，谁没有吃掉面前的糖果，就可以得到作为奖励的第二块糖果。换句话说，孩子们要在即时满足得到一块糖果和延迟满足得到两块糖果之间做出选择。这是一个测试孩子们时间偏好的简单方法：低时间偏好的学生就是那些可以等待第二块糖果的小孩，而高时间偏好的学生则是那些等不及的。几十年后，米歇尔对这些孩子进行了跟踪调查，发现棉花糖测试中时间偏好越低的孩子，学习成绩越好，SAT⊜分数越高，体重指数越低，对药物的依赖程度越低，它们之间存在显著的相关性。

作为一名经济学教授，我一定会在我教的每个课程中讲到棉花糖实验，我相信这是经济学可以教给每个人的最重要的一课，同时令我感到不解的是，大学经济学课程几乎完全忽略了这一课，以至于很多经济学研究者对时间偏好的概念和时间偏好的意义完全陌生。

微观经济学关注的是个人之间的交易，而宏观经济学关注的是政府在经济中的作用，但现实中对任何人自身的幸福而言，最重要的经济决策是在现在与未来自我权衡中做出的决策。每个人每天都会与其他人进行一些经济交易，但他们与未来的自己进行的交易更多。这些交易的例

⊖ Walter Mischel, Ebbe B. Ebbesen, and Antonette Raskoff Zeiss, "Cognitive and Attentional Mechanisms in Delay of Gratifcation," *Journal of Personality and Social Psychology*, vol. 21, no. 2 (1972): 204-218.

⊜ 由美国大学委员会主办的一场考试，其成绩是世界各国高中生申请美国大学入学资格及奖学金的重要参考。——译者注

子不胜枚举：决定存钱，而不是花钱；决定投资未来以获得新的技能，而不是立即寻找一份低薪工作；买一辆实用又实惠的汽车，而不是按揭买一辆昂贵的汽车；去加班，而不是去和朋友聚会；或者，我在课堂上最喜欢用的一个例子，"决定平时就好好学习，而不是在期末考试前一天晚上死记硬背"。

在这些例子中，没有人强迫个体做出决定，这些决定的主要受益者或受损者就是决定者本身。在一个人的一生中，决定其选择的主要因素就是自身的时间偏好。虽然在不同的境况下人的时间偏好和自我控制能力会有所不同，但总体上，从做决策的各个角度都可以发现决策和时间偏好的强烈相关性。需要牢记的现实是，一个人的生活在很大程度上取决于他和未来的自己之间的交易。尽管人们常常把自己的失败归咎于他人，或者把自己的成功归功于他人，但自己与自己进行的无穷无尽的交易，比任何外部环境或条件都更重要。无论环境如何不利，时间偏好较低的人都会找到一种方法，优先考虑未来的自己，直到实现目标。无论命运多么眷顾，高时间偏好的人也总会这样那样地破坏和透支自己未来的美好生活。那些克服重重困难，在逆境中获得成功的人的故事，与那些天赋异禀、人生开局良好，却最终浪费了自己的天赋而泯然众人矣的人的故事，形成了鲜明的对比。许多职业运动员和娱乐明星靠天赋挣到了大笔的钱，但他们死的时候却身无分文，他们的高时间偏好毁掉了他们。此外，许多没有特殊才能的普通人勤奋工作，一生储蓄和投资，最终实现了家庭的财务安全，并留给他们的孩子一个更高的生活起点。

只有通过降低时间偏好，个体才会开始注重长期投资，并开始优先考虑未来的收获。在一个社会中，人们留给子女的比他们继承自父母的更多，这就是一个文明的社会：这是一个生活不断进步的地方，人们的生活目标就是让下一代生活得更好。随着社会资本水平的不断提高，生产力随之提高，生活质量也随之提高。人们的基本需求得到了保障，环境危险得到了排除，就会把注意力转向生活中比物质生活和日常工作更深刻的方面。他们编织家庭和社会的纽带，从事文化、艺术、文学方面的创作，并寻求为自己生活的族群和世界做出永恒不朽的贡献。并不是更多的资本积累就是文明，而是更多的资本积累能让人类收获文明，当基本需求得到满足、最紧迫的危险得到避免时，人类才能获得追求更高生活意义的繁荣和自由。

决定个人时间偏好的因素有很多，⊖人身和财产的安全可以说是最重要的因素。生活在冲突和犯罪地区的个人极有可能随时失去生命，因此他们会更少地操心未来，会比生活在和平社会的人有更高的时间偏好。财产安全也是影响个人时间偏好的重要因素：在政府或小偷可能会反复窃取个人财产的社会里，人们会有更高的时间偏好，这样会使个体优先把他们的资源花在即时满足上，而不是把资源变成随时会被挪用的财产。税率也会对时间偏好产生不利影响：税率越高，个体可以保留的收入就越少；这将导致边际工作减少，为未来储蓄减少。尤其是对那些低收入者来说，他们的大部分收入是维持基本生活所必需的，税收负担更有可能减少储蓄，而不是减少消费。

与本书的主题相关的最影响时间偏好的因素是对货币未来价值的预期。在人们可以自由选择什么商品充当货币的自由市场中，他们会选择最有可能持久保值的货币形式。货币越能保持自身的价值，就越能激励人们延迟消费，将资源用于未来的生产，带来资本积累和生活水平的提升，同时也会使人们在生活的其他方面（非经济的方面）时间偏好也比

⊖ 读者可以在霍普的《民主：失败的上帝》第 1 章中看到精彩的讨论，更多的基础性和技术性讨论可以参阅罗斯巴德的《人、经济与国家》第 6 章，米塞斯的《人的行为》第 18、19 章，庞巴维克的《资本与利息》。

较低。当一个人经济决策的眼光更加长远时,很自然地,所有的决策眼光都会比较长远。人们会变得更加和平与合作,明白与从冲突中获得的短期收益相比,合作是一种能带来更多好处的长期策略。人们会具备强烈的道德感,更偏爱那些能给自己和孩子带来长远收益的道德选择。目光长远的人不太可能作弊、说谎或偷窃,因为这些行为在短期内可能有所回报,但长远看来是毁灭性的消极选择。

货币购买力的下降类似于一种税收或征用,在名义价值不变的掩护下,降低了货币的实际价值。在现代经济中,政府发行的货币和被人为压低的利率形影不离,低利率是现代经济学家的理想目标,因为他们认为低利率促进借贷和投资。但这种对资本价格的操纵,结果是人为降低了储蓄者和投资者的收益,也降低了借款人支付的利息。这个过程自然而然的结果是,人们会减少储蓄、增加借贷。从边际效应上看,人们消费占收入的比例会更高,并会以未来为抵押借入更多资金。这不仅会影响他们在财务决策中的时间偏好,还会反映在生活中的每一件事上。

从长期来看,从保值增值的货币转向贬值的货币,影响是非常巨大的:不但储蓄变少,资本积累变少,而且社会可能开始消费早前积累的资本;工人的生产力保持不变或下降,即使通过印刷越来越贬值的纸币这种神奇的操作,名义工资会增加,工人的实际工资还是会停滞不前。当人们开始增加消费、减少储蓄时,他们在做所有决定时都变得更注重当下,从而导致道德水平下降,更有可能卷入冲突,做出破坏性行为和自毁行为。

这有助于解释为什么文明在健全的货币体系下繁荣昌盛,但当货币体系衰落时,文明就会解体,正如罗马、拜占庭和现代欧洲社会。我们可以沿着远离健全货币的脉络理解19世纪和20世纪的不同,所有的问题都是这么来的。

通货膨胀

纵观历史，一个简单的事实是，如果任何人发现了制造货币的方法，他一定会去尝试，这件事的诱惑太大了。但是，货币的增加对社会来讲并不是好事，因为无论多少数量的货币，对任何规模的任何经济来说，都是足够的。一种货币媒介能更好地抑制自身的增产能力，就能更好地扮演交易中介和稳定的价值储存载体的角色。不同于其他商品，数量与货币是否能发挥交易中介、价值储存和记账单位的功能没有关系。对货币来说，最重要的是购买力，而不是数量，而且只要可分割、可组合，可以满足持有者的交易和储存需求，任何数量的货币都足以履行货币职能。只要货币单位足够向下细分，任何规模的货币供给都足以支持任何数量的交易。

理论上，理想的货币的供给量应该是被锁死的，这样没有人能生产出更多的货币。在这样的社会中，唯一合法的赚钱途径就是为他人创造有价值的东西，然后与他们交换。每个人都想赚更多的钱，于是每个人都更多地投入工作和生产，于是带来人们物质生活的改善，反过来又促使人们积累更多的资本，进一步提高生产率。由于可以防止他人虚增数量，这样的货币也是一种完美的价值储存载体；储存在其中的财富不会随着时间贬值，这样就会鼓励人们更多地储蓄，更多地放长眼光考虑未来。随着财富的增长、生产力的提高以及对未来的关注的增加，人们开始降低他们的时间偏好，专注于改善生活中非物质的方面，包括致力于精神、社会和文化。

然而，事实证明，货币量不会增加的货币形式从未出现。任何被选择成为交易中介的东西都会升值，并导致人们尝试生产更多的这种东西。历史上出现过的最好的货币形式，就是新的货币供应量与现有的货币存量相比，并不显著，从而使生产新货币不能获取暴利。由于黄金无与伦比的化学稳定性,所以从人类首次开采黄金开始算起,黄金的存量就一直在增长。这种开采已经进行了数千年,而炼金术在商业上还未可行,所以每年新的黄金增量只是现有存量的极小部分。

这就是为什么黄金一直是健全货币的代名词:多亏了物理和化学的铁律,货币供给是有保证的,不会显著增加。人类尽了最大的努力,经历了数百年的失败也未能创造出比黄金更可靠的货币形式,这就是为什么黄金是历史上大多数人类文明使用的主要货币工具。即使当今世界已经以政府货币为价值储存载体、交易中介和记账单位,政府自身持有的价值储备很大比例上仍然是黄金,政府的黄金储备占了黄金供给总量的很大一部分。

凯恩斯抱怨说,开采金矿是一种浪费行为,消耗了大量资源,却没有增加任何真实的财富。他的批评确实包含了一个深刻的见地,即从某种意义上说,增加货币并不会增加使用该货币的社会的财富。但他忽略的一点是,黄金之所以能够承担货币的角色,正因为与其他金属相比,被开采黄金吸引的人力资源和资本是最少的。即使在价格上涨的情况下,黄金的增产数量也非常小,再加上黄金稀有,金矿难以找寻,因此,开采作为货币的黄金,利润低于开采任何其他扮演货币角色的金属,被吸引去开采黄金的资源是最少的。如果任何其他金属被用作货币媒介,每当全社会的时间偏好有所下降,更多的人为了储蓄而买入货币从而抬高价格时,生产更多的这种货币金属都会带来巨大的盈利机会,最终使这种金属无法保值。正如前面讲到的用铜作为货币的例子,与黄金相比,铜的新产量(增量)占现有存量的比例要大得多,这种情况将会压低铜的价格,并使储蓄者的财富贬值。在类似于铜这样的金属作为货币的社会里,财富将从储蓄者那里源源不断地被窃取,奖励给开采了超量金属的掘金者。在这样的社会里,储蓄和有用的生产将会减少,然而人们痴迷于生产货币最终会导致贫困,这个社会最终会被生产力更高的社会所超越和征服,在那些社会里,人们有更好的事情做,而不是汲汲于生产货币。

真实的货币战争是这样的,因为黄金不能轻易增发,它会迫使人们把精力从生产货币转向生产更有用的商品和服务,于是使用其他金属而非黄金储蓄财富的社会和个人越来越处于劣势,而使用黄金的社会和个人越来越强势。这有助于解释,为什么阿拉伯博学家伊本·赫勒敦(Ibn Khaldun)将金矿勘探和开采列为最不体面的职业之一,仅次于绑架勒索赎金。[1]凯恩斯对黄金的谴责的不妥之处在于,在所有可用作货币的潜在选项中,黄金是最不浪费的。然而,凯恩斯对以黄金作为货币缺陷的"解决方案"才是真正的不妥,凯恩斯提出法定货币本位,最终使更多的时间、劳动力和资源投入干预货币发行并从中渔利上。在黄金作为货币的历史上,雇用的矿工和工人从未像今天的中央银行以及所有从货币印刷中获利的相关银行和企业这样多,我们将在第七章中继续讨论这一点。

当新供给与现有存量相比微不足道时,货币的市场价值取决于人们的持币意愿和消费意愿。具体到每个人,这些因素会随着时间的推移而发生显著变化,年轻时人们倾向于持有较多货币,到了年老时人们倾向于持有较少货币。但对整个社会来说,变化是轻微的,因为货币是边际效用递减最小的市场商品。经济学的基本定律之一是边际效用递减定律,这意味着当获得更多的任何商品时,每一单位的新增商品的边际效用会降低。人们持有货币不是因为货币自身的实用性,而是为了交换到其他商品,因为总是可以被交换为任何其他商品,所以货币的效用递减速度比其他任何商品都要慢。个人持有的房屋、汽车、电视、苹果或钻石数量增加时,对每个额外增加来说,边际估值都会降低,从而导致持有更多此类物品的欲望下降。但是货币与上述商品不同,当人们持有更多的

---

[1] Ibn Khladun, *Al-Muqaddima*.

货币时，可以方便地把货币兑换成任何他们喜欢的其他商品。当然，货币的边际效用也会下降，同样增加1美元的收入，对日收入为1美元的人比对日收入为1000美元的人更有意义。但货币边际效用下降的速度远低于其他商品，因为货币下降的边际效用对应的是所有商品，而不是某种特定的商品。

持有货币的边际效用下降缓慢，意味着对货币的边际需求不会有显著变化。再加上几乎不变的供给，因此，就商品和服务而言，货币的市场价值是相对稳定的。这意味着货币不太可能大幅升值或贬值，因此持有货币是一种糟糕的长期投资，但却是一种很好的保值手段。投资意味着可能获得巨大的升值回报，但也要承担亏损或贬值的风险。投资是对冒险的回报，但是对健全货币来说，风险最小，没有回报。

总的来说，货币需求可能只会随着社会整体时间偏好的变化而变化。人们总体的时间偏好降低时，更多人希望持有货币，导致货币相对于其他商品和服务略有升值，从而进一步使持币人受益。此外，如果一个社会整体的时间偏好变高，更多的人就会倾向于减少持有货币，从而略微降低货币的边际市场价值。无论哪种情况，总体而言，持有货币仍然风险最小、回报也最小，这种稳定性其实是我们对货币最根本的诉求。

以上分析有助于解释黄金在数年、数十年乃至数百年里非凡的保值能力。以黄金克数来观察罗马帝国的农产品价格，可以发现它们与今天的价格惊人地接近。参考戴克里先在公元301年诏令[1]中的价格，再将其以今天的价格转换为美元，我们发现当年一磅牛肉约4.50美元，而一品脱[2]啤酒约为2美元，一品脱优质葡萄酒约13美元，一品脱品相较差的

---

[1] R. Kent, "The Edict of Diocletian Fixing Maximum Prices," *University of Pennsylvania Law Review*, vol. 69 (1920): 35.

[2] 1 品脱 = 0.5683 升。

葡萄酒约 9 美元，一品脱橄榄油约 20 美元。另外一些对比，比如某些行业的薪水，也显示出类似的模式。这些孤立的数据对比虽然极具启发性，但是还不足以得出最终结论。

罗伊·贾斯特拉姆（Roy Jastram）基于可获得的延续时间最长的一致性数据，对黄金购买力进行了系统的研究，㊀ 通过英国 1560～1976 年大宗商品价格的数据分析黄金购买力的变化。贾斯特拉姆发现，在远离金本位的最开始的 140 年间，㊁ 黄金购买力持续下降，但在 1700～1914 年，黄金的购买力相对稳定。在英国以黄金为主要货币的这两个世纪里，其购买力保持相对稳定，大宗商品批发价格也是如此。在第一次世界大战前夕，英国实际上放弃了金本位制度，黄金购买力上升，大宗商品批发价格指数也是如此（见图 5-1㊂）。

图 5-1　英国 1560～1976 年黄金购买力和大宗商品批发价格指数

很重要的一点必须明白，即使在理论上也无法做到货币价值的完美

㊀ Roy Jastram, *The Golden Constant: The English and American Experience* 1560-2007 (Cheltenham, UK: Edward Elgar, 2009).
㊁ 本段涉及的英国这段时间的货币本位大致是这样的：前 140 年，英国施行的是金银复本位；18 世纪以后，在伟大的物理学家、数学家牛顿的主导下，英国转为金本位。——译者注
㊂ 资料来源：Jastram, *The Golden Constant*.

恒定。货币购买的商品和服务会随着时间的推移而变化，随着新技术的引入，新商品会取代旧商品，货币所购买的商品和服务在不停地变化，而且不同商品的供求关系也会随着时间的推移而变化。货币单位的主要功能之一是作为经济商品的记账单位，而经济商品的价值是不断变化的。因此，不可能完美地精确衡量一种货币的价格。尽管从长期来看，特别是与其他货币进行对比的时候，类似贾斯特拉姆的研究可以反映一种交易中介保值能力的总体趋势。

更近的数据来自美国，这些数据主要集中于过去两个世纪。与贾斯特拉姆的数据所覆盖的时期相比，这两个世纪的经济增长更快，数据显示，以大宗商品计价的话，黄金的价格甚至有所上升，而以美元计价的话，黄金的价格则更有大幅上涨。这种现象与黄金硬通货的地位是相符的。增加所有商品的供给都比增加黄金的供给容易，因此，随着时间的推移，任何其他商品与黄金相比都会变得相对更丰富，从而导致黄金的购买力随着时间的推移而上升。如图5-2①所示，每当美元与黄金挂钩时，美元相对大宗商品就会升值，但是当美元与黄金的联系被切断时，美元相对大宗商品就会大幅贬值，比如美国南北战争印刷"绿背美钞"（green back）的时期，以及其1934年以后没收公民持有的黄金，美元贬值的时期。

1931～1971年这段时间，货币名义上与黄金挂钩，但事实上只能在政府的各种安排下，以神秘的条件实现纸币和黄金的兑换。这一时期，政府货币和黄金的价值都受到政策的影响而不稳定。要比较黄金和政府货币，更有用的方法是看看从1971年到现在这段时间内，在各国央行保持自己发行的纸币的购买力的努力下，自由浮动汇率国家货币的市场表

---

① 资料来源：Historical statistics of the United States, Series E 52-63 and E 23-3. Available at https://fred.stlouisfed.org.

现（见图 5-3㊀）。

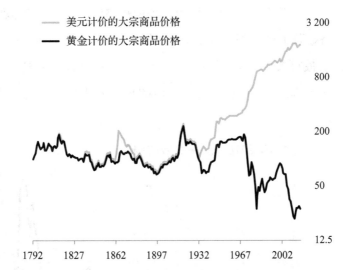

图 5-2　以黄金和美元计价的大宗商品的价格（对数坐标，1792～2016 年）

图 5-3　以黄金计价的各主要货币的定价（1971～2017 年）

即使是表现最好、最稳定的政府货币，其价值相对黄金也大幅缩水，目前为 1971 年刚刚与黄金脱钩时价值的 2%～3%。这并不是黄金市场价

㊀ 资料来源：U.S. Federal Reserve statistics. Available at https://fred.stlouisfed.org.Gold price data from World Gold Council, www.gold.org.

值的上升,而是法定货币价值的下降。当比较以政府货币计价的商品和服务的价格和以黄金计价的商品和服务的价格时,我们发现以政府货币计价其价格显著上升,但以黄金计价则价格相对稳定。例如,石油是现代工业社会最重要的大宗商品之一,自 1971 年以来,每桶石油相对黄金的价格相对稳定,而相对主权货币的价格则上涨了几个数量级(见图 5-4㊀)。

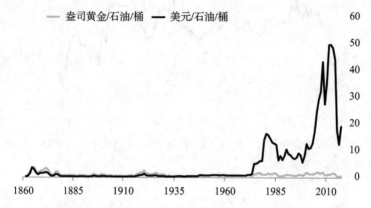

图 5-4　以美元和盎司黄金计价的石油价格(1861～2017 年),以 1971 年价格的倍数计算

硬通货的供给难以轻易增加,其价值会比软通货更加稳定。同时,社会对硬通货的需求与社会总体时间偏好一样,随时间的变化幅度也很小。此外,软通货的生产者有能力大幅改变货币的数量。因此,随着货币数量的变化,以及软通货作为价值储存载体可靠性的起伏波动,社会对软通货的需求会产生较大的波动。

价值相对稳定的意义不仅在于保护持币者储蓄的购买力,可以说,更重要的意义在于保持货币单位作为记账单位的完整性。当供求关系变化微小,货币价值稳定时,它就可以用作其他商品和服务价格变化的可

㊀　资料来源:BP statistical review & World Gold Council。

靠信号，就像黄金那样。

此外，我们看一看政府货币，货币供给的扩大是通过中央银行和商业银行的扩张来实现的，货币供给的收缩是通过通缩型衰退和破产实现的，货币需求取决于更加不可预测的人们对货币价值的预期和央行政策的摆动。这种高度不稳定的组合导致政府货币的价值在长期内无法预测。央行的使命让它们不断地通过各种工具管理货币供给，以期确保价格稳定，这使得许多主要货币在短期内，波动性似乎低于黄金。但从长期来看，政府货币的供给不断增加，而黄金数量的增长平稳缓慢，这种对比使黄金的价值更加显而易见。

通过自由市场因为能够长期保值而被选择成为货币的健全货币，自然会比通过政府强制成为货币的非健全货币更具稳定性。如果政府货币是更好的记账单位和价值储存载体，它就不需要政府法定货币法的加持，世界各国政府也就不必没收大量黄金，并继续将黄金用作央行储备。央行继续持有黄金，甚至开始增加其黄金储备的现实，证实了长远看来它们对自己发行的货币信心不足，反映了随着纸币价值的不断下跌，政府和央行对黄金货币角色的信心。

储蓄和资本积累

货币贬值带来的关键问题是，它惩罚人们为了未来进行的储蓄行为。时间偏好普遍是这样的：如果让我们选择在今天还是明天获得同样的东西，任何一个理智的人都会选择今天。只有增加未来的回报，人们才会考虑延迟满足。健全货币的价值会随着时间的推移而略有增长，这意味着持有健全货币可能会提高购买力。由央行控制的不健全货币，其公开目标就是保持通胀，这将使得人们没有什么动力去持有，人们更愿意及时花掉乃至负债。

在投资领域,健全货币创造的经济环境是,货币单位即使不会升值,也能保值,因此,任何正投资回报率对投资者都是有利的,这种环境会加强投资者的投资动机。相反,对于不健全的货币来说,只有实际回报率高于货币贬值率,投资回报才是正的,这就鼓励人们进行高回报但高风险的投资或支出。此外,货币供给的增加实际上意味着低利率,于是储蓄和投资的动机减弱,而借贷的动机增强。

不健全货币46年来的表现证实了这一结论。发达国家的储蓄率持续下降,已经降至非常低的水平,个人、地方政府和国家的债务却上升到了过去无法想象的高位(见图5-5①)。

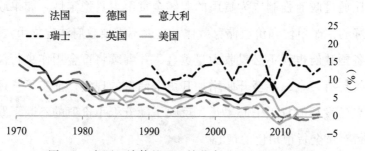

图 5-5 主要经济体的国民储蓄率(1970~2016年)

只有瑞士还保持着金本制,直到1934年才正式退出。20世纪90年代初还在以大量黄金支撑起货币储备的瑞士,继续保有较高的储蓄率,以两位数的储蓄率成为低时间偏好的西方文明的最后堡垒。与此同时,其他西方经济体的储蓄率普遍降至个位数,有些时候甚至是负储蓄率。

1970年七大发达经济体②的平均储蓄率是12.66%,到2015年已经下降到3.39%,几乎下降了3/4。

---

① 资料来源:OECD statistics.
② 美国、日本、德国、英国、法国、意大利和加拿大。

在整个西方世界的储蓄率大幅下降的同时,债务持续上升。西方普通家庭的负债超过其年收入的 100%,而各级政府和居民负担的债务总和则超过国内生产总值的数倍,后果是严重的。由于凯恩斯主义经济学家常年灌输债务有利于经济增长、储蓄将导致衰退的观点,这些数字已成常态。凯恩斯主义经济思想不切实际的想象之一就是,国债"并不可怕,因为那是欠我们自己的"。凯恩斯主义的信奉者可能无法理解什么是高时间偏好,无法理解这个"我们自己"不是均一的单质,而是分化成数代人的连续体,也就是说,未来的人要为此刻发生的不顾一切的超前消费付出代价。更糟糕的是,这些凯恩斯主义说辞之后通常还会伴随着情感慰藉,类似于"我们借钱是为了投资将来,不这么做就是在亏待自己"。

许多人假装有一个源于凯恩斯伟大洞见的奇迹般的现代发现:支出才是一切,通过确保支出在高位运行,债务可以无限增长,储蓄可以不存在。事实上,这种政策并没有什么新鲜之处,在衰落时期,颓废的罗马皇帝们就这么干过,只不过现在是通过政府发行的纸币执行罢了。与使用金属货币相比,用纸币执行这一政策更加隐蔽,更易于管理,但结果是一样的。

20 世纪炫耀性消费的狂欢与健全货币的破坏和凯恩斯主义高时间偏好思想的爆发有密切关系,他们将储蓄丑化,将消费神化,认为消费是经济繁荣的关键。储蓄动机的减弱与消费动机的增强相对应,随着利率被人为地不断下调,银行能够发放比以往更多的信贷,贷款的用途不再局限于投资,人们也可以贷款消费。信用卡和消费贷款允许人们去借钱消费,甚至不需要假装借钱是为了投资未来。此事大有讽刺意味,表明了被凯恩斯主义描述下的现代经济的无知:资本主义——以来自储蓄的资本积累为基础的经济体系,被指责不能释放炫耀性消费的需求,这完全与资本主义背道而驰。当人们降低时间偏好,推迟即时满足,并投资于未来的时候，才是资本主义。如果说债务推动的大规模消费是资本主义的正常组成部分，那么窒息就是呼吸的正常组成部分。

这也有助于解释凯恩斯主义对经济学的一个关键误解，即认为通过储蓄来推迟当前消费将导致工人失业，并导致经济生产停滞。凯恩斯为什么认为在任何时候消费水平都是经济状况最重要的决定因素呢？这是因为不知道就业不仅存在于最终产品中，还存在于资本品的生产中，而资本品会在未来生产出最终产品。家族财富可观、从不苦于谋生的凯恩斯，对储蓄和资本积累在经济增长中的重要作用没有很强的概念。凯恩斯在观察经济衰退的同时观察到消费者支出下降和储蓄增加，于是就假设因果关系是，储蓄增加导致消费减少，再导致经济衰退。如果他学习一下资本理论就会明白，消费减少是对商业周期的自然反应，而商业周期又是由货币供给扩张引起的，我们将在第六章继续讨论这一点。他也会明白，经济增长的唯一原因，首先是延迟满足、进行储蓄和投资，储蓄和投资会延长生产周期的长度，改进生产方法，提高生产力，从而提高生活水平。他会意识到，自己出生在一个富裕社会的富裕家庭的唯一原因是，他的祖先花了几个世纪的时间积累资本、延迟满足和投资未来。但是，他好像没能理解富裕需要付出的劳动和牺牲，相反，他认为高消费是繁荣的原因，而不是结果。

债务和储蓄是对立的。如果储蓄可以造就资本积累和文明进步，那么债务就会通过减少资本在代际的积累，以及降低生产率和生活水平来逆转这种可能。不管是由于住房贷款、强制社保，还是由于更高的税率和债务货币化才能维持的政府债务，当前西方世界的年轻人可能是自罗马帝国灭亡以来（或者至少工业革命以来）第一代携带着父辈积累的负资产来到世界上的一代人。这代人普遍没有自己的储蓄和资本积累，因为他们不得不努力工作以偿还越来越高的债务利息，努力工作以维持自己注定享受不到的福利计划，他们要交更高的税，几乎无法储蓄以避免晚年凄凉。

从健全货币向贬值货币的转变，导致一两代人将之前几代人积累的财富挥霍一空，使负债成为应付大额开支的常用做法。100年前，大多数人会通过自己的劳动或储蓄来支付住房、教育或婚姻的费用，而对今天的人来说，这样的打算简直让人难以接受。今天，即使是富人也不会量入为出，相反，他们会利用自己的财富获得更多的贷款，从而进行更大的支出。这样的安排偶一为之尚可接受，但千万不要认为这是可持续的，因为它只不过是对社会资本存量的系统性消费——寅吃卯粮。

当货币被国有化，它就被置于政客的控制之下，他们只会着眼于任期内的几年，尽力促成自己连任。很自然，这会导致政策的短视，政客会滥用货币为他们的选战服务，不惜以牺牲子孙后代的利益为代价。正如门肯（H. L. Mencken）所说："每次选举都是对赃物的提前拍卖。"[一]在一个货币自由而健全的社会里，个体必须对自己的资本使用做出决策，这些决策会长远影响他们的家庭。自然，有些人会做出不负责任的决策，伤害他们的后代，但那些负责的人，会做出负责任的决策。在主权货币时代，中央政府控制货币供给，打压储蓄意愿而刺激借贷意愿，以前的负责任的决策越来越难做出了。无论一个人多么节俭，他的孩子们都只会目睹储蓄贬值，而且还不得不纳更多的税为政府的慷慨通胀买单。

代际继承的减少削弱了家庭的力量，政府的无限资金增强了它对人民生活干预的能力，于是政府在个人生活的方方面面发挥着越来越重要的作用。全能国家使家庭对个人的重要性黯然失色，进而导致人们维持家庭的意愿减弱。

[一] H. L. Mencken and Malcolm Moos (eds.), *A Carnival of Buncombe* (Baltimore: Johns Hopkins Press, 1956), p. 325.

在传统的社会里，人们知道他们将来需要孩子来养老，所以他们会在年轻健康的时候组建家庭，并给他们的孩子尽可能好的生活。但是，如果长期投资总体上受到抑制，如果储蓄随着货币贬值可能产生反效果，这种投资的益处就会减少。进而，由于政客不停地向人们兜售这样的谎言：借助货币印刷机的魔力，可以获得永久的福利，退休金永不枯竭，于是对家庭的投资显得越来越没有价值。长此以往，组建家庭的动力逐渐减弱，越来越多的人最终过上了单身生活。伴侣不再提供必要的情感、精神和财务投入以维系婚姻，于是离婚率不断上升，即便是婚姻无恙，人们也会减少生育孩子。如果不能认识到是非健全货币让国家打翻了几千年来家庭扮演的很多基本角色，降低了家庭成员维护长期家庭关系的动力，就无法理解家庭破裂这一现代社会普遍存在的现象。

对于卷入时代大潮的个体而言，如果用政府的慷慨来取代家庭，可以说是不划算的。几项研究表明，一个人对生活的满意度很大程度上取决于是否与伴侣和孩子建立了长期的亲密的家庭纽带。[⊖]许多研究还表明，由于家庭的破裂，在之后的人生中，抑郁症和心理疾病的发病率会上升，对女性而言尤其如此。[⊖]家庭破裂往往是抑郁症和心理障碍的主要原因。

由于执行了一个从未对长远利益有任何兴趣的人的经济学说，导致了家庭的危机，这并非巧合。维多利亚时代的英国是一个低时间偏好的社会，有强烈的道德感、社会平和、家庭稳定，而凯恩斯则属于叛逆的一代，他们认为这些传统是需要被推翻的压抑的制度。必须理解凯恩斯希望在按照自己的意愿塑造的社会中看到什么，否则无法理解他的经济学。

⊖ George Vaillant, *Triumphs of Experience*: *The Men of the Harvard Grant Study*. (Cambridge, MA: Harvard University Press, 2012).

⊖ Betsy Stevenson and Justin Wolfers, "The Paradox of Declining Female Happiness." *American Economic Journal*: *Economic Policy*, vol. 1, no. 2 (2009): 190-225.

创新:"从 0 到 1"与"从 1 到多"

健全货币对一个社会时间偏好和未来发展的影响不仅体现在储蓄水平上,还体现在投资的项目类型上。在健全货币制度下,就像 19 世纪末那样,个人更有可能从事长期的投资,将大量可用资金投入需要很长时间才能获得回报的项目。也正因如此,人类历史上最重要的创新诞生于 19 世纪末这个黄金时代。

在邦奇·布莱恩(Bunch Bryan)和赫勒曼斯·亚历山大(Hellemans Alexander)开创性的著作《科学技术史》中,他们汇编了科学技术史上最重要的 8583 项创新和发明。物理学家乔纳森·许布纳⊖(Jonathan Huebner)统计了这些创新和发明发生的年份以及当年的全球人口,并对比了自黑暗时代以来每年发生创新和发明的人均速率。许布纳发现,尽管创新的总数在 20 世纪有所上升,但人均创新的数量的顶峰是在 19 世纪达到的。

审视一下那些发生在 1914 年以前的创新,更能真切地感受许布纳的结论。毫不夸张地说,我们的现代世界其实诞生于第一次世界大战前的金本位制时代。20 世纪是对 19 世纪的发明进行精炼、改进、优化、节约和普及的世纪。20 世纪的眼花缭乱让人们很容易忘了,其实真正的发明、真正改变世界的创新,几乎都是在黄金时代出现的。

彼得·蒂尔(Peter Thiel)在他的畅销书《从 0 到 1》(*From Zero to One*)中讨论了远见卓识者的影响。这些远见卓识者通过新技术的首个成功示范,创造一个新世界。用他的话说,一项技术"从 0 到 1"的成功示范,是创新中最难也是最重要的一步,而"从 1 到多"的转变则是

⊖ Jonathan Huebner, "A Possible Declining Trend for Worldwide Innovation," *Technological Forecasting and Social Change*, vol. 72 (2005): 980-986.

规模、营销和优化的问题。我们当中那些迷恋进步主义的人可能很难接受这一事实，即1914年以前实施健全货币的世界是0到1的世界，而1914年以后政府垄断货币发行的世界只是从1到多的世界。从1到多的发展虽然也是进步，我们却有足够的理由思考，为什么在现代货币体系下没有出现那么多"从0到1"的创新。

我们在现代生活中使用的大多数技术都是在金本位的19世纪发明的，支撑这些发明的资金来自于储蓄者不断增长的资本存量。这些储蓄者以健全货币存储财富，所存储的价值不会迅速贬值。在这里我将19世纪出现的一些最重要的创新摘述如下：

- 冷热自来水、室内厕所、管道系统、中央供暖。今天生活在文明社会的人会认为这些东西是理所当然的，对大多数人来说，有没有这些东西就是生与死的区别。它们使人类得以有效地控制全球大多数传染病，并使城市得以发展，不会总是受到疾病的祸害。

- 电力、内燃机、批量生产。现代工业社会的建成离不开不断增加的碳氢化合物能源利用，没有碳氢化合物的利用就不可能有任何现代文明的标志。这些能源和工业的基础技术是在19世纪发明的。

- 汽车、飞机、地铁、电梯。城市街道没有被马粪填满，我们还可以环游世界，这都要感谢美好年代。汽车是卡尔·本茨（Karl Benz）在1885年发明的，飞机是莱特兄弟（Wright brothers）1906年发明的，地铁是查尔斯·皮尔逊（Charles Pearson）在1843年发明的，电梯是伊莱沙·奥的斯（Elisha Otis）在1852年发明的。

- 心脏手术、器官移植、阑尾切除术、婴儿保温箱、放射治疗、麻醉药、阿司匹林、血型和输血、维生素、心电图、听诊器。外科和现代医学的最大进步也要归功于"美好年代"。现代卫生设施和可靠的碳氢物能源的引入，改变了几个世纪以来基本上适得其反的医疗手段，改变了医生照顾病人的方式。

- 石油衍生化学品、不锈钢、氮肥。所有让现代生活成为可能的工业物质和材料，都源于"美好年代"的变革和创新，这些创新使大规模工业生产和农业生产成为可能。塑料，以及所有的塑料制成品，都是对石油衍生化学物质的利用。

- 电话、电报、录音、彩色摄像、电影。虽然我们愿意认为，所谓现代，是一个大规模电信联通的时代，但实际上，20 世纪在这方面所取得的大部分成就都只是对 19 世纪创新的改进。第一台计算机是巴贝奇计算机，由查尔斯·巴贝奇（Charles Babbage）于 1833 年设计，由他的儿子亨利·巴贝奇（Henry Babbage）于 1888 年完成。如果说 1843 年电报发明后，互联网和它所包含的一切只是锦上添花而已，可能有些夸张，但最深处的事实确实如此。电报使不需要信使的通信成为可能，从根本上改变了人类社会。电报的发明是电信"从 0 到 1"的时刻，接下来发生的一切，所有的神奇，都是"从 1 到多"的改进。

艺术的繁荣

健全货币对人类繁荣的贡献不仅限于科学和技术的进步，它的贡献在艺术界也有生动的展示。佛罗伦萨和威尼斯这两座城市引领欧洲采用健全货币，同时佛罗伦萨和威尼斯的艺术家在文艺复兴中领袖群伦，这并非巧合。巴洛克风格、新古典主义、浪漫主义、现实主义和后印象主义等流派的艺术家都是由持有健全货币的富人资助的，这些富人的时间偏好非常低，可以为艺术杰作的诞生耐心等待数年甚至数十年。欧洲教堂令人惊叹的圆顶,由像菲利波·布鲁内莱斯基(Filippo Brunelleschi)和米开朗基罗(Michelangelo)这样无与伦比的建筑师和艺术家经过几十年的精心设计和装饰而成,这些杰作都是在持有健全货币的时间偏好很低的赞助人的资助下完成的。打动这些赞助者的唯一方法就是创作出历久不衰的艺术品,使他们的名字作为伟大收藏品的拥有者和伟大艺术家的赞助者永垂不朽。这就是为什么佛罗伦斯的美第奇家族更因为他们对艺术的赞助,而非在银行和金融领域的创新而被大众所熟知,尽管后者的影响可能要比前者深远得多。

同样,巴赫、莫扎特、贝多芬的音乐作品,以及文艺复兴、古典主义和浪漫主义时期作曲家的作品,都使今天在工作室批量制造的、在几分钟内录制下来的、向人们兜售本能快感的音乐相形见绌。黄金时代的音乐与灵魂对话,唤醒人的灵魂,使他们想起比日常琐事更崇高的使命,今天的音乐噪声则沉溺于人类的动物性本能,分散人们对现实生活的注意力,让人们沉溺于眼前的感官享受,而不去考虑长远或任何更深刻的东西。是硬通货滋养了巴赫的勃兰登堡协奏曲,而软通货只能滋生麦莉·赛勒斯(Miley Cyrus)的电臀舞。

在健全货币和低时间偏好的时期,艺术家致力于精进技艺,以求创造出有价值的不朽作品。他们不惜花费数年时间打磨复杂的技术和细节,完善作品,直到超越前人,让赞助人和公众惊叹不已。若没有多年的勤学苦练,没有人有资格被称作艺术家。艺术家不会居高临下地教训公众什么是艺术,不会口若悬河地解释花一天时间粗制滥造的作品为什么意义深远。巴赫从来没有声称自己是天才,也不会长篇大论地解释为什么他的音乐比别人的好;相反,他花了一生的时间来完善自己的艺术。米开朗基罗花了四年的时间在西斯廷教堂穹顶的壁画上,为了创作,一天中他大部分时间都在工作,几乎连吃饭的时间都没有。他甚至写了一首

诗来描述这场苦难:㊀

  我在这逼仄的地方肿着脖子
  像伦巴第臭水沟里挣扎的猫
  或者像别处的挣扎一样艰辛
  我保持着肚子上引的奇怪姿势

  弯向脊背的是头颅,朝向天空的是胡子
  胸骨突起如竖琴
  油彩滴落厚度不均
  在我脸上层层粉饰

  腰椎像杠杆一样在腹内磨
  屁股像兜带一样撑住重量
  双脚不由自主地前后摆动
  前胸的皮肤又松又活
  后背的皮肤又硬又僵
  展开的身体像拉开的叙利亚弓

  我明白,这些虚伪和古怪
  是视力和大脑的衰退在作祟
  歪斜的枪怎能有战果
  来吧,乔瓦尼,来吧,

㊀ John Addington Symonds, *The Sonnets of Michael Angelo Buonarroti* (London: Smith Elder & Co., 1904).

> 拯救我该死的画和名声
>
> 这地方太糟糕，绘画成为我的噩梦

只有像这样经过几十年的一丝不苟和精益求精，这些天才才创作出了不朽的杰作，使他们成为不朽的大师。在货币不健全的时代，没有哪个艺术家有如此低的时间偏好，可以像米开朗基罗或巴赫那样，花那么多时间去完善技艺。漫步在现代艺术画廊里，你随处可见不需要付出努力也不需要天赋的艺术作品，它们和一个无聊的6岁小孩的作品也没什么两样。现代的艺术家用自命不凡、惊悚、愤怒和存在主义的焦虑取代了技艺和长时间的练习，以此来让观众为他们的艺术买单，他们常常假装艺术作品包含着某些政治理想，假装自己在玩深沉。我认为，现代艺术是在戏谑、恶作剧等方面耍小聪明。

随着政府货币取代了健全货币，时间偏好较低、品位高雅的赞助人已经被官僚取代，这些官僚对艺术的品位和他们对政治的安排一样糟糕。自然，美和不朽不再重要，取而代之的是夸夸其谈的能力和给官僚们留下深刻印象的能力。官僚们控制着大型画廊和博物馆的主要资金源，这些画廊和博物馆受到政府的保护，成为艺术品位和艺术教育标准的垄断者。现在，艺术家和捐赠者之间的自由选择和竞争被官僚们不负责任的规划所取代，其后果可想而知。在自由市场中，赢家总是那些提供公众认为最好作品的人。当政府决定谁是赢家谁是输家时，那些公务员就成了品位和美感的仲裁者。艺术的成功不再由那些通过几代人的智慧和较低时间偏好积累了财富的人来决定，而是由那些官僚系统中的机会主义者决定。

他们以法币为燃料，控制的触手越深越长，几乎所有的现代政府都划拨预算，通过各种渠道资助艺术和艺术家。随着时间的推移，我们发现，政府出于政治目的秘密干预艺术的离奇和难以置信的故事层出不穷。最近爆出，美国中央情报局（CIA）资助并推广了抽象表现主义艺术家马克·罗斯科（Mark Rothko）和杰克逊·波洛克（Jackson Pollock）等人的作品。⊖ 只有在不健全货币之下，我们才能看到这场艺术灾难。

马克·罗斯科的"艺术品"只花几个小时就能制作完成，却可以卖给手握几百万不健全货币的轻信的收藏者，这显然巩固了现代艺术品的地位，即我们这个时代最赚钱的快速致富骗局。现代艺术家不需要天赋、勤奋或努力，当向暴发户讲述为什么画布上的颜料飞溅不是可怕轻率的失误时，只需要摆出严肃的面孔和高高在上的态度即可，富人们无法理解这些不可解释的艺术作品，但却可以轻易地开出一张丰厚的支票。

令人震惊的不仅是现代艺术世界中像罗斯科这样的人占据了优势，还有与过去的伟大时代相比，现代明显缺乏伟大的杰作。人们无法忽略这样的现实：如今没有多少堪与西斯廷教堂比肩的伟大艺术，也没有多少作品可以与达·芬奇、拉斐尔、伦勃朗、卡拉瓦乔或维米尔的伟大画作相提并论。再加上，如果你意识到，与黄金时代相比，技术和工业化的进步已经极大地增强了人类各方面的能力，这个对比就更令人惊讶了。

西斯廷教堂让观众敬畏不已，任何对其内容、方法和历史的进一步解释，都将敬畏转化为对其思想深度、技艺和辛勤工作的由衷赞叹。而在罗斯科的作品暴得大名之前，若把它们放在街边，恐怕最厉害的艺术评论家也不会认为这是伟大的艺术，甚至根本不会注意到它们。只有在一批又一批的评论家花费数不清的时间，故作神秘地反复宣传之后，那些没有主见的人和要装点门面的暴发户才开始假装它们含义深远，并支付大价钱将其买下。当然，用的是不健全的现代货币。

⊖ See Frances Stonor Saunders, *The Cultural Cold War: The CIA and the World of Arts and Letters* (The New Press, 2000, ISBN 1-56584-596-X).

所谓的现代艺术家，在现代艺术殿堂肆意挥洒创意多年以后，一些作品也浮出水面成为"经典"，但只有现代艺术爱好者才会蜂拥而至对这些作品表达赞叹，这说明我们这个时代的艺术品位之空虚。对我们这个时代一些最具标志性的"艺术家"，如达米恩·赫斯特（Damien Hirst）、古斯塔夫·梅茨格（Gustav Metzger）、翠西·艾敏（Tracey Emin）、意大利组合萨拉·戈德施米德（Sara Goldschmied）和埃莉诺拉·基娅拉（Eleonora Chiari）等人来说，偶尔会扔掉画的清洁工比那些花费数百万美元购买安全感的暴发户更有眼光。

忽略所有这些毫无价值的涂鸦是合理的，我们应该放眼未来，寻找有价值的东西。话说回来，没有人会根据无能的车管所员工在倒班时打盹，把怨气发泄在倒霉顾客身上的行为来评判美国。也许我们不应该根据政府工作人员编造的一堆堆一文不值的故事来评判我们的时代，就好像这些东西真的是艺术成就一样。但即便如此，我们还是发现能与过去相媲美的东西越来越少。雅克·巴尔赞（Jacques Barzun）的《从黎明到衰落》（*From Dawn to Decadence*）是对现代"大众"文化的彻底批判，他总结道："从那以后，20世纪所做的贡献和创造，都只是通过分析来进行完善或通过模仿和解构来进行批评。"巴尔赞引起了一代人的共鸣，因为它包含了大量令人沮丧的事实，一旦克服了固有的偏见，不再相信进步是必然的，不再相信一代更比一代强，我们就不可避免地会得出这样的结论：我们这一代人在文化和修养方面不如我们的祖先，就如同戴克里先时代的罗马人满足于从国王膨胀的支出中分一杯羹，醉心于斗兽场的野蛮景象，无法与恺撒时代通过艰苦工作赚取奥雷金币的伟大罗马人比肩。

第六章

资本主义的信息系统

造成失业潮的不是"资本主义",而是政府剥夺了企业出产优质通货的能力。

——弗里德里希·哈耶克

货币作为交易中介的主要功能,是让经济活动的参与者能够以货币为衡量尺度,进行经济上的计划和计算。人类的经济生产是从非常原始的形态开始的,如果没有固定的参照物,不能比较不同对象的价值,个体就难以做出生产、消费和交换的决策。这种特性,即记账单位,是货币属性中仅次于交易中介和价值储存的第三个重要属性。为了理解这一属性对经济体系的重要性,我们要学习很多聪明人的做法,在试图理解经济问题时,从已故的奥地利经济学家的著作中寻找答案。

弗里德里希·哈耶克(Friedrich Hayek)的《知识在社会中的运用》

(*The Use of Knowledge in Society*)可以说是有史以来最重要的经济学文献之一。不像高度理论化、无关宏旨、少有人看的现代学术研究，这篇11页的文章在发表70年后仍被广泛阅读，对全世界许多人的生活和事业产生着持久的影响。在创建互联网上最重要的网站之一、人类历史上最大的聚合知识体系维基百科的过程中，这篇文章就起到了举足轻重的作用。维基百科的创始人吉米·威尔士（Jimmy Wales）表示，他是在阅读了哈耶克的这篇文章以及哈耶克对知识的解释后，产生了建立维基百科的想法。

哈耶克解释说，不同于流行的初级的理解，经济问题不仅是分配资源和产品的问题，更准确地说，经济问题是在任何个人或实体都不掌握全部知识的情况下分配资源和产品的问题。生产条件、获取生产要素的便利性、生产要素的丰富性以及个人偏好等事关经济决策的知识，不是某一个实体能够完全掌握的。而且，关于经济状况的知识，就其本质而言，并没有标准答案，要根据人们关心的不同角度和不同的个人决策加以区分和定位。每个人都要学习和理解与他们相关的经济信息。聪明和勤奋的人会长时间钻研他们所在的行业，以期成为生产某种产品的权威。不可思议的是，这些五花八门各行其是的个人决策，合起来形成了功能完备且运行流畅的市场，并不需要聚合全部信息的超级大脑替每个人决策。把所有知识集中到一个决策者手中的疯狂举动根本上就是多此一举。

在自由市场的经济体系中，价格就是知识，就是传递经济信息的信号。决策者只能通过相关商品的价格来制定和执行决策。价格因素是对所有市场条件的精炼，是个体可以参考的变量。反过来，每个人的决策都会反映在未来的价格形成中。任何中央权威都不可能将所有参与价格形成的信息内部化，也不可能取代价格的职能。

要理解哈耶克的观点，可以想象这样一幅场景：地震严重破坏了全球某种大宗商品主要生产国的基础设施。比如 2010 年的智利地震，智利是世界上最大的铜生产国。地震发生在拥有大量铜矿的地区，对铜矿和出口铜的港口造成了严重破坏。这意味着全球市场上铜的供给减少，并立即导致铜价上涨 6.2%。[⊖] 世界上任何与这个市场相关的人都会受到影响，但他们并不是非得了解了有关地震、智利和市场状况的信息，才能决定下一步如何做。价格上涨本身就包含了他们需要的所有相关信息。现在，价格上升，所有需要铜的公司都会在价格的驱动下减少铜需求，推迟购买非急需的铜，并寻找铜的替代品。与此同时，上涨的价格给了世界其他地方的铜生产商动力，促使它们生产更多的铜，以便从价格上涨中获利。

单纯通过铜价的上涨，世界各地与铜相关的产业就可以采取相应行动，减轻地震带来的负面影响：其他生产商供给增多，而客户需求减少。结果，地震造成的供给短缺并不会造成最严重的后果，而价格上涨带来的额外收入可以帮助采矿业重建基础设施。几天之内，价格就恢复了正常。随着全球市场规模的扩大和一体化程度的加深，这种突发事件对市场的影响越来越轻，因为做市商有足够的深度和流动性，能够以最小的波动迅速绕过这些干扰。

价格是知识（经济信息）传播的方式，为了理解它的力量，我们想象一下，在地震发生的前一天，全世界铜业不再是由市场主导，而被一个专门的机构接管，这意味着生产的分配不再依赖于价格。这样的机构怎么知道如何应对地震呢？在全球众多的铜生产商中，它将如何决定哪些生产商应该增产，增产多少？在价格体系中，每家公司的管理层都会

⊖ Ben Rooney, " Copper Strikes After Chile Quake," *CNN Money* (March 1, 2010). Available at http:// money.cnn.com/2010/03/01/markets/copper/.

通过比对铜价及其生产所需的其他投入，得出收益最高的生产计划。许多专业人士可以通过价格信号得出答案，他们在公司服务多年，对公司的了解远远超过那些不依靠价格信号的中央规划者。此外，如果不通过价格信号让消费者自己做出选择，规划者又将如何决定哪些客户应该减少消费，以及减少多少？

无论该机构能收集多少客观数据，它永远也不可能获取所有的影响每一个个体决策的知识，因为这些知识是分散的，个人的偏好和对客体的估值五花八门。因此，价格不仅是资本家获利的工具，还是经济生产的信息系统，价格在世界范围内传播知识，协调复杂的生产过程。任何试图取消价格的经济制度都将导致经济活动的彻底崩溃，让人类社会回到原始状态。

价格是市场经济中唯一使贸易和专业化得以发生的机制。如果不诉诸价格，人类就无法从劳动分工和专业化中获益，从而越过小范围的原始劳动阶段。贸易使生产者专门生产具备比较优势的产品，即他们可以用相对较低的成本生产的产品，从而提高自己的生活水平。只有以通用的交易中介表达的准确价格，人们才有可能确定他们的比较优势并以此为业。在价格信号的引导下，专业化将使生产者在实践中学习，更重要的是，积累与之相关的资本，进一步提高这些产品的生产效率。事实上，即使没有固有的相对成本的差异，专业化也将让每个生产者积累相关的资本，从而增加他们的边际生产率，减少他们的边际生产成本，进而与那些专门从事其他产品生产的人互相贸易。

中央计划制资本市场

虽然大多数人都知道价格体系对劳动分工的重要性，但很少有人明白它在资本的积累和分配中扮演的关键角色，关于这些，我们需要在米塞斯的著作中寻找答案。

米塞斯揭示的中央计划的致命缺陷是，如果没有源自自由市场的价格机制，中央计划将失败在经济核算上，其中以资本品的分配最为关键。[⊖]如前所述，资本生产会涉及越来越复杂的生产方法、越来越长的时间周期和越来越多的中间产品，这些中间产品不是用于当下自身的消费，而是参与将来最终消费品的生产。复杂的生产结构只能源自个体计算的复杂网络，每种资本品和消费品生产者基于自己的经济核算，买入原料输出产品，构成了这个复杂的网络。[⊜]生产率最高的配置只能通过价格机制来形成，即资本品生产率最高的用户出价最高。资本品的供给和需求产生于生产者和消费者之间的相互作用，以及他们经济决策的不停迭代。

在中央计划制中，政府拥有并控制生产资料，使其成为经济中所有资本品的唯一买家和买家。这种集中扼杀了真实的市场功能，使基于价格的合理决策变得不可能。如果没有独立主体自由竞标的资本市场，就不能确定资本总价或单个资本品的价格。没有价格来反映资本品的相对供求关系，就无法找到最有效的利用资本方式，也就不能确定每种资本品的产量。在政府拥有钢铁厂，同时还拥有所有利用钢铁生产消费品和资本品的世界里，钢铁和各种钢铁制成品不会有价格，因此也无从知道如何利用钢铁是最重要和最有价值的。既然政府同时拥有汽车厂和火车厂，而且汽车和火车的分配是通过强制命令进行的，那么面对制造汽车和制造火车两个选项，政府如何分配其有限的钢铁呢？ 如果没有价格体

⊖ Ludwig von Mises. *Socialism*: *An Economic and Sociological Analysis*. Ludwig von Mises Institute. Auburn, AL. 2008 (1922).

⊜ 凯恩斯主义经济学有很多错误，但也许最荒谬的一点是，不了解资本生产结构是如何发挥作用的。

系让人们在火车出行和汽车出行之间做出选择，就没有办法知道最优配置是什么，也没有办法知道哪里最需要钢铁。企图通过民意调查获知人们的需求是毫无意义的，因为如果没有价格来反映人们在权衡中付出的真实机会成本，那答案就毫无意义。没有价格的泛泛调查会显示，每个人都想拥有法拉利，但是，当付出真金白银时，很少有人选择法拉利。中央计划者永远无法知道每个人的真正偏好，也无法在分配资源时最好地满足每个人的真实需求。

此外，当政府控制经济生产过程中的所有原材料时，由于缺少价格机制，就无法协调各种资本品的生产，也无法让所有工厂都有效运转起来。稀缺性是所有经济学的出发点，原材料总是有限的，分配中的权衡不可避免。因此，将资本、土地和劳动力分配到钢铁生产中，就必须以不能生产更多的铜为代价。在自由市场中，当下游工厂对钢铁和铜的需求不同时，它们就在市场上制造了钢铁和铜的不同稀缺度和丰裕度，进而，价格指标将驱动铜和钢铁的生产商去竞争各自的生产原料。中央计划者对这个由火车、汽车、铜、钢铁、劳动力、资本和土地的个体偏好和机会成本组成的网络一无所知。没有价格，就没有办法计算如何分配这些资源，如何生产最优的产品，最终结果必然是生产的完全崩溃。

不过，以上只是计算问题的一个方面，仅涉及静态市场中现有产品的生产。然而，经济事务中没有什么是静态的，人们会不停地寻求改善自身的经济状况，生产新产品，寻找更多更好的生产方法，这样一来，问题就更明显了。人类不断改进、完善和创新的冲动给中央计划体制带来了最棘手的问题。即使中央计划体制能成功地管理静态经济，它也无力适应变化，无法与企业家精神相容。中央计划制度怎么能对不存在的技术和创新进行计算呢？在还没有迹象表明这些产品是否有用的时候，生产要素如何分配给这些技术和创新呢？

> 那些将企业家精神和管理混为一谈的人，对真正的经济问题视而不见……资本主义制度不是一种管理制度，而是一种企业家制度。
>
> ——路德维希·冯·米塞斯

进行以上这么多阐述，并不是为了专门批驳中央计划经济制度，以上阐述是要解释清楚，通过价格来进行资本配置和生产决策，与通过计划来进行资本配置和生产决策，这两种方式之间的区别。在当今世界，尽管绝大多数国家没有直接负责资本品分配的中央计划委员会，然而，在最重要的市场，即资本市场上，每个国家都有这样的机构。自由市场被认为是买卖双方可以按照自行约定的条款自由交易、进出自由的市场：任何第三方不得限制买家或卖家进入市场，任何第三方不得对在市场上无法交易的买方或卖方进行补贴。当今世界，没有一个国家的资本市场具备这些特征。

现代经济中的资本市场由可贷资金市场[○]组成。随着生产结构变得更加复杂，生产周期变得更长，个人不再自行储蓄资金，而是通过各种机构将储蓄出借给专门从事生产的企业。利率是出借人从贷款中获得资金的价格，也是借款方为获得资金而支付的价格。

在可贷资金的自由市场中，与所有供给曲线一样，这些资金的供给量会随着利率的上升而上升。换句话说，利率越高，人们就越倾向于储蓄，并把他们的储蓄提供给企业家和企业。此外，贷款需求与利率呈负相关，这意味着当利率上升时，企业家和企业会减少借贷。

在自由的资本市场中，利率是正的，因为人们的时间偏好是正的，除非会在未来得到更多的钱，否则没有人会放弃现在的钱。一个拥有很多低时间偏好个体的社会，很可能拥有大量储蓄，从而利率较低，能为

○ 可贷资金市场，实际上由两个不同但相关的市场构成，即债券市场和货币市场。——译者注

企业提供充足的资本，并带来未来显著的经济增长。当整个社会的时间偏好上升，储蓄会降低，利率会升高，生产者能借到的资本也会减少。和平的、保障财产权的和经济自由度高的社会，相对来说整体时间偏好可能会比较低，因为这样的社会为个人提供了更多的理由，让他们更少低估自己的未来。另一位奥地利经济学家欧根·冯·庞巴维克（Eugen von Böhm-Bawerk）甚至认为，一个国家的利率反映了其文化水平：人们的智力和道德水平越高，他们的储蓄就越多，利率就越低。

但由于现代中央银行的发明，以及它对最关键的市场，即资本市场的不断干预，今天的任何一个现代经济体的资本市场都不是这样运作的。中央银行通过各种货币工具，通过对银行系统的控制决定着利率和可贷资金的供给。㊀

要理解现代金融体系，就要知道一个基本事实，即每当银行放贷时，它都是在创造货币。今天的银行体系都执行部分准备金制度，举世皆然，银行出借的资金不仅来自客户的长期储蓄，还包括他们的活期存款。换句话说，活期储蓄的客户可以随时把钱提走，但同时，这笔钱又已经作为贷款发放给了借款人。银行实质上凭空变出了新的钱，这样就能一边把钱贷出去，一边又能应付存款人的取款需求。这样做的结果是增加了货币供给量。这成为现代货币供给与利率关系的基础：当利率下降时，贷款就会增加，从而导致货币创造的增加和货币供给的增加；利率的上升会导致贷款的减少和货币供给的收缩，或者至少会降低货币供给的增长率。

㊀ 中央银行使用的主要工具包括：设定基准利率、设定存款准备金率、参与公开市场操作以及制定贷款资格标准。在任何一本初级的宏观经济学教科书中都可以找到这些工具运行机制的详细解释。简要地说，中央银行可以通过以下政策实施货币扩张：①降低利率，刺激借贷，增加货币创造；②降低存款准备金率，允许银行增加放贷，增加货币创造；③购买国债或金融资产，带来货币创造；④放宽贷款资格，允许银行增加放贷，增加货币创造。紧缩的货币政策就是逆转以上这些操作，导致货币供给减少，或者至少是货币供给增长率降低。

商业周期和经济危机

在自由的资本市场中，市场参与者根据利率做出的选择左右了市场可贷资金的供给，而在拥有中央银行和部分准备金银行的经济体中，可贷资金的供给是由经济学家组成的委员会决定的，他们会受到政界、银行家、媒体的影响，甚至有时候会受到军方的影响。

对经济学稍有了解就会发现，价格控制的危险清晰可辨。如果政府将苹果限价，并阻止其流动，结果是要么出现短缺，要么出现过剩，以及生产不足或过剩给整个社会带来的巨大损失。在资本市场上，事情是类似的，但影响要严重得多，因为资本市场影响到经济的每一个部门，因为资本会参与每一种商品的生产。

首先，可贷资金与实际资本品之间的区别很重要。在拥有健全货币的自由市场经济中，储蓄者只有推迟消费才能进行储蓄。作为储蓄存在银行里的钱是人们压缩消费开支得到的，这些人延迟了当前消费给他们带来的满足，以期在未来获得更多的满足。储蓄的确切数额就是生产者可贷资金的数额。资本品的供给与消费的减少密不可分：物质资源、劳动力、土地和资本品从生产最终消费品转向了生产资本品。临时工从汽车销售转向汽车生产，如谚语所说，"种子会埋到地里而不是被吃掉"。

稀缺性是所有经济学的基本出发点，其最重要的含义是每一件事都包含机会成本。在资本市场，资本的机会成本就是放弃消费，消费的机会成本则是放弃投资。利率是调节二者关系的价格信号：人们的投资需求变多的时候，利率会上升，于是刺激储蓄者把更多的钱存起来；利率下降的时候，有利于投资者进行更多的投资，投资于更先进的生产方式和更长的生产周期。因此，低利率下会产生更长久更高效的生产方式：社会从使用钓竿钓鱼转向使用燃油驱动的大型船只捕鱼。

资本品与可贷资金市场之间的联系不会随着经济的发展和经济活动日趋先进复杂而改变，但现在它却在人们的头脑中变得模糊不清。拥有中央银行的现代经济是这样建立的：它忽略了基本的权衡，假定不需要消费者放弃消费，银行可以通过货币创造来获得投资所需的资金。储蓄与可贷资金之间的联系被切断，以至于经济学教科书甚至不再教授储蓄与可贷资金之间的联系，⊖更不会告诉读者忽略这一点的灾难性后果。

央行管理货币供给和利率时，储蓄和可贷资金之间必然存在错位。央行通常致力于刺激投资、消费和经济增长，因此，它们往往会增加货币供给，降低利率，导致可贷资金的数量大于储蓄。在人为压低的利率水平下，企业为启动一个项目进行的负债量超过了储蓄者通过储蓄提供的资金量。换句话说，延迟消费的价值小于借入资本的价值。如果没有足够的延迟消费，一开始就不会有足够的资本、土地和劳动力资源从生产消费品转移到生产较高阶的资本品。归根结底，天下没有免费的午餐，如果消费者的储蓄减少了，可供投资者使用的资本也会减少。印刷新的纸币或者给纸币上的数字进位，并不能真的弥补储蓄的不足，也不会神奇地增加社会的真实资本存量，它只会使现有货币贬值，并扭曲价格。

这种资金短缺不会立即显现，银行和央行可以为借款者创造足够的资金，毕竟这是使用不健全货币的主要好处。在使用健全货币的经济体中，这种对资本价格的操纵是不可能的：一旦利率被人为压低，借款人可用资本的短缺就会暴露出银行储蓄的不足，然后导致利率上升，从而降低贷款需求，增加储蓄供给，直到两者匹配为止。

不健全货币使这种操纵成为可能，当然只是暂时的，因为欺骗不可

⊖ 如果只是为了看到将资本运行的简洁逻辑与不幸在货币理论课程上学到的凯恩斯中央计划理论对比时学生们脸上的反应，那么给高年级学生讲授假想的资本自由市场总是很有趣。

能永不失效。人为压低的利率和过量印制的钞票欺骗了生产者，使他们在生产过程中过量使用资本资源。这些背后没有真正延迟消费的过量资金，会刺激更多的生产商积极借贷，让他们误以为，可以使用这些资金购买生产过程所需的所有资本品。越来越多的生产商竞争资本品和资源，而这些资本品和资源的数量实际上没有他们想象得多，自然而然的结果是，在生产过程中，资本品的价格不断上涨。这时候，被操纵货币掩盖的事实终于暴露，在上涨后新的资本品价格下，生产变得无利可图，很多资本投资同时崩溃。这些项目就是米塞斯所说的"不当投资"。如果没有资本市场的扭曲，这些投资是不可能发生的，一旦通过操纵进行的资本的不当配置被暴露出来，这些投资就不可能善终。央行对资本市场的干预使价格扭曲，导致投资者误判，从而带来更多的不当投资，但央行的干预不能增加真实的可用资本的数量。所以，这些过量的资本投资不会取得预期的结果，最终造成不必要的资本浪费。与此同时，由于大批项目烂尾，整体失业率会上升。当整个经济体过度扩张，同时企业也出现问题时，就会发生所谓的经济衰退。

只有了解资本结构，明白利率操纵如何摧毁了资本积累的动机，才能真正理解经济衰退和商业周期的波动。商业周期是利率操纵的自然结果，利率操纵扭曲资本市场，通过银行的不健全货币，让投资者误以为他们可以获得不存在的资本。与凯恩斯主义的解释相反，商业周期并不是萎靡不振的"动物精神"造成的神秘现象，在中央银行家南辕北辙之后，商业周期的真正原因被人们忽视了。[一]经济逻辑清楚地表明，衰退是利率操纵的必然结果，正如短缺是价格设置上限的必然结果。

[一] 作为对经济衰退的解释，奥地利经济学派的资本理论并不缺乏替代品，但所有的其他解释基本上只是 20 世纪初货币政策扭曲的重复论证。人们甚至不需要阅读凯恩斯主义和流行心理学理论的最新结论。阅读哈耶克的《货币理论和贸易周期》(1933)和罗斯巴德的《美国大萧条》(1963) 就够了。

可以借用米塞斯著作[一]中的一个类比（略加修饰）来说明这一点：让我们把社会的资本存量想象成砖块，而把央行想象成负责建造房屋的开发商。每建一栋房子需要 1 万块砖，开发商正在寻找能够建造 100 栋房子的承包商，也就是总共需要 100 万块砖。但是，有一个凯恩斯主义的承包商意识到，如果自己能提交投标书，承诺可以用 80 万块砖建造 120 栋同样的房子，就有更大的概率赢得合同。这种行为和利率操纵是一样的，减少了资本供给，却增加了对资本的需求。实际上，120 栋房屋需要 120 万块砖，但他只有 80 万块砖可用。80 万块砖可以让建造 120 栋房屋的工程开工，但不足以让它们完工。开工后，开发商会非常高兴地看到，由于神奇的凯恩斯主义魔法，他正在用 80% 的成本获得 120% 的结果，于是他用节省下来的 20% 的成本为自己买了一艘新游艇。但诡计无法持久，因为很明显，这些房屋无法完工，工程终将中止。承包商不仅交不出 120 栋房子，他也交不出任何房子，相反，他只能留给开发商 120 座烂尾房，一堆没有屋顶的无用砖块。承包商的诡计减少了开发商的资金支出，也使房屋少于在准确的价格信号下本应建成的数量。如果开发商将工程交给诚实的承包商，他将获得 100 栋房子。但是与扭曲数据的凯恩斯主义承包商合作，资本的分配没有现实基础，开发商会不断继续浪费自己的资本。如果开发商能较早地意识到这个错误，那么在建造 120 栋房屋上浪费的资金可能会比较少，更换新的承包商就可以利用剩余的砖块建造 90 栋房屋。如果开发商在资金耗尽之前都不能看清事实，他将只能获得 120 栋烂尾房。这些房子毫无价值，没有人愿意花钱住在没有屋顶的房子里。

当央行引导银行通过放贷创造更多货币，操纵利率低于市场清算价格的时候，它们就在一边减少社会上可用的储蓄，一边增加借款者的需

[一] Ludwig von Mises, *Human Action*, p. 560.

求，同时将借来的资金投向无法完成的项目。货币形式越不健全，央行就越容易操纵利率，商业周期就会越剧烈波动。货币的历史证明，当货币供给受到操纵时，商业周期的波动和经济衰退要比不受操纵时严重得多。

虽然大多数人认为市场体系治着资本主义经济，现实是，没有资本市场的自由，资本主义制度就无法运转。资本的价格是通过供求关系产生的，而资本家的决策是由准确的价格信号驱动的。央行对资本市场的干预是所有衰退和所有危机的根源，但是大多数政客、记者、学者和左翼活动人士喜欢将这些危机归咎于资本主义。实际上，正是由于货币供给的中央计划，资本市场的价格机制才会被破坏，从而导致经济的广泛混乱。

只要政府走上货币供给膨胀的道路，负面后果就是不可避免的。如果央行停止通货膨胀、利率上升，那么许多已经开工的项目就会暴露出无利可图的真实面目，只能中止。暴露出了资源和资本的错配，随之而来的就是经济衰退。如果央行继续其无限制通胀的过程，就会扩大经济中资源错配的规模，浪费更多的资本，使终将到来的不可避免的衰退更加痛苦。凯恩斯主义者强加给我们的所谓免费午餐，最后需要付更大的价钱，这是无法逃避的。

我们现在骑虎难下：通胀要持续多久呢？如果我们从通胀之虎的背上跳下来，我们马上就会被吃掉；如果我们任由通胀越跑越快，在虎背上勉力维持，最后的结果也难逃一死！幸运的是，我老了，无所谓了，不用看这最终的下场了。

——弗里德里希·哈耶克㊀

㊀ Friedrich Hayek, *A Tiger by the Tail*, p. 126.

央行计划货币的供给既不可取也不可能。这是最自负的安排，让经济中最重要的一个市场处于少数人的命令之下，这些人自以为可以将庞大、难以捉摸又雷霆万钧的资本市场玩弄于股掌之间。想象央行能够"预防""抗击"或"管理"衰退，就像让纵火犯负责消防一样，不切实际。

健全货币是由市场选择的，它的相对稳定性可以实现是基于自由市场的价格发现和个体决策。依赖中央计划的不健全货币，本质上是受控制的，无法生成准确的价格信号。在几个世纪的价格控制中，中央计划者总是试图找到那个神秘的最佳价格，以实现他们想要的目标，但都没有成功。㊀价格控制必然失败的根本原因不是中央计划者不能选择正确的价格，而是强加一个价格——不管是任何价格，这阻止了通过价格来协调市场参与方生产和消费决策的市场过程，进而导致必然的短缺或者过剩。同样，信贷市场的中央计划也必然失败，因为它破坏了市场的价格发现机制——为市场参与者提供准确的信号和激励，管理他们的消费和生产。

正如奥地利经济学派商业周期理论所解释的，资本市场中央计划失败的表现形式就是繁荣和萧条的周期性。这种失调现象被视为市场经济的正常组成部分也不奇怪，毕竟，在现代经济学家看来，央行控制利率是现代市场经济的正常组成部分。在这个领域，各国央行的表现纪录相当糟糕，尤其是与没有中央计划和干预货币供给的时期相比。1914年成立的美国联邦储备委员会（即美联储）在1920~1921年大幅削减储备，终止于1929年的经济泡沫破裂，余波一直持续到1945年年底。从那时

㊀ 有一本非常值得推荐的历史著作，讲述了历史上价格管制所带来的灾难性后果，令人捧腹，它就是《四千年通胀史：工资和价格管制为什么失败》（*Forty Centuries of Price and Wage Controls: How Not to Fight Inflation*），罗伯特·许廷格（Robert L. Schuettinger）、埃蒙·巴特勒（Eamonnn F. Butler）著。

起,萧条每隔几年就会出现一次,成为经济中令人头疼的惯常现象,政府则以积极应对衰退为由,进一步加大干预力度。

审视一下瑞士(健全货币的最后堡垒)的经济,就会发现健全货币的好处。瑞士一直保持其货币与黄金的锚定,直到1992年做出令人遗憾的决策——放弃中立政策,加入国际货币基金组织。国际货币基金组织不允许成员方的货币锚定黄金,瑞士加入国际货币基金组织后,经济开始体验凯恩斯主义所认为的状况。加入国际货币基金组织之前,瑞士的失业率几乎一直为零,几乎从未超过1%;加入国际货币基金组织之后,失业率在几年内上升到5%,几乎再也不曾降到2%以下(见图6-1①)。

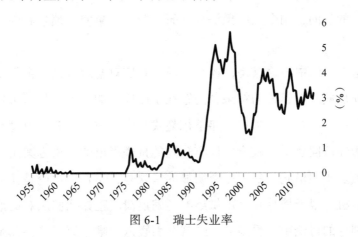

图6-1 瑞士失业率

当我们将经济萧条时期与金本位时期做对比时,应当时刻谨记,欧洲和美国在19世纪实行的金本位制度远远不是健全货币的完美形式。19世纪的金本位有着诸多缺陷,其中最重要的是,银行和政府提供的货币和信贷供给经常超过它们自身的黄金储备,这会引起与20世纪相似的繁荣和萧条周期,区别仅仅是,19世纪的商业周期程度上要轻很多。

有了以上认识,我们就能超越凯恩斯主义流行以来经济学教科书里

---

① 资料来源:Federal Reserve Economic Data, available at https://fred.stlouisfed.org.

惯常的论述，更清楚地了解现代货币史。货币主义思想的开山之作，米尔顿·弗里德曼（Milton Friedman）和安娜·施瓦茨（Anna J. Schwartz）合著的《美国货币史》(A monetary history of the United States)，被认为是有关美国货币史的权威著作。这本 888 页的大部头，汇集了数量惊人的事实、细节、统计数据和分析工具，却一次都没有向读者解释关键问题：经济危机和萧条的起因。

弗里德曼和施瓦茨著作的根本缺陷是现代经济学学术研究的典型缺陷：经济研究成为一种用严谨的形式代替逻辑的精致练习。一个世纪以来，金融危机反复影响美国经济，这本书系统而有条理地避开了对原因的追问，用令人印象深刻的研究数据、事实、琐事和细节淹没了读者。

这本书的中心论点是，经济衰退是政府对金融危机、银行挤兑和紧缩崩溃反应不够迅速的结果，问题在于政府未能及时增加货币供给，重振银行部门。这是米尔顿·弗里德曼式自由意志主义者的典型特征，他们因为经济问题批评政府，但有缺陷的推理得出的解决方案是，政府应采取更多干预措施。书中一个明显的错误是，作者未讨论是什么导致了金融危机、银行挤兑和货币供给的通缩崩溃。正如我们从对奥地利商业周期理论的讨论中所看到的，经济全面衰退的唯一原因是一开始货币供给的通胀。规避了寻找终极病因的重担之后，弗里德曼和施瓦茨放心地将病因当作解药，并推荐给读者：各国政府需要积极介入，调整银行体系的资本结构，并在经济出现衰退迹象之初就增加流动性。你可能开始明白为什么现代经济学家如此讨厌逻辑因果关系，因为逻辑会拆穿他们几乎所有的解决方案。

弗里德曼和施瓦茨的《美国货币史》中的内容是从 1867 年开始写起，所以他们分析 1873 年经济衰退的原因时，完全忽略了美国政府为了给美国南北战争提供资金而印刷"绿背美钞"这件"小事"○，这件"小事"恰恰是导致衰退的根本原因。这一模式贯穿了整本书。

弗里德曼和施瓦茨几乎没有讨论1893年经济衰退的原因，他们暗指是因为黄金不足以满足货币需求才引发了对白银的需求，然后就用那年经济衰退的琐事淹没了读者。他们没有提到美国国会1890年通过的《谢尔曼白银采购法案》，该法案要求美国财政部购入大量白银并发行相应的白银美元。当时白银正在世界范围内失去货币角色，持有白银或白银美元的人自然会试图将它们兑换成黄金，导致美国财政部的黄金储备枯竭。实际上，假装白银依然是货币，货币供给是增加的，财政部被误导进行了一次大规模的货币扩张。这样做的结果是国债贬值、金融泡沫，之后随着黄金储备消耗加快，泡沫破裂了。任何粗略了解货币理论的人，阅读一下任何一本涉及那个时期的历史书，都会看到这一点，但弗里德曼和施瓦茨令人印象深刻地回避了。

对于美国为参加第一次世界大战而不得不进行的大规模货币扩张，弗里德曼和施瓦茨在讨论1920年经济衰退时又选择了忽略。尽管在分析中没有提及，但他们的数据显示，○1914年6月~1920年5月，货币存量增加了115%。其中只有26%的增长是黄金持有量的增加带来的，这意味着，其余89%的增长是政府、银行和美联储操纵的。这才是1920年萧条的主要原因，但这一点，再一次被回避了。

最奇怪的是，他们为何完全忽略了1920~1921年萧条的复苏，那次被经济学家本杰明·安德森（Benjamin Anderson）称为"最后一次实现充分就业的自然复苏"，当时，税收和政府开支减少，工资得以自由调

○ "绿背美钞"的发行是在1862~1863年，恰好在《美国货币史（1867~1960年）》的起始年份1867年之前。——译者注

○ See Table 10 on p. 206 of the Friedman and Schwartz book.

整，在不到一年的时间内迅速恢复充分就业。[1] 1920 年的萧条是美国历史上产出下降最快的萧条之一（1920 年 9 月~1921 年 7 月，在 10 个月内下降了 9%），同时也是恢复最快的。其他萧条发生的时候，凯恩斯主义者和货币主义者向经济注入流动性，增加货币供给，增加政府开支，经济缓慢复苏。

当每个人都试图从大萧条中吸取教训时，主流经济学教科书却从未提及 1920 年的萧条，也从未试图了解为什么这次萧条恢复得如此迅速。当时的总统沃伦·哈丁（Warren Harding）拒绝干预主义经济学家的怂恿，坚守自由市场。错误的投资被清算，其中的劳动力和资本很快被重新分配到新的投资中。失业率很快恢复到正常水平，这次快速恢复恰恰是由于政府没有采取干预措施，没有加深最开始它造成的扭曲。这与弗里德曼和施瓦茨的建议截然相反，因此，他们的著作中又回避了这件事。

这本书最著名的章节是第七章，此章专注于论述大萧条。这一章开始于 1929 年 10 月股市崩盘之后，而第六章则结束于 1921 年。1921~1929 年 10 月的这段时间，必然孕育着大萧条的诸多起因，而在弗里德曼和施瓦茨看来，在他们 888 页的皇皇巨著中，这段时间一页都不配占有。

弗里德曼和施瓦茨只是简要地提到，在 20 世纪 20 年代，物价水平并没有上升得太快，因此得出结论，这段时期没有通货膨胀，大萧条的原因不可能是通货膨胀。20 世纪 20 年代的经济增长速度非常快，这本该导致价格下降。当时，美联储试图通过超发美元帮助英格兰银行阻止黄金外流，而英格兰银行黄金外流的原因，恰恰是英国为了阻止工资水平下降而实施了通胀政策。实际上，当时美国发生了大规模的货币膨胀，但是由于货币供给增加和经济快速增长对价格的作用是相反的，因此整

---

[1] Murray Rothbard, *America's Great Depression*, 5th ed., p. 186.

体看来价格水平没有大幅上升——价格的上升主要体现在房地产和股票的价格上。货币供应量的增加并没有转化为消费品价格的上涨，因为货币主要被美联储引导去刺激股市和楼市了。1921~1929年，美元货币供应量增长了68.1%，而黄金库存只增长了15%。⊖这些没有黄金储备做支撑的美元存量，正是引发大萧条的根源。

值得一提的是"货币主义之父"，在20世纪20年代致力于"价格水平科学管理"的欧文·费雪（Irving Fisher）。美国货币供应量不断扩大，费雪曾设想，通过广泛的数据收集和科学管理可以如臂使指一般控制货币增量和资产价格，确保价格水平保持稳定。1929年10月16日，费雪在《纽约时报》上自豪地宣称，股市已经达到了"永恒的高原"。⊖1929年10月24日，股市崩盘，然后，大萧条深入发展，直到20世纪50年代中期，也就是费雪去世后好几年，股市才重新回到1929年费雪宣称的"永恒的高原"。所以，后来米尔顿·弗里德曼宣称欧文·费雪是美国历史上最伟大的经济学家，也就没什么好奇怪的。

20世纪20年代货币扩张在股市上堆出了巨大的虚幻的财富泡沫，崩盘正是必然结果。一旦货币扩张有所放缓，泡沫就不可避免地要破裂。一旦泡沫破裂，就意味着泡沫中所有虚幻的财富将在通货紧缩螺旋中消失。财富消失，银行难以履行自己的义务，挤兑不可避免。这暴露了部分准备金制度的命门——灾难迟早发生。鉴于此，虽然企业和股市的损失无力回天，保障个人的存款安全似乎是美国联邦政府的应尽之责。但真正的唯一解决之道，是让银行承担后果，让迟到的清算得以进行，让价格下跌。诚然，这种解决方案必将经历一次痛苦的衰退，但这正是一开始就不应该进行货币扩张的原因！试图通过注入更多流动性来避免衰

⊖ Murray Rothbard, *America's Great Depression*.
⊖ "Fisher Sees Stocks Permanently High," *New York Times*, October 16, 1929, p. 8.

退，只会使最初导致危机的扭曲更加扭曲，使终将到来的局面更加棘手。

货币扩张错误地配置了资源，创造出虚幻财富，而这些财富必须消失，市场才能恢复正常的价格机制，才能正常运作。虚幻的财富是引起经济崩溃的导火索。继续把虚幻的财富放在原来的位置，相当于继续给空中楼阁添砖加瓦，只会迎来下一次规模更大、力度更大的衰退。

弗里德曼和施瓦茨对1929年之前的那个时代不屑一顾，认为它与股市崩盘没有任何关系，然后他们得出结论称，导致股市崩盘演变为一场世纪大萧条的，仅仅是美联储对崩盘的不当反应。他们称，如果美联储及时打开货币水龙头放水，向银行系统注入流动性，那么，对于经济大势来说，股市的损失基本上就无关紧要了，之后也不会有更大的萧条。实际上，美联储为应对危机做了货币扩张，不过这一事实又被海量的数据淹没了。美联储确实试图缓解银行业的流动性短缺，但未能阻止经济崩溃，这并不是因为美联储决心不够，而是因为资本配置不当，以及第四章讨论过的严重的干预政策造成整个经济的崩溃，非放水才可以奏效。

在这部巨著中，有三个重要的问题未得到解答，暴露出全书逻辑上的明显漏洞。第一，为什么没有比较1920年萧条和1929年大萧条？尽管美联储没有如作者建议的那样进行干预，1920年的萧条也并未迁延日久、愈演愈烈。第二，除了国会指使财政部如中央银行那般行事的两次（美国南北战争期间印刷"绿背美钞"，1890年试图重新将白银货币化）之外，为什么美国在19世纪，没有中央银行的时候，从未发生经济危机？第三，也是最能说明问题的，1873~1890年，在没有中央银行，货币供给受到严格限制，价格水平持续下降的情况下，美国为什么出现了最长时间的经济持续增长，并且没发生任何经济危机？弗里德曼和施瓦茨只是潦草地提了一下那个时代并表示，"尽管"价格水平下降，但经济的增长令人印象深刻。那段时间的经济增长回击了价格下跌恐惧症，他们对此不置一词。

正如罗斯巴德所解释的，市场经济的运行机制没有任何内在缺陷，不会造成长期的失业问题。自由市场的正常运作下，会有很多人失业或辞职，也会有许多企业因各种原因破产或倒闭，但这些基本上很快会被新的企业和新创造的就业岗位抵消，在任何时候都很少有人会不得不赋闲在家，就像19世纪金本位制没有被滥用的时候，以及1992年前的瑞士一样。只有当央行操纵货币供给和利率时，波及多个经济部门的大规模失灵才会同时发生，导致全行业的大规模裁员浪潮，同时造成不便于在其他行业就业的工人大量失业。㊀ 正如哈耶克所说的："造成失业潮的不是'资本主义'，而是政府剥夺了企业出产优质通货的能力。"㊁

健全的贸易基础

在健全货币的世界里，商品和资本在国际的流动，几乎与它们在国内不同地区之间的流动是一样的：根据合法持有人的意愿，达成互利的交易。在恺撒的奥雷金币时期，或者在17世纪阿姆斯特丹银行的金本位下，又或者在19世纪的金本位下，对贸易的最大限制条件是商品从一地向另一地物理转移的能力。那时候，关税和贸易壁垒几乎不存在，如果有关税的话，也仅仅是一些维持过境检查点和海港运作的基本费用。在不健全货币的时代，比如欧洲陷入封建主义或现代世界陷入货币国家主义的时代，贸易不再是交易者个人之间的事，而变成了重要的国家事务，需要接受宣称对贸易者拥有主权的封建领主或者政府的监督。这种贸易

㊀ See Murray Rothbard, *Economic Depressions: Their Cause and Cure* (2009).
㊁ Friedrich Hayek, *Denationalization of Money* (1976).

性质的荒谬转化如此彻底，以至于在 20 世纪，"自由贸易"这个词的意思变成贸易者根据各自政府而不是当事人自己商定的条款，进行的跨境贸易。

从 1914 年起，由于大多数政府暂停和限制用纸币兑换黄金，金本位制度被抛弃，哈耶克称之为"货币国家主义"（Monetary Nationalism）的时期就此开始了。货币的价值不再等于固定单位的黄金——黄金具有最高存量-增量比，价格弹性最小，因此其价值保持可预测性和相对稳定性。相反，货币的价值随着货币和财政政策以及国际贸易的变幻莫测波动。降低利率或增加货币供给会降低货币的价值，也会方便央行向政府提供贷款，资助政府的支出。利率和货币供应量名义上都在政府的控制之下，只看这两个因素，政府还可以哄骗自己，能够很好地管理这两个指标已达到经济的稳定，但是，影响货币价值的还有第三个因素，这个因素是本国人民和外国人集体行动产生的复杂结果，无论如何政府也不可能随心所欲地控制。当一个国家出口大于进口时（贸易顺差），该国货币会在国际外汇市场上升值，而当出口小于进口时（贸易逆差），该国货币会在外汇市场上贬值。政策制定者非但没有将外汇市场上货币价值的波动当作停止干预的信号，让人们自由选择波动性最小的商品充当货币，反而认为这是进一步加强对全球贸易每一个细节的微观调控的契机。

货币本该是度量和规划所有经济活动的记账单位。本来，货币的价值依从于市场上波动性最小的商品的价值，现在，货币的价值变成了政府的货币政策、财政政策和贸易政策以及每个人对这些政策工具最不可预测的反应的综合结果。政府决定价值的衡量标准，就像根据本国人的身高和建筑物高度自行决定高度的衡量标准一样。可以想见，当"米"表示的长度每天随着中央测量办公室的声明而波动的时候，每个建筑工程都会乱成一锅粥。

只有精神病患者才会因为单位变化而展现出来的数量增长沾沾自喜。将"米"变短，某个住200平方米房子的人就可以认为他的房子有400平方米，只是房子还是原来的房子。这种对"米"的重新定义只会使工程师无法正常地建造和修缮房屋。与此相似，货币贬值只会让国家名义上变得富有，或者增加出口的名义价值，但这无助于让国家更加繁荣。

现代经济学已经提出了"不可能三角"，用于形容现代中央银行的困境，即没有政府可以同时实现这三个目标：汇率稳定、资本自由流动、货币政策独立。假如一个政府保持汇率稳定和资本自由流动，就不可能保持货币政策独立，因为独自改变利率势必会引起资本的流入或流出，汇率自然随之受到影响。我们都知道，现代经济学家多么热衷于用货币政策来"管理"经济。既然对他们来说，独立的货币政策不可或缺，那么要实现稳定的汇率，就只能限制资本流动。1946~1971年，各国普遍追求货币政策独立和汇率稳定。但是，即使这样也没有可持续性，因为商品流动会冲击汇率，有的国家出口过多，有的国家进口过多，随之而来的是重新调整汇率的政治谈判。谈判结果没有什么公道可言，因为每个国家的政府都会试图保护己方的特殊利益群体，不惜为此采取一切必要措施。1971年以后，世界主流转向追求货币政策独立和资本自由流动，各国货币之间实行浮动汇率。

这种安排的好处是，凯恩斯主义经济学家可以继续挥舞他们最喜欢的工具"管理"经济，同时国际金融机构和大型资本的所有者也会感到满意。对大型金融机构来说，这是一个巨大的利好，创造了价值数万亿美元的外汇市场，来交易各国货币和期货。除此之外，这种安排没有惠及其他人，尤其是没有惠及那些真正生产性的企业、为社会提供有价值产品的个人。

在高度全球化的世界里，国际汇率受到很多国内和国际变量的影响，这为经营企业平添了很多不必要的麻烦。成功的公司，原料会来自很多国家，产品也会销往世界各地。每一个采购和销售计划都会直接受到相关国家的汇率的影响，甚至一起与本国完全无关的汇率波动，就会让一家极具竞争力的公司蒙受巨大损失。如果该公司主要供应商所在国的货币升值，公司的成本就可能上升到超过公司盈利能力的水平。如果该公司的主要出口市场的货币贬值，同样的事情也可能发生。那些花费数十年时间构建自己竞争优势的公司，可能在15分钟内因为不可预测的外汇波动而彻底丧失竞争优势。怪异的是，这种情况通常被归咎于自由贸易，经济学家和政界人士也以此为借口，实施广受欢迎的、实际上具有破坏性的保护主义贸易政策。

资本自由流动和自由贸易建立在浮动汇率的流沙之上，企业和专业人士需要时刻关注货币的动向。每个企业都需要投入资源和人力来研究这个无法控制却又极其重要的问题。越来越多的人转而开始对央行、政府的政策进行投机，对货币涨跌进行投机。这种精心设计的中央计划机制及其伴生的投机行为，往往最终会阻碍经济的发展。也许，现代世界经济最令人震惊的事实之一，就是外汇市场的规模与生产性经济活动的规模之比。根据国际清算银行（Bank for International Settlements）估算，[1]2016年4月外汇市场的规模为每日5.1万亿美元，照此计算，每年外汇市场的规模为1860万亿美元。与此同时，据世界银行估算，2016年，世界各国GDP总和约为75万亿美元，这意味着外汇市场的规模大约是全球所有经济体产出的25倍。[2]重要的是，记住，外汇兑换不是生产过程，这就是为什么这个数字没有纳入GDP统计。将一种货币兑换成

㊀ Bank of International Settlements (2016), *Triennial Central Bank Survey. Foreign Exchange Turnover in April 2016.*

㊁ 更多信息请查看 George Gilder, *The Scandal of Money: Why Wall Street Recovers but the EconomyNever Does* (Washington, D.C. Regnery, 2016).

另一种货币不会创造经济价值,这不过是为了克服不同国家使用不同货币产生的巨大不便而付出的代价。这就是经济学家汉斯-赫尔曼·霍普所称的"带有部分以货易货性质的全球体系"。在此体系下,跨国贸易造福全球人民的能力被削弱,所有人不得不支付高昂的交易成本来缓解不良系统的缺陷带来的不便。世界不仅为克服这些障碍浪费了大量的资本和劳动力,各地的企业和个人也经常因为汇率波动造成经济误判,蒙受重大损失。

在自由货币市场中,个体可以选择他们想要的货币,选择的结果是,人们会选择存量-增量比稳定保持最低的那一种。这种货币因为供求关系的波动最小,会成为全球通用的交易中介,执行所有的经济核算,成为跨越时间和空间的通用的记账单位。一件商品的适销性越好,就越适合货币的角色。罗马奥雷金币、拜占庭苏勒德斯金币、美元都在有限程度上是完美货币样板,同时它们各有缺陷。在过去的实践中,最接近完美货币的是国际金本位制后期的黄金,不过,即使当时的金本位那么出色,还是有一些国家和社会使用白银和其他原始的货币形式。

一个令现代人诧异的事实是,1900年的企业家可以用任何一种国际货币来制订全球生产计划,计算各种指标,完全不用考虑汇率波动的问题。如果穿越到一个世纪后,这位试图绘制跨境商业宏图的企业家需要应付一系列高度波动的汇率,这可能会让他感觉走进了萨尔瓦多·达利(Salvador Dali)的画作中。任何理智的人士看到这种混乱的局面都会得出结论:让货币和黄金再次锚定,让货币摆脱权术的玩弄,釜底抽薪,去掉政府操纵货币政策的必要性,解决货币领域"不可能三角"的问题,让人们重获资本流动的自由和贸易的自由。这样做是最好的,将立即带来经济的稳定,释放大量的资本和资源,它们会被用于生产有价值的商品和服务,而不是在复杂的汇率波动中投机。

然而不幸的是，掌管现有货币体系的人手握既得利益，孜孜不倦地诋毁和中伤金本位制。这没什么奇怪，因为如果政府的印钞机失效，这些人的工作也就不存在了。

浮动汇率和凯恩斯主义意识形态的结合，给我们带来了现代社会独有的现象——货币战争。凯恩斯主义的分析认为，增加出口会导致GDP增长，而GDP是经济学的"圣杯"，因此，在凯恩斯主义者的心目中，只要可以促进出口，任何政策都是好的。货币贬值使出口产品更便宜、更具竞争力，于是任何经济放缓的国家都会试图通过货币贬值，增加出口，提高GDP和就业。

这种观点也有许多不妥之处。货币贬值对提高该国这些行业的实际竞争力毫无帮助。相反，货币贬值只是出口商品的一次性打折促销，外国人可以享用比本国人更便宜的价格，这不过是加重本国人的负担，并向外国人提供补贴而已。对外国人来说，货币贬值也降低了该国资产的价格，外国人可以用折扣价购买该国的土地、资本和资源。在自由主义经济秩序中，外国人购买本国资产只是一个正常的经济现象，但在凯恩斯主义的经济秩序中，外国人购买本国资产大受鼓励，获得补贴，可以执行折扣价。此外，经济史表明，第二次世界大战之后最成功的经济体，如德国、日本和瑞士，出口大增长的同时伴随着货币持续升值。它们不需要通过持续贬值来促进出口增长，它们找到并发展了自身的竞争优势，使产品在全球范围内广受欢迎，这进而导致自身货币相对于贸易伙伴升值，增加了自己人民的财富。那些进口商品的国家，如果认为可以通过货币贬值来促进出口，恰恰把事情弄反了。简单地给外国人提供折扣价，只会减少本国人民的财富。第二次世界大战后那些本币夸张贬值的国家，同时也是经济停滞和衰退的国家，这并非巧合。

对于贬值制造繁荣的不可行性，即使上述所有论述都不准确，还有一个简单的理由可以说明为什么贬值不起作用，那就是，如果它能奏效，所有国家都会做这样尝试，所有货币都会贬值，没有一个国家会比别的国家更有优势。这让我们看到了熟悉的全球经济的现状：大多数国家的政府都试图通过货币贬值来刺激出口，同时又都在抱怨对方对货币的"不公平"操纵。实际上，每个国家都在加重本国公民的负担，以提振出口并提高GDP，同时抱怨采取同样措施的其他国家。与经济上的无知相匹配的，只有政客和御用经济学家鹦鹉学舌时所表现出的虚假和伪善。各国领导人召开国际经济峰会，试图协商出彼此可接受的货币贬值幅度，进一步使货币价值成为具有地缘政治重要性的问题。

如果世界建立在健全的全球货币体系之上，这一切嘈杂纷乱都没有必要发生。健全的全球货币体系提供统一的全球记账单位和价值衡量标准，让全球的生产商和消费者都能准确评估成本和收入，将盈利水平与政府政策分离。这样的硬通货下，货币供给不再是政府及其宣传家染指的对象，每个人都将为社会贡献自己的生产力，而不是试图钻愚蠢的货币操纵政策的空子来发家致富。

第七章

健全货币和个体自由

> "政府相信：……不受欢迎的税收和众望所归的支出有办法两全其美，那就是通货膨胀，这说明了脱离金本位的根本原因。"
>
> ——路德维希·冯·米塞斯[1]

在健全的货币体系下，政府的运作方式是被20世纪的传媒喂养大的几代人无法想象的：政府必须对财政负责。没有中央银行增加货币供给，帮助政府偿还债务，政府就必须像任何健康的实体一样，预算制定要遵守正常的财务规则。这些规则正是货币国家主义者试图颠覆和国家教育试图混淆的对象。

今天的人都是在20世纪全能政府的宣传中长大，通常很难想象用个体的自由和责任代替政府包办的世界。然而，在人类取得最大进步和最

---

[1] Bettina Bien Greaves, *Ludwig von Mises on Money and Inflation: A Synthesis of Several Lectures*, p. 32.

多自由的时期，世界是这样的：政府的权责仅限于保卫国家边界、私有财产和个体自由，每个人享有很大的自由度，做出自己的选择，独自享受收益或者承担代价。在考虑这样的社会结构会带来什么结果之前，我们先审视一下政府是否应该管理货币供给的问题。

政府应该管理货币供给吗

所有主流经济学派和政党都认为，政府管理货币供给是毋庸置疑的初始假设。然而，这个观点没有任何现实证据的支持，而且每一次管理货币供给的尝试都以经济灾难告终。货币供给管理是将问题伪装成答案，是用情绪化的希望取代理智，是政治上向选民兜售免费午餐的根源。

对于凯恩斯主义者以及其他货币国定说的支持者来说，货币就是国家指定成为货币的东西，如何使用货币是国家的特权，于是印刷货币并支出以实现国家目标也是题中之义。于是，经济研究的目的变成：如何"最好地"扩大货币供给，以及要达到什么目标。但是，在民族国家兴起千年以前，黄金就被用作货币了，这一事实足以驳斥上面的货币理论。央行仍在持有并积累更多黄金储备的事实证明，尽管黄金没有政府的加持，它的货币属性依旧坚挺。无论货币国定说的支持者对这些事实有何高论，过去 10 年比特币的持续发展和成功，都让我们亲眼看到了他们理论的失败。尽管没有任何权威当局的认定，比特币单纯由于自身可靠的适销性，就已经获得了货币地位，价值也超过了绝大多数政府背书的货币。⊖

⊖ John Matonis, " Bitcoin Obliterates ' The State Theory of Money, ' " *Forbes* (April 2, 2013). Available at http://www.forbes.com/sites/jonmatonis/2013/04/03/bitcoin-obliterates-the-state-theory-ofmoney/#6b93e45f4b6d.

现在政府认可的主流经济思想有两个流派：凯恩斯学派和货币学派。这两个学派的方法论和分析框架大相径庭，在激烈的学术斗争中互相指责对方不关心穷人、儿童、环境、不平等或其他流行词汇。但他们都认为两件事毋庸置疑：首先，政府必须扩大货币供给；其次，本派应该获得更多的政府拨款，以便继续研究真正重要的大问题，为第一条真理找到更有创意的实施方法。

应该理解这两种思想流派不同的理论基础，这样才能知道他们如何得出了相同的错误结论。凯恩斯是一位不怎么成功的投资者和统计学家，尽管他最著名的专著《就业、利息和货币通论》中的内容被提升为奠定宏观经济学的基础真理。他理论的起始假设是，决定经济状况的最重要指标是整个社会的总支出水平。当社会共同支出很多时，支出会刺激生产者生产更多的产品，因此会雇用更多的工人，达到充分就业。如果支出上升太快，超出了生产者增产的能力，就会导致通货膨胀和整体物价水平上升；与此相反，当社会支出太少时，生产者就会减少生产，解雇工人，从而使失业率增加，最终导致经济衰退。

凯恩斯认为，经济衰退是总支出水平突然下降造成的。凯恩斯不怎么擅长因果关系和逻辑，所以他从不打算解释一下为什么支出水平会突然下降，只是创造了另一个著名的笨拙的说法。他把支出水平的下降归咎于"动物精神"的衰退。直到今天，没有人确切地知道动物精神是指什么，或者也没人知道为什么动物精神会突然衰退。当然，这只说明国家资助的经济学家几十年来连解释什么是动物精神，或者为其寻找现实数据佐证的工作都没做。研究动物精神对学术生涯大有裨益，但是对任何真正试图理解商业周期的人来说毫无意义。坦率地说，通俗的心理学无法替代资本理论。㊀

㊀ 资本理论没有替代品，唯一的资本理论是庞巴维克、米塞斯、哈耶克、罗斯巴德、德索托、萨勒诺等人阐述的奥地利学派资本理论。

通过"动物精神"这个说辞,凯恩斯不必寻找经济衰退的真正原因,于是摆脱了枷锁,开心地推销他的解决方案。一旦出现经济衰退或失业率上升,病因就是总支出水平下降,药方就是政府刺激支出,从而增加产出,减少失业。刺激总支出有三种方式:增加货币供给、增加政府支出、减少税收。凯恩斯主义者普遍不赞成减税。减税被认为是效率最低的方法,因为人们不会将所有节省下来的税收用于消费,一部分钱会被储蓄下来。凯恩斯主义者认为,储蓄会减少支出,对寻求经济复苏来说,减少支出简直不能忍受。政府的使命是通过扩大开支和印刷钞票,将高时间偏好强加给社会。鉴于在经济衰退期间难以增加税收,政府收入无从增加,增加政府开支很快就演变成了增加货币供给。凯恩斯主义的观点是:每当经济不能实现充分就业,增加货币供给总能解决问题。无须担心通货膨胀,因为凯恩斯"指出"(毫无意义的假设)只有支出水平过高时,才会发生通货膨胀,现在失业率高启,说明支出水平太低了,怎么可能通货膨胀呢?长远来看,凯恩斯主义政策可能会有一些不良后果,但是完全无须担心未来的事情,正如凯恩斯对高时间偏好所做的最著名的辩护:"长期来看,那个时候我们都死了。"⊖

当然,凯恩斯主义的经济学观点也有站不住脚的时候。如果凯恩斯的模型是正确的,那么必然会得出:高通货膨胀和高失业率不会同时出现。但事实上这种状况多次出现,最著名的例子是20世纪70年代的美国,当时,尽管凯恩斯主义的经济学家保证药到病除,尽管从尼克松总

⊖ J. M. Keynes, *A Tract on Monetary Reform* (1923), Ch. 3, p. 80. 指出,现代的凯恩斯主义者拒绝认为这句话表明凯恩斯不惜以未来为代价只关注眼下。相反,西蒙·泰勒等凯恩斯主义者认为,这句话表明凯恩斯将眼下的失业问题放在首位,而不是优先考虑遥远的通胀威胁。不幸的是,这种辩护只会暴露凯恩斯的现代追随者和他一样短视,完全忽略了最基本的现实,正是通胀政策导致了一开始的失业问题。参见"到那个时候我们都死了的真正含义",网址:http://www.simontaylorsblog.com/2013/05/05/the-true-meaning-of-in-the-long-runwe-are-all-dead/。

统到"自由经济学家"弗里德曼,全美国都支持这种做法,并且,在试图通过提高通货膨胀降低失业率时,政府简直把"现在我们都是凯恩斯主义者"的标签堂而皇之地贴在了自己身上,但结果是,通胀在咆哮,失业率依旧在上升,这完全颠覆了失业率和通货膨胀此消彼长的观点。

在我们这个时代,政府认可的另一个主要经济思想流派是货币学派,它的思想诞生于米尔顿·弗里德曼。对于自由市场,他们树立弱小、温和的稻草人论点,营造虚假的理智辩论氛围,然后持续、全面地反驳,单方面宣布胜利,扰乱那些对自由市场好奇的人认真思考。与凯恩斯主义者相比,货币主义经济学家的占比非常小,但是他们获得了更多的言论空间,看起来仿佛和凯恩斯主义一样人多势众。在凯恩斯主义模型的基本假设上,货币主义者基本上认可凯恩斯学派的观点,但是他们在凯恩斯模型的结论中发现了一些精细复杂的数学问题,这些问题总是让他们觉得政府在宏观经济中扮演的角色还不够,于是他们斥责凯恩斯主义者无情、不关心穷人。

货币主义者普遍反对凯恩斯主义者通过增加支出来减少失业的做法。他们认为,长远来看,增加支出会引发通胀,减少失业的作用会大打折扣。货币主义者更倾向于通过减少税收刺激经济,他们认为自由市场能够比政府支出更好地分配资源。虽然关于减少税收与增加支出的争论热火朝天,但实际上,这两项政策都会导致政府赤字增加,而政府赤字只能通过将债务货币化来化解,结果都是货币供给增加。不过,货币学派的核心思想是,政府需要严防货币供给快速收缩和(或)物价水平下降,他们认为这是所有经济问题的根源。物价水平下降,或者采用货币主义者和凯恩斯主义者更喜欢的说法"通货紧缩",将导致人们囤积资金,减少开支,导致失业率上升,造成经济衰退。货币主义者最担忧的是,通货紧缩通常伴随着银行业资产负债表的崩溃。由于和凯恩斯主义者一样厌恶因果关系，所以货币主义者的药方就是，央行必须尽竭尽所能确保不会发生通货紧缩。对于为什么货币主义者如此害怕通货紧缩的权威解释，请参阅美联储前主席本·伯南克（Ben Bernanke）2002年发表的题为《通货紧缩：确保"它"不会发生在这里》的演讲。㊀

这两个学派的贡献之和是全世界大学本科宏观经济学课程中教授的共识：央行应该以可控的速度扩大货币供应量，鼓励人们消费，从而让失业率保持在低位。如果央行收缩货币供给，或者未能"适当"地扩大货币供给，那么就会陷入通缩螺旋，降低人们的消费欲望，从而影响就业并导致经济下滑。㊁这就是我们面对的讨论环境，大多数主流经济学家和教科书甚至不曾考虑过是否应该增加货币供给的问题，它们假定货币供给增加是一条公理，直接讨论央行如何管理货币供给的增加，如何决定利率。今天普遍流行的凯恩斯信条是，积极消费和支出，满足眼前的需求。通过持续不断地扩大货币供给，央行的货币政策降低了储蓄和投资的吸引力，鼓励人们积极消费，同时减少储蓄和投资。这种导向的真正影响是全世界普遍地炫耀消费文化，人们在生活中购买越来越多的并非真正需要的物品，假如停止消费的话，只能看到自己的储蓄不停贬值，那么及时行乐就是正确的选择。财务决策也反映在其他地方，人们生活中各个方面时间偏好都在提高：货币贬值导致储蓄减少、借贷增加，在经济生产、艺术文化活动中出现更多的短期主义行为，也许最具破坏性的是，土壤中的营养物质降低，导致食物的营养水平不断下降。

与这两派截然不同，古典经济学是全世界数百年学术研究的结晶，汇集了苏格兰、法国、西班牙、阿拉伯和古希腊古典经济学家对经济的

㊀ "Remarks by Governor Ben S. Bernanke Before the National Economists Club," Washington, D.C., November 21, 2002, *Deflation: Making Sure "It" Doesn't Happen Here.*

㊁ See Campbell McConnell, Stanley Brue, and Sean Flynn, *Economics* (New York: Mc-Graw-Hill, 2009), p. 535.

理解。今天，为纪念第一次世界大战前黄金时代的奥地利伟大的经济学家们，通常将之称为奥地利学派。不像凯恩斯主义和货币主义执着于严格的数值分析和数学诡辩，奥地利学派注重用因果关系建立对现象的理解，并从可论证的真实公理出发，用逻辑推导结论。

奥地利学派的货币理论认为，货币是从市场中产生的，货币是市场最广、销路最好的商品，持有者可以轻松地以有利的条件将其售出。[1]能保值的资产优于会贬值的资产，如果储蓄者想要选择交易中介，他自然倾向于选择能保值的资产充当货币。网络效应意味着最终只有一种或几种资产可以成为获得广泛认可的交易中介。米塞斯认为，没有政府控制是构成货币健全性的必要条件，因为如果政府控制货币的话，只要人们用这种货币储蓄财富，政府就会时刻面对将货币贬值的诱惑。

在第八章将谈到，比特币的总供给量有一个硬性的上限，中本聪显然更多地受到了奥地利学派的影响，而不是被宏观经济学教科书的论述所左右。奥地利学派认为货币数量本身是无关紧要的，因为货币单位是无限可分的，任何数量的货币供给都足以支撑任何体量的经济，真正重要的是货币对实物商品和服务的购买力，而不是货币数量。正如米塞斯所说：[2]

> 货币提供的服务取决于其购买力的大小。人们想要的不是持有一定数量或重量的钱，而是持有一定的购买力。市场决定了货币的最终购买力，货币的供需会在一定的程度上平衡，永远不会过剩或短缺。个体和社会总体总是能充分享受到间接交换和货币带来的好处，无论货币总量是大还是小……货币提供的服务不会因为货币供给的改变而变好或变坏……整个经济体

---

[1] Carl Menger, *On the Origins of Money* (1892).
[2] Ludwig von Mises, *Human Action* (1949). p. 421.

系中可用的货币数量总是充足的，足够保证每个人都享受货币的便利和功能。

罗斯巴德同意米塞斯的说法：○

> 倘若货币供应量不变，世界将类似于18和19世纪的大部分时期，那时候的特点是，工业革命成功爆发，资本投资增加，商品供给增加，同时物价水平和生产成本下降。

奥地利学派认为，如果货币供应量是固定的，那么经济增长将导致商品和服务的价格下降，延迟消费的话，人们可以购买到更多的商品和服务。这样的世界确实就像凯恩斯主义者担心的那样，会抑制即期消费，但它也会鼓励人们储蓄和投资，未来会发生更多的消费。作为一个沉迷于高时间偏好的思想流派，凯恩斯自然无法理解，尽管现在储蓄的增加会带来当下消费的减少，但过去增加的储蓄也会带来当下消费的增加，而前者的效力小于后者。低时间偏好的社会投资更多，会为其成员创造更多的收入，长期来看，不断延迟消费的社会最终会比低储蓄社会消费得更多。即使大部分收入用于储蓄而不是消费，长期来看，低时间偏好的社会最终也会有更高的消费水平和更大的资本存量。

如果社会是"棉花糖实验"中的小女孩，凯恩斯主义经济学寻求的是改变实验设定，让克制的小女孩得到半个而不是两个棉花糖，克制换来的不是奖励而是惩罚，让自制力和低时间偏好适得其反。沉溺于眼前的快乐成了经济上更可取的行为，这种变化会随后反映在整个文化和社会上。与此相反，奥地利学派通过宣传健全货币，让人们正确认识大自

○ Rothbard, Murray. "The Austrian Theory of Money." *The Foundations of Modern Austrian Economics* (1976): 160 C184.

然赋予人类的权衡：如果等待，小女孩将得到更多的奖励，使她得到更持久的快乐，鼓励她今后通过延迟满足获得更多的收获。

货币升值时，人们对消费更加挑剔，会将更多的收入储蓄下来。炫耀性消费、将购物看作疗伤手段的文化，不停地需要用更新、更华丽的廉价塑料垃圾来代替旧的塑料垃圾，这种文化在货币升值的社会中无法立足。货币升值的社会会降低人们的时间偏好，让他们在钱的使用上更加注重未来，教会他们更加珍惜未来。因此，我们可以看到，这样一个社会不仅会引导人们进行更多的储蓄和投资，在道德、艺术和文化上也会让人们更加注重长远。

货币升值会鼓励储蓄，因为储蓄会增加购买力，因此，它会鼓励延迟消费，带来更低的时间偏好。与此相反，货币贬值让人们为了战胜通货膨胀而机关用尽，种种努力不可能稳妥无虞，高风险项目的投资增加，投资者对风险越来越不敏感，最后带来的是更大的损失。货币价值稳定的社会通常会产生低时间偏好，让人们学会储蓄并思考未来，而高通胀和货币贬值会提高人们的时间偏好，让人们忽视储蓄的重要性，而专注于及时享乐。

此外，货币升值的经济体只会投资实际回报率高于货币升值率的项目，这意味着只有预期会增加社会资本存量的项目才能获得资金支持。相比之下，货币贬值的经济体会鼓励人们投资那些没有真正回报，所谓回报只是相对于货币贬值而言的项目。那些只是战胜通胀但没有提供实际回报的项目实际上消耗了社会的资本存量，但对投资者来说仍然是理性的选择，因为他们资本减少的速度比货币贬值的速度慢。这些投资是路德维希·冯·米塞斯所说的"不当投资"——只有在通货膨胀和人为压低利率期间才显得有利可图的项目和投资。一旦通货膨胀率下降和利率上升，项目无利可图的本质就会暴露出来，带来繁荣－萧条周期中的萧条的那一部分。正如米塞斯所说的那样："繁荣中，不当投资浪费了稀缺的生产要素，过度消费减少了可用的资本存量。所谓的幸福，是用贫困支付的。"㊀

这一阐述有助于解释为什么当凯恩斯主义的主流经济学家支持政府发行可以按需扩大供给的弹性货币时，奥地利学派的经济学家更倾向于将黄金用作货币。对凯恩斯主义者来说，全世界央行都使用法定货币这一事实证明了他们观点的优越性。对奥地利学派来说，恰恰相反，政府只能采取强制措施禁止使用黄金并强制用法定货币的事实，恰好证明了法定货币劣于黄金，无法在自由市场取得成功。这也是所有繁荣－萧条商业周期形成的根本原因。除了援引"动物精神"，凯恩斯主义的经济学家没有解释经济衰退的原因，而奥地利学派的经济学家已经发展出唯一能够连贯解释商业周期成因的理论——奥地利学派商业周期理论。㊁

不健全的货币和持续的战争

正如第四章讨论货币的历史的时候所说的，央行控制货币的时代与人类历史上的第一次世界大战同时到来，这并非巧合。有三个基本原因构建了不健全货币与战争之间的关联。首先，不健全货币本身就是各国之间贸易的障碍，它在各国之间扭曲货币价值，使贸易流动成为政治问题。其次，政府掌握了印钞机，就可以挣扎到完全摧毁了货币的价值，才不得不停止战争，而不是像以前一样，耗尽了自身持有的资金就只能结束冲突。在健全货币的环境中，政府有多大战争潜力取决于它能收到多

㊀ Ludwig von Mises, *Human Action* (1949), p. 575.
㊁ See Murray N. Rothbard, *Economic Depressions: Their Cause and Cure* (Ludwig von Mises Institute, 2009).

少税款；在不健全货币的环境中，只要货币价值还没被完全摧毁，政府战争潜力的上限就是印钞机运转的速度，因此政府能够更轻易地挪用社会财富。最后，像第五章讨论的那样，使用健全货币时，人们的时间偏好会降低，会更倾向于合作而不是冲突。

个体可以交易的市场范围越大，他们的生产就越专业化，从贸易中获得的收益也就越高。同样的工作量，在 10 人的原始经济中工作获得的生活水准比在 1000 或 1 000 000 人的大市场中低得多。生活在自由贸易社会中的现代人，从事高度专业化的工作，能够每天只工作几个小时，而且赚到的钱足够从地球任何一个生产者那里购买想要的物美价廉的产品。只需要想象一下完全自给自足的生活，就能深刻理解自由贸易的好处。如果自给自足，对我们任何人来说，基本生存都会成为艰巨的任务，我们要将时间花费在为自己生产基本生存所需上面，低效而浪费。

货币是贸易的媒介，也是贸易扩展到关系密切的小团体之外的唯一工具。为了使价格机制发挥作用，相互贸易的群体之间需要以健全货币的形式进行计价。使用共同货币的区域越大，该区域内的贸易就越容易、越充分。通过在彼此繁荣中共享收益，人们得以在互相贸易中和平共处。当群体之间使用不同类型的不健全货币时，贸易就变得复杂起来，价格随着货币价值的变化而变化，贸易条件变得不可预测，跨境贸易的计划也常常事与愿违。

低时间偏好的个体更关注未来，与更关注当下的个体相比，他们会更少地卷入冲突。冲突的本质是破坏性的，在多数情况下，明智的、未来导向的人明白暴力冲突没有赢家，因为即便是赢家，也可能比一开始就不参与冲突损失得更多。文明社会的前提是人们尊重彼此的意愿，如果有冲突，他们会尝试和平解决。如果找不到友好的解决方案，便是道不同不相为谋，互相回避，而不是继续敌对和冲突，这有助于解释为什么繁荣的文明社会通常不会见到太多的犯罪、暴力或冲突。

在国家层面，健全的货币真正限制了政府资助军事行动的能力，使用健全货币的国家更有可能和平共处，或者彼此之间只发生有限的冲突。在19世纪的欧洲，想要互相斗争的君主若想为军队提供资金，就必须向人民征税。从长远来看，这种模式对那些建立防御性而不是进攻性军事力量的君主是有利的。相比进攻性的军事行动，总是防御性的军事行动占据优势，因为防御者在自己的土地上作战，靠近人民，靠近补给线。专注于防御的君主会发现，他的人民愿意纳税，保家卫国，赶走侵略者。热衷于持续的国外征伐以自肥的君主，可能会面对人民的怨恨，并遭受客场作战的巨大损失。

这有助于解释为什么20世纪是有史以来战争最惨烈的世纪。联合国《2005年人类发展报告》⊖分析了过去5个世纪冲突造成的死亡人数，并发现20世纪战争中的死亡人数最多。在金本位时期，即使主要的欧洲国家互相开战，战争也通常是短暂的，并且是在职业军队的战场上进行的。1870~1871年的普法战争战争是19世纪欧洲一次重要的战争，这场战争持续了9个月，造成约15万人死亡——大约是20世纪被政府发行的软通货持续供血的第二次世界大战中平均每周的死亡数字。在金本位制下，政府只能通过税收为战争筹集资金，那时候的欧洲政府只能在战前积攒所需的资金，尽可能高效地武装自己的军队，并为了获胜殚精竭虑。一旦胜利的天平开始向一方倾斜，另一方如果试图增加税收重整军队以扳回局势，会面临后勤和经济上的更大失败，最好的办法是以最小的代价媾和。19世纪最致命的战争是拿破仑战争，它发生在欧洲正式采用金本位之前，法国大革命愚蠢的通货膨胀实验之后（见表7-1⊖）。

⊖ *Human Development Report 2005* (New York: United Nations Development Programme, 2005).

⊖ 资料来源：United Nations Development Programme's Human Development Report (2005).

表 7-1　过去 5 个世纪冲突死亡人数

时期	与冲突相关的死亡人数（百万）	世纪中期世界人口的数量（百万）	与冲突相关的死亡人数占世界人口的比例（%）
冲突造成的死亡人数越来越多			
16 世纪	1.6	493.3	0.32
17 世纪	6.1	579.1	1.05
18 世纪	7.0	757.4	0.92
19 世纪	19.4	1 172.9	1.65
20 世纪	109.7	2 519.5	4.35

目前，所有发达经济体中都有大量军工企业专门将战争做成生意，靠持续的战争生存壮大。它们完全依赖政府订单，所有发展都是因为持续的战争带来不停增长的军事开支。比如美国，国防开支几乎等于地球上其他国家国防开支的总和，大量订单被这些军工企业拿走。让美国政府介入某种形式的军事冒险或其他活动，符合这些军工企业的既得利益。这比任何战略，无论是文化战略还是意识形态战略，又或者是安全行动，更能解释为什么美国介入了世界许多地区，对普通美国人的生活不可能产生任何影响的冲突。只有使用不健全的货币，这些军工企业才能发展到如此巨大的规模，以至于可以影响媒体、学术界和智库，让他们不停地为更多的战争擂鼓助威。

有限政府与全能政府

雅克·巴尔赞（Jacques Barzun）在横贯 5 个世纪西方文明的巨著《从黎明到衰落》中，将第一次世界大战的结束视为西方衰弱、衰败和灭亡的关键转折点。正是在这场战争之后，西方遭遇了巴尔赞所说的"大转折"，"自由主义"的称号被自由左派盗取，冒充者打着自由主义的旗号，宣扬与自由主义精神南辕北辙的主张。①②

> 自由主义原则是，最好的政府是管理最少的政府；现在所有西方国家在政治上都将自由主义重新解释为自由左派的主张，这种变化把该词的意思都搞乱了。

自由主义主张的政府的作用是让每个人生活在自由之中，享受自己的选择所带来的回报，也承担自己的选择所带来的后果，而自由左派则宣扬激进的概念，主张政府的作用是让人们放纵欲望并且保护他们免于承担后果。在社会、经济和政治上，政府被重塑为满足人们愿望的精灵，人们需要做的只是投票选出想要实现的愿望。

从 1914 年第一次世界大战起，世界上的主要大国纷纷在经济和思想领域转向民族主义，法国历史学家埃利·阿莱维（Élie Halévy）定义的"专制时代"自此开始。他们转而采用工会主义和社团主义的社会组织模式，将生产资料收归国有，在压制被视为与国家利益相悖的思想同时，在埃利·阿莱维所称的"热情的组织"里积极散布民族主义。③

古典自由主义概念的政府只有在使用健全货币的世界里才可能实现，因为健全货币自然会形成对政府的威权主义和越权行为的约束。只要政府只能通过向人民征税来获取资金，它就必须将自身运作限制在人民认可的范围内。政府必须保持预算平衡，始终把支出控制在税收收入的范围内。在健全货币的社会里，政府依靠人民的同意支持其运作。每一项新的施政提议都必须通过预付税款或出售长期政府债券的方式获取必要

---

① Jacques Barzun, *From Dawn to Decadence*.
② Liberalism，即字面上的"自由主义"，原指信奉经济自由和个人自由。后来至少在美国，自由左派（信奉个人自由，不信奉经济自由）夺走了这个称号。自由主义者开始称自己 Libertarianism。——译者注
③ Élie Halévy and May Wallas."The Age of Tyrannies," *Economica*, New Series, vol. 8, no. 29 (February 1941): 77-93.

的资金支持，人们可以准确地衡量这些行政举措的真实成本，比较与未来收益相比此刻的支出是否划算。对于合理的国防和基础设施建设，人们可以很清楚地看见这些工程的好处，政府寻求征税或者发售债券时不会遇到什么困难。但是，如果政府通过增税来为君主奢侈的生活买单，就会在民众中引发大规模的不满，危及君主统治的合法性，使其统治变得不稳定。政府的赋税征收和徭役征派越繁重，人们就越有可能抗拒，征税成本也会大幅上升，甚至人们会奋起反抗，用选票或子弹推翻这个政府。

因此，健全货币是给政府带上的诚实和透明的紧箍咒，将政府的统治限制在人民希望和可容忍的范围之内。健全货币让全社会诚实地计算成本和收益，计算任何组织、个人取得成功所必须负有的经济责任：消费必须以生产为基础，量入为出。

与此相反，不健全的货币允许政府以空手套白狼的方式取得大众乐见的"成果"，通过贿赂选民换取效忠和支持率。政府只需要增加货币供给，就可以为任何轻率的计划提供资金支持，而这么做的真正代价，只有在几年以后，货币供给的膨胀导致物价上涨时，人们才会有所察觉。这时候，货币的贬值又常常被轻易地归咎于其他原因。这些原因常常是外国敌对势力、神秘银行家、某些少数族群、前任或下一任政府的阴谋。在不断面临选战压力的现代民主政府手中，不健全资金是一种特别危险的工具。现代选民不太可能支持那些对施政计划的成本和收益开诚布公的候选人，他们更可能倾向那些承诺免费午餐，并将代价归咎于前任或者阴谋论的候选人。因此，民主变成了一种巨大的错觉，人们试图通过给自己的免费午餐投票，来凌驾于经济规则之上。当免费午餐要付的代价终于以通货膨胀和经济衰退的方式降临时，他们被操纵的愤怒就对着替罪羊喷泻而出。

不健全的货币是大多数选民和在大学阶段学习现代宏观经济学的人

所相信的现代虚妄的核心：政府行为没有机会成本，政府可以用万能的魔杖创造它想要的现实。很多政府行为，无论是强制的道德要求、医疗改革、教育改革、基础设施建设、变革他国的政治和经济体制，还是对某些情感上很重要的商品的供求规律置之不理，这些行为都没有成本，只要有"政治上的需要""强有力的领导"杜绝腐败就可以实现。不健全的货币已经从那些考虑公共事务的头脑中消除了权衡和机会成本的概念。指出这个显而易见的事实会让普通人震惊：所有你为之投票的美好事物都不可能被你喜欢的政客或者他的对手无中生有地凭空召唤出来。它们需要由真正的人来提供——这些人需要每天早早醒来，花上数天甚至数年的时间努力生产你想要的东西，在这段时间，他们不可以生产其他的可能自己更喜欢的东西。虽然从来没有政治家因为承认这一现实而赢得选举，但投票箱不能改变最根本的人类时间的稀缺性。任何时候，政府决定提供某种东西，都不会额外增加经济产出，它只是意味着对经济产出进行更多的中央规划，并带来可预见的后果。㊀

不健全货币对暴君、专制政权和非法政府来说是一种恩惠，因为不健全货币允许他们躲过健全货币的束缚，增加货币供给。先让暴君、专制和非法政府获得资金支持，然后让国民目睹财富和购买力的蒸发，替他们承担后果。历史上充斥着这样的例子，那些拥有凭空创造货币特权的政府，几乎总是滥用这一特权，坑害本国人民。

当我们回顾历史上最可怕的暴君时，我们会发现他们每个人都操纵着一个政府发行货币的体系，这个体系不断制造通货膨胀，为其供血，这并非巧合。他们都是在政府发行不健全货币的时期上台的，他们可以随意印制钞票，为自己的极权主义妄自尊大提供资金支持。这些社会在施

㊀ Murray Rothbard, "The End of Socialism and the Calculation Debate Revisited," *The Review of Austrian Economics*, vol. 5, no. 2 (1991).

行健全货币制度的时候，从未曾发生如此大规模的罪行，那时候政府在支出之前需要先通过征税筹集所需资金。健全货币是很久之前，伴随着有关儿童、教育、工人解放和民族自豪感的美好故事开始被削弱的。然而，当健全货币被摧毁后，这些人就很容易通过增加不健全货币的供给来夺取权力，并控制所有的社会资源。

不健全的货币给政府权力带来无限的潜力，让政府可以对每个人施加巨大的影响力，让政治成为人们生活的中心舞台，并将社会的大部分精力和资源重新导向由谁来统治国家和如何统治的零和博弈。与此相反，在健全的货币制度下，政府的组织形式没有那么大的影响力。民主制、共和制或君主制都会受到健全货币的约束，大多数人的个人生活因此可以享受到很大程度的自由。

无论苏联还是资本主义经济体，都认为应由政府"运行"或"管理"经济，以实现经济目标，这是积极的也是必要的。我们有必要回到凯恩斯的观点，理解人类在过去几十年不得不与之对抗的、他提出的"经济体系的动机"。凯恩斯在一篇不太为人熟知的论文《自由放任的终结》(*The End of Laissez-Faire*) 中，提出了他对政府在社会中应扮演何种角色的构想。凯恩斯表达了他对自由主义和个人主义的反对，这不令人意外，但他还提出了反对社会主义的理由，他说：

> 19世纪国家社会主义的起源是边沁的哲学、自由竞争的思想等，它与19世纪个人主义的基础相同，只是一个在某些方面更清晰、某些方面更混乱的版本。两者同样强调自由，一种是消极地避免对现有自由的限制，另一种是积极地摧毁自然或后天的垄断，它们其实是同一学术思想的不同表现。

可见，凯恩斯对社会主义的反对在于，他认为社会主义的最终目标是增加个人自由。对凯恩斯来说，最终目标不应该是个人自由之类的琐碎问题，而应该是让政府按照自己的意愿控制经济的各个方面。他概述了三个他认为政府角色至关重要的领域：首先，"中央机构对货币和信贷的审慎控制"，这一信念为现代中央银行奠定了基础。其次，与此相关地，凯恩斯认为，应该由政府来决定"整个社会储蓄的规模、这些储蓄以跨国投资的形式流向国外的规模，以及判断目前市场上的投资机构是否向全国生产最高效的部门分配资本"。他认为，不应该像目前这样，这些问题完全由私人判断和利益决定。最后，凯恩斯认为这也是政府的职责："经过深思熟虑的关于人口规模的国家政策是最有利的，无论合理的人口规模比目前大或者小，还是与目前相同。确定了合理的人口规模，我们必须采取措施让它实现。在不远的将来，作为一个整体，社会必须注意其先天素质以及其未来成员的数量。"[1]

换句话说，凯恩斯主义的国家概念从中生发出中央银行家广泛信奉的，改写了世界绝大多数经济学教科书的现代中央银行理论——来自他想要在两个重要的生活领域贯彻政府的指导：第一，是对货币、信贷、储蓄和投资决策的控制，这意味着资本配置的极权主义集中和个体企业的灭亡，使人们的基本生存完全依赖政府；第二，控制人口数量和质量，这意味着优生学。与社会主义者不同的是，凯恩斯寻求对个人的这种程度的控制，并不是为了在更长远的未来增加他们的自由，而是为了发展出更宏大的他看起来合理的社会。社会主义者至少宣称是为了人类自身的长远利益，未来带来人类彻底的解放，而凯恩斯则希望政府为了自身利益而实行限制，这就是最终目的。

尽管凯恩斯的观念可能会吸引那些以为它只会带来正面结果的象牙塔里的理想主义者，但实际上，它将导致经济生产所需的市场机制遭到

---

[1] J. M. Keynes, "The End of Laissez-Faire," in *Essays in Persuasion*, pp. 272-295.

破坏。在这样的体系中，货币不再是生产的信息系统，而是政府的效忠程序。

侵吞

第三章解释了，任何一种商品一旦获得货币地位，就会刺激人们努力生产更多的这种商品。如果货币易于生产，就会有更多的经济资源和人类劳动时间专注于此。由于人们并不是因为货币本身持有货币，而是为了交换其他商品和服务持有货币，对货币来说，重要的是购买力，而不是绝对数量。因此，任何增加货币供给的活动都没有社会效益。这就是为什么在自由市场中，无论是哪种商品获得了货币角色，都有较高且稳定的存量-增量比：相对于现有库存来说，货币的增量是很小的。这可以确保尽可能少的社会劳动和资本资源被用于生产货币媒介，绝大多数被用于生产有用的商品和服务。与货币不同，这些商品和服务的绝对数量是很重要的。黄金之所以成为全球主要的货币本位，就是因为它的新增产量始终只占其现有存量的很小部分，这使黄金开采成为稳定性和利润都很低的生意，进而使世界上越来越多的资本和劳动流向非货币商品的生产。

对凯恩斯和弗里德曼来说，脱离金本位最主要的吸引之一就是，生产纸币的成本远远低于开采黄金，进而发行纸币将大大降低在开采黄金上支付的成本。他们不仅没有意识到，与其他产量容易膨胀的商品相比，用于生产黄金的资源实际上是非常少的，更严重的是，他们还大大低估了政府可以随意扩大供给的货币形式给社会带来的真实成本。当政府易受民主政治和特殊利益群体摆布的时候，这种成本尤其惊人。真正的成本不是开动印刷机的直接成本，因为很多经济资源不再从事生产，转而追逐政府新发行的货币，真正的成本是这些消失了的经济活动。

通胀性的信贷创造可以被理解为经济学家约翰·肯尼斯·加尔布雷思（John Kenneth Galbraith）在其关于大萧条的著作《1929年大崩盘》（*The Great Crash 1929*）中所称的波及整个社会的"侵吞"（the bezzle）。㊀ 随着20世纪20年代信贷的迅猛扩张，企业充斥着大量资金，人们很容易以各种方式侵吞这些资金。只要信贷继续流动，受害者就不会被注意到，受害者和抢劫者都认为钱在自己手上，整个社会越来越富有的错觉也日益增加。央行的信贷创造允许无利可图的项目获得融资，并允许它们继续在无利可图的活动上消耗资源，带来不可持续的繁荣。

在健全的货币系统中，任何企业想要生存，都要向社会提供价值，其产品带来的收入都要高于成本。企业之所以具有生产力，是因为它能将一定市场价格的投入转化为更高市场价格的产出。任何产出价值低于投入价值的公司都会倒闭，其资源会被释放出来，供其他生产率更高的公司使用，经济学家约瑟夫·熊彼特（Joseph Schumpeter）称之为"创造性破坏"。没有真正的亏损风险，自由市场就不可能有利润，每个人都被迫参与其中：失败总是存在的，而且代价高昂。然而，政府发行的不健全的货币，能够干扰这个过程，让没有生产力的公司保持不死不活的状态，它们就像经济僵尸或吸血鬼，利用活着的、有生产力的公司的资源，生产出比原材料价值更低的产品。不健全的货币创造了一个新的社会阶层，他们不需要遵守其他人遵守的规则，他们的工作不用接受市场的检验，他们对自己行为的后果免疫。这个新的阶层存在于每一个由政府资金支持的经济部门。

我们无法精确地估计，在现代经济中，有多少比例的经济活动是为

㊀ John Kenneth Galbraith, *The Great Crash 1929* (Boston, Ma: Houghton Mifin Harcourt, 1997), p. 133.

了追求政府印制的钞票，而不是为了生产对社会有用的商品和服务。但是我们可以观察，哪些公司和行业通过了自由市场的检验活了下来，哪些公司和行业是因为政府的慷慨解囊（无论是货币手段还是财政手段）才活下来的。

是否依赖财政支持是比较直接地检测僵尸企业的方法。任何接受政府直接支持的公司，以及绝大多数依靠向公共部门销售产品而存活下来的公司，实际上都是僵尸。如果这些公司真的对社会是生产性的，人们就会心甘情愿地掏钱购买它们的产品。如果它们不能依靠自愿买单来生存，就表明这些公司对社会来说，是负担而不是具备生产性的资产。

但是，更有害的不是通过政府直接拨款制造僵尸企业，而是通过授予低息信贷制造僵尸企业。法定货币逐渐侵蚀社会的储蓄能力，资本投资不再来自储户的储蓄，而是来自政府创造的债务，后者使现有货币持续贬值。在拥有健全货币的社会中，一个人储蓄得越多，他积累的资本就越多，可以用来投资的资本也越多，这意味着资本所有者往往是那些时间偏好较低的人。但当资本来自政府信贷创造时，资本的分配者不再是计议长远的人，而是各种官僚机构的成员。

在拥有健全货币的自由市场中，资本所有者会投资他们认为成效最大的领域，还会利用投资银行来管理资本分配过程。这个过程会奖励为客户提供优质服务的公司，奖励发现这些公司的投资人，同时也会惩罚犯错误的公司和个人。然而，在法定货币体系中，央行实际上负责整个信贷的分配过程。它控制和监督分配资本的银行，设定贷款资格标准。央行试图以数学的方式量化风险，却忽视了现实世界中风险是怎么一回事。⊖ 是否真的盈利以与央行放水的方向相比不再重要，自由市场的试炼

⊖ 假如有些道理尚未明白，你应该读一读纳西姆·尼古拉斯·塔勒布（Nassim Nicholas Taleb）的《随机漫步的傻瓜》《黑天鹅》《反脆弱》《非对称风险》。

被暂停了。

在法定货币的世界里，抢到央行的货币水龙头比服务好客户更重要。与无法获得低利率信贷的竞争对手相比，能获得的公司拥有持久的优势。市场成功越来越取决于能否以较低的利率获得资金，而不是能否向社会提供服务。

这个简单的现象解释了许多现代经济现实，比如为什么有那么多赚钱却对任何人都没有任何价值的行业。政府机构就是最好的例子，在近水楼台先得资金的滋养下，有些政府已经完全脱离了经济现实的限制。政府机构避开了市场的严格检验，它们自行检验，并总是得出这样的结论：给它们提供更多资金，就能挽救它们所有的失败。无论多么严重的疏忽或失败，政府机构及其员工都很少承担真正的后果。即使设立某个政府机构的理由已经不复存在，这个机构仍将继续运作，并为自己找到更多的职责。例如，有一国政府在火车退役和铁轨锈迹斑斑几十年后仍然拥有一个火车管理局。○

在全球化的世界中，这种资金侵吞已经并不限于一国之内，而是发展到了国际组织层面。国际组织距离纳税人更加遥远，对其支出和资源使用的审查甚至比政府组织还要少，因此，它们的负责性更低，对支出预算、工作内容和截止日期的态度也更宽松。

学术界也是一个很好的例子，学生支付越来越高的学费进入大学，而教授却只花很少的时间和精力给他们以教学和辅导。为了获得政府资助，为了在已经被工业化的学术阶梯上攀升，教授把大部分时间放在发表晦涩难懂的论文上。在自由市场中，学者必须通过教授或撰写人们会实际阅读并从中受益的东西，才能获得被承认的价值。但是，现在的学术论

○ 深入了解这个问题，可参阅詹姆斯·布坎南等人的《同意的计算：立宪民主的逻辑基础》。

文，除了该领域的少部分学者之外，一般很少有人可以读到。管理机构制定共同标准，互相批准项目基金，将由政治动机推动的结论伪装成严谨的学术成果。

第二次世界大战后最受欢迎、影响最大的经济学教科书是诺贝尔经济学奖得主保罗·萨缪尔森（Paul Samuelson）编写的。我们在第四章讲述了：萨缪尔森预测第二次世界大战的结束将导致世界历史上最严重的衰退，而发生的事实是，第二次世界大战结束后，随之而来的繁荣是美国历史上最大的繁荣之一。还有更离谱的，萨缪尔森撰写了战后最受欢迎的经济学教科书《经济学：入门分析》（*Economics: An Introduction Analysis*），60年来行销数百万册。㊀利维（Levy）和皮尔特（Peart）㊁研究了萨缪尔森教科书的不同版本，发现萨缪尔森反复强调苏联的经济模式更有利于经济增长，比如他在1961年的第4版中预测，苏联的经济将在1984～1997年的某个时候超过美国。虽然对赶超时间的估计不尽相同，但是萨缪尔森在之后的7版中（直到1980年出版的11版），对苏联经济赶超美国的预测越来越笃定。1989年出版的第13版在苏联解体之际摆上大学生的课桌，萨缪尔森和他当时的合作者威廉·诺德豪斯（William Nordhaus）在其中写道："苏联经济证明，与许多怀疑论者早先的认识相反，指令性经济是可行的，甚至可以繁荣起来。"㊂主流经济学教科书的这类错误并不局限于这本最流行的教材，利维和皮尔特的研究表明，可能第二受欢迎的经济学教科书——麦康奈尔（McConnell）的《经济学：原

㊀ Mark Skousen, "The Perseverance of Paul Samuelson's Economics," *Journal of Economic Perspectives*, vol. 11, no. 2 (1997): 137-152.

㊁ David Levy and Sandra Peart, "Soviet Growth and American Textbooks: An Endogenous Past," *Journal of Economic Behavior & Organization*, vol. 78, issues 1-2 (April 2011): 110-125.

㊂ Mark Skousen, "The Perseverance of Paul Samuelson's Economics," *Journal of Economic Perspectives*, vol. 11, no. 2 (1997): 137-152.

则、政策和问题》(*Economics: Principles, Policies and Problems*)的多个版本中,以及其他几本常见的经济学教科书中,类似观点都很常见。任何在第二次世界大战后按照美国课程学习经济学的学生(世界上大多数学生)都被告知,苏联模式是更有效的组织经济活动的方式。即使在苏联解体和彻底失败之后,这些教科书也并没有质疑自身的经济学世界观和方法论工具,只是在更新的版本上删除了关于苏联成功的浮夸宣传,然后就继续在大学里教授给一届届的学生。这样明显失败的教科书怎么能继续使用?凯恩斯主义的经济学世界观在遭受过去70年的事实否定后——从第二次世界大战后的繁荣,到20世纪70年代的滞涨,再到苏联的解体,为什么依然没被抛弃,还在大学里被教授给学生?当今凯恩斯主义经济学派的代表保罗·克鲁格曼(Paul Krugman)甚至写道,外星人入侵将如何有利于经济,因为它将迫使政府支出和调动资源。㊀

在自由市场经济体制下,大学会努力用最有用的知识武装学生,没有任何一所自尊自重的大学愿意教给学生如此明显错误的东西。但在被政府资金腐化的学术体系中,课程设置并不依据现实,而是依据政府的政治目的。如今,基于同20世纪30年代相同的原因,各国政府依然普遍热爱凯恩斯主义经济学:凯恩斯主义经济学为政府攫取更多的资金和权利提供了理由。

上述是以经济学为例,其实延伸到现代学术界的其他学科和领域,相同模式也会重复出现:来自政府机构的资金被一群有共同基本偏见的学者垄断。在这个体系中,想获得职位和研究基金,不是通过创造对现实世界有用且高效的学术成果,而是通过帮助推进政府的目标。单一的

㊀ Paul Krugman, "Secular Stagnation, Coalmines, Bubbles, and Larry Summers," *New York Times*, November 16, 2003.

资金来源只会消除百家争鸣的可能性。学术讨论越来越关注神秘的细枝末节，在这些兄弟般的争论中，往往各方会达成一致，即都需要更多的资金以继续研究这些重要的分歧。学术界的争论几乎完全与现实世界无关，除了那些为了升职而写文章的人，几乎没有人阅读学术界的期刊文章。没有任何机制削减来自政府的资助，资金依然会源源不断地到来，哪怕无人从中受益。

在健全货币的社会，银行是非常重要和富有成效的经济部门，银行家在其中发挥着两项对经济繁荣至关重要的功能：存款资产的安全保管；投资者与投资机会之间的期限匹配和风险承受能力匹配。银行家的工作如果是成功的，就可以从利润中提取自己的收益，但如果是失败的，就无法获得收益。只有成功的银行和银行家可以继续留在该行业中，失败者会被淘汰出局。在一个健全货币的社会里，银行的倒闭不会引起流动性方面的担忧，因为所有的银行都自行持有所有的存款，并用于期限匹配的投资。换句话说，流动性不足和资不抵债之间没有区别，也不存在由于任何银行"大到不能倒"导致的系统性风险。一家倒闭的银行只是其股东和债权人的问题，不会波及其他人。

在不健全的货币下，有可能出现期限错配，采用部分准备金的银行只是期限错配的一个环节，于是，银行总是容易陷入流动性危机或银行挤兑。如果贷款者和储户同时提取资金，那么期限错配，或者作为其中一环的部分储备金银行，总是容易引发流动性危机。确保安全的唯一方法，是让最后贷款人随时准备在银行遇到挤兑时注资。[1]在健全货币的社会里，为了拯救一家濒临倒闭的银行，央行必须向所有与此银行不相干的人征税。在使用不健全货币的社会里，央行只需要创造新的货币供给，

---

[1] 这段论述的正式模型参见：D. W. Diamond and P. H. Dybvig, "Bank Runs, Deposit Insurance, and Liquidity," *Journal of Political Economy*, vol. 91, no. 3 (1983): 401-419。

就能给银行提供流动性支持。因此,不健全的货币制造了流动性和偿付能力之间的区别:就其资产的净现值而言,一家银行可能具有偿付能力,但它面临的流动性问题有可能使它无法在规定的时间内履行金融义务。流动性不足本身足以引发银行挤兑,因为此时存款人和贷款人都希望把资金从银行取出来。更糟的是,一家银行缺乏流动性,可能导致与这家银行打交道的其他银行也缺乏流动性,从而引发系统性风险问题。然而,在这种情况下,如果央行承诺提供流动性支持,人们就不会担心出现流动性危机,就会避免银行挤兑的局面,让银行体系保持安全。

如果没有央行利用弹性货币供给为这些银行纾困,部分准备金银行制度(或更普遍的期限错配)就可能继续引发金融危机。但是,一个能够救助银行的央行的存在,给这些银行带来了重大的道德风险问题。银行现在可以承担过高的风险,因为它们知道,危机到来时,央行倾向于为它们纾困,以避免系统性危机。从这一点我们可以看出,银行业是如何演变成了给银行家带来无风险的回报,同时又给其他人带来无回报风险的行业。

银行业似乎是近些年来唯一欣欣向荣的行业,银行似乎不可能倒闭。由于经营银行所涉及的系统性风险,任何银行倒闭的风险都会被视为流动性问题,然后极有可能在问题暴露后得到央行的扶持。银行将私营部门的高利润率与公共部门获得的保护合二为一了,从来没有任何披着私营企业外衣的部门享有过如此过分的特权。在这种结合下,银行家的工作与公共部门员工的工作一样缺乏创造力和生产力,不过可以获得比他们更耀眼的回报。因此,随着美国经济变得越来越"金融化",金融业一直在增长。自 1999 年废除《格拉斯-斯蒂格尔法案》(Glass-Steagall Act)以来,存款银行业务与投资银行业务之间的界限已被消除,因此,有美国联邦存款保险公司(FDIC)提供存款担保的存款银行现在也可以从事投资融资，FDIC 的担保可以保护它们免受投资损失。一个豁免于损失的投资者可以做任何选择，实际上他拥有的是印钞许可。有利可图的投资可以让他们获得所有的收益，而失败的损失可以转嫁给全社会。任何拥有这种担保的人，只要借钱投资，就能赚大钱。他可以享受利润，却不必承担损失。这就难怪越来越多的资本和人才资源流向金融业，因为金融业是世界上最接近免费午餐的行业。

经济学家托马斯·菲利蓬（Thomas Philippon）[一]对过去 150 年金融业占 GDP 的比例进行了详细研究。在第一次世界大战前的几年，这一比例不到 3%，第一次世界大战后这一比例迅速上升，大萧条期间出现大幅下降，但自第二次世界大战结束以来，这一比例以似乎势不可挡的势头迅速增长。我们可以从学生的职业选择感受到这一点，很高比例的大学毕业生愿意投身金融，而不是工程、医学或其他生产行业。

随着电信技术的发展，金融业的工作内容越来越自动化和机械化，因此正常的预期是，金融业规模应该随着时间的推移而缩小。但在现实中，金融业继续快速增长，这种增长不是因为任何基本需求的增加，而是因为它受到政府的保护，从事金融业不会遭受损失，因此它才得以蓬勃发展。

金融业或许是最明显的，但这种现象并不仅限于金融部门。可以说，由于上述现象，规模较大的公司相对于规模较小的公司建立了长期的竞争优势。在用于投资的资本来自储蓄的社会中，资本由时间偏好较低的人掌握，他们会根据自己对市场的判断分配资本，因为正确的判断而获得回报，错误的判断而蒙受损失。但使用不健全的货币，储蓄会被摧毁，而资本则是由通胀的银行信贷创造的，其配置由央行及其成员银行决定。

[一] Thomas Philippon and Ariell Reshef. "An International Look at the Growth of Modern Finance," *Journal of Economic Perspectives*, vol. 27, no. 2 (2013): 73-96.

这种分配不是由时间偏好最低、最具市场远见的社会成员决定，而是由政府官员决定。

信贷分配的中央计划与任何一种中央计划没有什么不同。银行家的洞察力和对投资真实价值的勤勉检验，被央行贷款要求的表格所取代。规模是确保中心化信贷的安全性的主要考虑，因为从数量上看，向大型机构放贷的风险较小。公司规模越大，就越能预见它下一步的成败，万一公司失败，担保抵押品也有很多。这样，银行官员根据央行的放贷标准发放贷款时，就会感到更安全。固然许多行业可以从规模经济中获益，但中心化的信贷发行时，以规模为重要的衡量指标，这在自由市场看来，完全无法理解。任何行业，只要能借到花不完的钱，最后都会成为优良的放贷标的，这在以储蓄资金为投资资本的世界里是不可能出现的。

公司规模越大，就越容易获得低息融资，这使它们相对于规模较小的独立生产商获得了巨大优势。在一个由储蓄提供投资资金的社会里，小型夫妻餐馆可以与快餐巨头在平等的基础上争夺顾客和融资：客户和投资者可以自由选择在这两种行当之间进行投资。快餐巨头有规模经济效益，夫妻餐馆有个体识别度，这两种优势是相对的、不同的，人们各有所爱，市场会做出最后的检验。但在央行分配信贷的世界里，规模较大的公司有优势，能够以规模较小的竞争对手无法获得的低利率获得资金。⊖ 这有助于解释为什么大型食品生产商在全球范围内如此广泛

⊖ 信贷发行的集中化可以看作政府对科斯在"公司的本质"（Economica, vol. 4, no. 16（1937）: 386-405.）中提出的科斯定理的干预。科斯认为，公司存在的原因是，它涉及很多交易成本，如收集信息、谈判、签订合同和执行成本，单独签订合同可能更昂贵。因此，只要企业从内部活动中获得的收益大于外部合同成本，企业就会持续增长。在货币贬值和信贷集中分配的世界里，获得融资成为规模增长最主要的成本优势。大公司拥有更多的资本品和抵押品，可以获得更低的融资条件。因此，每家企业都想变得比消费者期望的更大。在资本的自由市场中，企业不得不更多地依赖于收入，并通过自由市场获得信贷，它们会更愿意保持与消费者的期望相符的生产规模。

地扩张，因为较低的利率使它们获得了更高的利润。除了大规模生产给生产者带来的巨大好处，人们无法理解生产垃圾食品的大型食品企业的成功。

在几乎所有公司都通过央行的信贷扩张融资的世界里，没有简单明了的办法判断哪些行业因为资金的倾斜才表现得生机勃勃，但是也有一些特征可供观察。一个人人都抱怨他们老板的行业，极有可能是依赖资金倾斜生存的行业，因为只有在通过资金倾斜滋养的虚伪行业中，老板才敢于无所顾忌。在为社会提供有价值服务的生产型公司里，只有为消费者提供满意的服务或产品才能取得成功。员工根据完成工作任务时的表现获得相应报酬，虐待员工的老板，要么会使员工流失到竞争对手，要么会迅速毁掉自己的企业。在不为社会服务、依靠官僚施舍维持生存的低效企业中，没有任何有意义的标准奖励或惩罚员工。钱多、事少，从外表看，获得资金倾斜似乎很诱人，但要知道，假如经济学只能教给我们一件事，这件事就是"天下没有免费的午餐"。这样的行业会吸引很多人，从而推高工作的时间和尊严成本。雇用、解雇、晋升和惩罚都是由层层官僚决定的。对公司来说，公司的任何工作都没有必然的价值，每个人都是可有可无的，因此保住工作机会的唯一方法就是向上级证明自己的价值。在这些公司工作就是一场全职的办公室政治游戏。这样的工作只对那些喜欢支配他人的肤浅的物质主义者有吸引力，为了薪水和有朝一日将虐待加于别人的希望，他们可以忍受多年。毫无疑问，从事这些工作的人经常感到抑郁，需要持续的药物治疗和心理疏导，再多的金钱也抵不上这样的工作环境给人们带来的精神伤害。虽然这些组织没有真正的问责制，但没有生产力的另一面是，新上任的管理者很有可能在几周内就职并完全取消对它们的资金倾斜。对其中的工作人员来说，这是一种悲惨得多的命运，因为他们通常没有任何实用技能，很难在其他行业找到下一份工作。

　　这些病态的唯一解药是健全的货币，它将改变人们的旧观念，让人们不再为了勾选框和取悦施虐狂老板而工作，并使市场原则成为衡量任何人收入的唯一标准。如果你发现自己工作的压力完全来自如何取悦老板，而不是如何创造有价值的东西，在这样的行业中疲惫不堪，对这样现实不满意，当你意识到这个世界并不必然如此，政府的印钞机不可能永远工作下去，你的工作可能不会永远存在，你可能会感到宽慰或者害怕。继续读下去，健全货币的优点会给你带来一个充满机遇的新世界。

第八章

数字货币

从20世纪50年代第一台完全可编程计算机算起,全球电信革命已经在物质层面上给人们的生活带来了越来越多的影响,并为很多古老问题提供了现代工程学解决方案。比如,银行和创业公司逐渐采用计算机和网络技术进行支付和记账。不过,并没有从中产生全新的货币形式,或者说,试图发明新货币形式的创新都失败了。比特币是货币问题首个真正的数字解决方案,能解决货币的适销性、健全性、所有者主权等问题。在过去9年中,比特币没有发生过真正的失败,倘若在接下来的90年继续如此,它就是货币问题无可争议的答案。比特币持有者拥有完全主权,可以抵制非预期的通货膨胀,并且在时间、空间和价值尺度上,比特币都有良好的适销性。如果比特币继续像现在这样运转下去,那么所有人类以前用作货币的技术——贝壳、盐、牲畜、贵金属、政府纸币都显得过时,就像放在计算机旁边的算盘。

回顾历史，我们看到冶金术带来了优于珠子、贝壳或其他手工制品的货币形式，我们看到规则的金币和银币成为比不规则金属块更好的货币形式。后来我们又看到，以黄金为储备货币的银行的兴起，使黄金成为占统治地位的全球货币本位，并导致白银去货币化。黄金的保存越来越集中，催生了由黄金背书的政府货币，这种货币在价值尺度上有更好的适销性，但随之而来的是政府加强了货币供给的扩张和管制，最终破坏了货币的健全性和货币所有者对货币的主权。在货币演进的每一步，技术进步都和社会现实共同重塑人们使用的货币本位，这种重塑也给经济和社会带来巨大影响。选择健全货币本位的社会和个人，如恺撒时代的罗马人、君士坦丁时代的拜占庭人、金本位下的欧洲人，都获得了极大的收益。那些使用不健全货币或者技术上落后的货币形式的社会和个人，比如奥基弗到来时的雅浦岛人、使用玻璃珠的西非人或者 19 世纪使用银本位的中国人，都为此付出了沉重的代价。

比特币代表了诞生于数字时代的一种解决货币问题的新技术，它利用过去几十年发展起来的几项技术革新，借鉴之前数次尝试发明数字货币的经验教训，实现了之前几乎无法想象的创举。为了更好地理解其中缘由，我们将重点关注比特币的货币属性，以及自诞生以来比特币网络的经济表现。正如金本位书籍不会讨论黄金的化学特性一样，本章也不会过多地研究比特币网络运作的技术细节，我们会将讨论的重点放在比特币的货币属性上。

比特币：数字现金

要理解数字现金技术的重要性，最好观察一下比特币发明之前，此时支付方式分为两种截然不同的类别。

1. 现金支付：现金支付由双方面对面完成，方便快捷，不需要任何一方的信任。支付时没有延迟，也没有任何第三方能够有效地干预和阻止此类支付行为。现金支付的主要缺点是，需要当事双方亲自同时出现在同一地点。随着通信技术的发展，人们越来越需要与不在身边的人交易，这个缺点也变得越发明显。

2. 中介支付：中介支付需要一个可信第三方。这类支付包括支票、信用卡、借记卡、银行电汇、转账服务以及最近的创新方式，如贝宝（PayPal）。根据定义，中介支付涉及处理交易双方资金转移的第三方。中介支付的主要优点是，交易双方不必同时出现在同一地点，而且支付者不必随身携带现金。其主要缺点是，需要信任，有被第三方拖累的风险，以及完成支付和清算需要一定的经济成本和时间成本。

这两种支付方式各有优缺点，在经济交易中，大多数人会按当时需要选择较为适宜的支付方式。在比特币发明之前，中介支付包括（但不限于）所有的数字支付形式。计算机诞生以来，数字对象的本质属性就是它们并不稀缺。数字对象可以无限复制，发送数字对象等同于复制一份，因此它们不可能成为货币。任何形式的电子支付都必须通过中介进行，除非有一个可信第三方监督账户并验证支付的完整性，否则没办法保证付款者是诚实的，没有在多次花费他的同一笔资金。现金交易仅限于直接接触的情形，所有数字形式的支付行为都必须接受第三方的监督。

在很多程序员多年尝试和失败的基础上，基于广泛的技术积累，比特币成为首个不依赖可信第三方的电子支付解决方案。作为首个可验证其稀缺性的数字对象，比特币是电子现金的首个示例。

通过可信第三方进行的交易有很多缺点，所以使得数字现金极具价值。本质上，第三方放大了交易的安全缺陷㊀——交易中引入第三方必然

㊀ See Nick Szabo, 2001, *Trusted Third Parties Are Security Holes*. 请参阅 nakamotoinstitute.org.

会带来风险，增加参与方就会增加盗窃和技术故障的可能。此外，通过中介支付的话，当事人容易收到政治当局的监视和禁令。换言之，不管采用任何形式的数字支付，都只能选择信任一个第三方，无论在哪个政治当局的管辖下，都会面临以安全、恐怖主义或洗钱为由中止支付的风险。抛开这些看起来离普通人较远的事情不谈，在日常生活中，我们也看到，中介支付确实会涉及更多的诈骗风险、增加交易成本并延迟支付的最终结算时间。

换句话说，中介支付使货币的性能大打折扣。货币是持有者控制的交易中介，良好的流动性使它可以在任何需要的时候卖出。历史上人们最看重的货币属性是可互换性（不同的货币单元可以等价互换）和流动性（持有者能够以市场价格快速将其卖出）。选择具有可互换性和流动性的货币，是因为人们想真正对自己的钱拥有主权，主权货币包含了所有使用它所需的许可，其他人也想要它，但不能对它施加控制。

中介支付会损害一些理想的货币属性，在用实物现金交易的时候，原本不存在这些缺点。然而，由于现代电信的发展，远距离贸易和就业的增加，实物现金交易事实上越来越不具备可行性。支付方式向数字支付的转变正在减弱人们对货币的自主权，使人们受制于第三方，除了信任别无选择。此外，货币形式从没人能印刷的黄金向中央银行控制供给的法定货币转变，进一步减弱了人们的财富主权，当中央银行为了资助政府而增加货币供给时，人们面对货币贬值无计可施。除非政府赋予你发行货币的许可，否则积累资本和财富变得越来可望而不可即。

中本聪发明比特币的动机，是想创建一种"纯粹点对点的电子现金形式"，在交易中不需要信任第三方，并且货币供给不会被任何人改变。换句话说，比特币将实物现金的理想特性（不需中介，交易立达）带到数字领域，比特币将这些优良的货币属性与铁的货币政策结合起来，没有外部力量可以通过操纵非预期的货币通胀为自己牟利，而牺牲持币者的利益。中本聪通过一系列重要但尚未被广泛理解的技术达成了目标，创造了一个没有单点故障的，以哈希、数字签名、工作量证明㊀为显著特征的分布式点对点网络。

中本聪在非常彻底地证明和验证的基础上构建了比特币，免除了信任第三方的必要性。可以说，比特币运行的核心特征就是验证，因为只有充分的验证，才能完全消除对信任的依赖。㊁网络中的每个成员都会记录每笔交易，以便他们可以共享一个相同的包含余额和交易的账本。每当比特币网络上的某个人向另一个人转移资金时，所有成员都可以验证发送者是否有足够的金额，每10分钟，网络节点都竞相提交新的区块，更新交易账本。为了在交易账本上提交新区块，节点需要花费算力解决一个难于计算却易于验证的复杂数学问题，这就是工作量证明（PoW），只有算出正确解，新区块才能被提交给全体网络成员验证。这些数学问题与比特币交易无关，但它们必不可少，工作量证明驱使节点不断扩大算力，但是，如果提交的区块中包含不被网络认可的交易，花费的算力就会被浪费。一旦有节点完成了工作量证明并向全网广播了新的区块，其他节点就会验证它的有效性，一旦大多数节点验证完毕，这个区块就会被添加到账本上，节点们会将未被打包的交易放到下一个区块中，并投入解决下一个工作量证明的竞争，争取获得比特币账本上提交下一个区块的权利。很重要的一点是，提交了有效区块的节点将会获得区块奖励，区块奖励包括新币（增加比特币总量），以及区块中包含的所有交易的交易手续费（不增加比特币总量）。

㊀ 对这三项技术的简要介绍可以参看本章附录，本章和第十章也有对工作量证明更详细的讨论。

㊁ Konrad Graf, "On the Origins of Bitcoin: Stages of Monetary Evolution" (2013). Available at www.konradsgraf.com.

头。在比特币网络中，交易者会向所有其他网络成员广播交易，其他人会验证付款人是否有交易所需的余额，并将这笔款项记录给收款人。就数字货币的存在而言，都存在于账本上，通过网络验证的交易，只是在账本上将币的所有权由付款人更改为收款人。比特币的所有权通过公开地址，而不是持有人的名字标记。动用某个地址上的比特币，只能通过对应的私钥———一串类似于密码的字符。⊖

雅浦岛石币的物理重量使它们的可分割性几乎为零，但比特币不存在这个问题。比特币的供给上限是 2100 万比特币，每个比特币可以分割成 100 000 000 聪，这使比特币在价值尺度上具有很好的适销性。雅浦岛石币只适用于人口很少、彼此之间互相熟悉、交易也不多的小岛。比特币则在空间上具备非常好的适销性，因为全球任何人都可以通过互联网访问数字账本。

让比特币节点保持诚实的是，从个体的角度看，不诚实行为立即会被发现，不诚实做的是成本高昂的无用功。从群体的角度看，阻止大多数节点共谋作恶的原因是，如果他们串通一气成功破坏了比特币交易账本的完整性，比特币的整个价值主张将荡然无存，比特币的价格也将崩溃归零。共谋成本高昂，而结果却导致战利品失去价值。换句话说，通过经济导向，比特币使欺诈的成本远高于回报。

账本维护不依赖于任何单一实体，没有大多数网络成员的同意，任何个体都不可能更改账本。决定交易有效性的不是任何当局的命令，而是每个节点运行在比特币网络上的软件。

⊖ 拥有比特币的唯一方法是掌握私钥。如果有人设法获取了你的私钥，就拥有了你的比特币。窃取私钥就像窃取美元或黄金，是不可更改、不可逆转的。你没有办法求助当局阻止盗窃行为，这是比特币作为现金不可避免的属性。这非常重要，对比特币的潜在投资者来说，投入任何一笔资金之前都应该充分了解这一点。保护私钥并不简单，若无法安全保护私钥，你的投资将十分危险。

拉尔夫·默克尔（Ralph Merkle）是"默克尔树"数据结构（比特币用于记录交易的数据结构）的发明者，它用一种特殊的方式描述比特币：

> 比特币是一种新生命形式的首个范例，它在互联网上生活和呼吸。它活下来是因为有钱付给人们；它活下来是因为提供了对人们有用的服务；它活下来是因为任何人在任何地方都可以运行它的代码拷贝；它活下来是因为所有运行的拷贝在互相交谈；它活下来是因为任何一个拷贝遭到破坏，都会被干净利落地丢弃。它活下来是因为它是完全透明的：任何人都可以看它的代码，并确切地看到它正在做什么。
>
> 它无法改变、无法争论、无法篡改、无法破坏、无法阻止，甚至无法中断。
>
> 即使核战争将一半地球摧毁，比特币也会活下来，不会损坏。它将继续提供服务，继续给人们带来好处从而维持自身活力。
>
> 杀死比特币的唯一方法是关闭每个运行它的服务器。这很难，因为许多国家的许多服务器运行它，并且许多人都想使用它。
>
> 实际上，杀死比特币的唯一方发是让它提供没人想用的过时的服务，过时的服务没有人愿意买单。那么它将没钱支付给任何人，然后饥饿而亡。
>
> 只要有人想要使用比特币，它就很难被杀死、损坏、停止以及中断。⊖

⊖ Ralph Merkle, "DAOs, Democracy and Governance," *Cryonics*, vol. 37, no. 4 (July-August 2016): 28-40; Alcor, www.alcor.org.

比特币是一门技术，它与车轮、刀具、电话或任何技术存在的原因相同：让使用它的用户受益。用户、矿工、节点运行者都能从与比特币的交互中获得经济激励，这就是比特币能够持续发展的原因。值得补充的是，单独看，任何接入比特币网络的参与方都不是必需的。没有哪一方是比特币不可或缺的，即使有人试图修改它，比特币也会完全不受影响地继续运行。这将帮助我们理解第十章将会讲到的比特币的不可改变性，理解为什么对比特币代码进行重大修改的尝试最终都不可避免地收获了比特币的廉价仿制品。这些廉价仿制品无法重建平衡的经济激励，无法获得比特币可用又不可改的属性。

可以将比特币理解为一个自发形成的自治公司，它提供一种新的货币形式和支付网络。这个公司没有管理或组织架构，所有的决策都是自动化的、预编程的。开源项目的志愿开发者提交对代码的修改或改进，这些更改是否被采用取决于用户。公司的价值定位是：面对需求增加和价格上涨，完全不提供货币供给弹性。由于挖矿难度的调整，需求增加只会让网络更安全。矿工在挖矿中投入的电力和算力保护了网络安全，自身也从中获利。比特币用户之所以支付交易手续费，从矿工那里购买比特币，是因为他们想要使用数字现金，也想从比特币未来的增值中获利，在这个过程中，用户资助了矿工对网络的投资。矿工对 PoW 挖矿硬件的投资使网络更安全，因此也可以理解为它是这家公司的资本。对比特币网络的需求越大，矿工收到的挖矿奖励和交易手续费就越有价值，就会吸引更多的算力，增加公司的资本，使网络更加安全，比特币更难以生产。这种经济布局对所有参与者来说都富有成效和有利可图，并反过来让比特币网络继续以惊人的速度增长。

通过这种技术设计，中本聪创造出了数字稀缺性的概念。比特币是首个稀缺的、不能被无限复制的数字商品。在数字网络中，将电子对象发送到另一地轻而易举，就像发送电子邮件、文本消息或文件下载，但对这些过程更准确地描述是复制而不是发送，因为数字对象仍然在发送者手中并且可以被无限复制。比特币是首例转移时终止发送者所有权的数字商品。

除了数字稀缺性外，在绝对稀缺上，比特币也是首例，它是唯一拥有固定数量且不可能增加的流动商品（在数字或物理上）。一直到比特币发明之前，稀缺性都是相对的，而不是绝对的。有一种常见的误读，认为某种实物商品是数量有限或绝对稀缺的。我们生产任何商品的数量限制从来不是它在地球上的存量有多少，而是投入生产它的精力和时间有多少。比特币的绝对稀缺性使它在时间上具有很高的适销性，这个比特币成为极佳价值存储手段的关键点我们将在第九章进一步阐述。

供给、价格以及交易量

生产一种资产，保持可预测的恒定或很低的供给增长率，让它承担货币角色，在理论上总是可行的，但在实际上，就像一直以来证明的那样，事情比理论棘手得多。政府永远不会允许私人团体发行货币，因为那会破坏政府垄断货币发行以自肥的好事。因此，政府总是会谋求货币发行上的垄断地位，同时总是输给增加货币供给的巨大诱惑。由于比特币的发明，世界上终于出现了综合各种理想货币属性的货币，可以毫无疑义地保证低供给增长。比特币让宏观经济学家、政治家、总统、革命领袖、军事将领以及电视专家不能再对货币的政策指手画脚。货币供给的增长由所有网络成员采用的程序函数所决定。在诞生的最初时期，或许比特币的供给曲线尚有可能被人随意控制，但如今已经不可能了。实际上，比特币的发行计划已经像交易记录一样不可改变了。[一]虽然最初几年比特币供给的增长速度比较快，发行计划不会被改变的承诺也没有特别高的可信度，但是随着时间的推移、供给增速下降，比特币网络会遵守原定发行计划的可信度也升高了，并且只要网络没有发生重大改变，这种可信度还会逐渐上升。

大约每10分钟有一个新的比特币区块被添加到共享账本中。在比特币网络诞生之初，区块奖励被设定为每个区块50比特币。每当产生21万个区块，也就是大约4年后，区块奖励会减少一半。第一次减半发生在2012年11月28日，之后新比特币的发行量降至每块25比特币。2016年7月9日起，再次降至每块12.5比特币，并将在2020年降至每块6.25比特币。根据这一发行计划，比特币供给增加的速度将继续递减，大约在2140年的某个时间比特币总量接近2100万，届时将不再有新的比特币发行（见图8-1）。

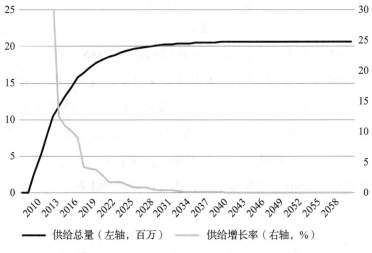

图8-1 比特币总量和供给增长率（假设正好每10分钟产出一个区块）

[一] 参看第十章中对比特币不可变性的讨论。

新比特币仅在产生新区块时发行，每个新区块的产生都需要完成工作量证明，因此生产新比特币是要花费真实成本的。随着市场上比特币价格的上升，更多节点为了获得区块奖励加入到工作量证明的竞争中来，于是推高了工作量证明的难度，使获得奖励的成本进一步上升。因此，生产比特币的成本通常会随着比特币市场价格的上升而上升。

在设定了供给增长计划表之后，中本聪将每个比特币分成100 000 000份，后来为了向中本聪致敬，大家将一亿分之一的比特币命名为1"聪"。将比特币细分到小数点后8位，意味着直到接近2140年时，比特币的供给仍在增加，不过增加只表现在后面几位小数上。待到所有的小数被填满，将最终产出无限接近2100万的比特币。供给增长率不断减半还意味着，到2025年左右，就会有2000万比特币被挖出，而剩下的一个多世纪仅有100万比特币可挖。

每两周进行一次难度调整。在这两周内，挖矿的真实难度取决于有多少矿工加入，可能高于也可能低于设定的难度值。因此，难度调整是一个事后校准的过程，并不能严格精确到每10分钟挖出一个新区块，也因此，比特币新币发行的数量与算法预测的并不完全一致。2009年，只有很少的人使用比特币，挖矿的人也很少，因此平均挖出新区块时间大于10分钟，供给量也低于计划水平，但到了2010年，供给量开始高于预测的理论值。虽然确切数量会不同，但随着发行总量的上升，实际供给量和理论预测值的差异会变小。比特币数量的上限不会改变。随着已挖出的存量越来越大，将挖出的增量越来越小，比特币的供给增长率会不断变低。

到2017年年底，1677.5万比特币已经被挖出，占总量的79.9%。比特币在2017年的年供给增长率为4.35%，低于2016年的6.8%。表8-1

显示了比特币的实际供给量以及增长率。[1]

表 8-1　比特币供给量和增长率

年　　　份	2009	2010	2011	2012	2013	2014	2015	2016	2017
总供给量（百万）	1.623	5.018	8.000	10.613	12.199	13.671	15.029	16.075	16.775
年增长率（%）		209.13	59.42	32.66	14.94	12.06	9.93	6.80	4.35

仔细研究未来几年比特币的发行计划，将得出供给量和增长率的预测值，它们与实际数值肯定会不相同，但也不会相差太多（见表 8-2[2]）。

表 8-2　比特币供给量和增长率（预测）

年　　　份	2018	2019	2020	2021	2022	2023	2024	2025	2026
总供给量（百万）	17.415	18.055	18.527	18.855	19.184	19.512	19.758	19.923	20.087
年增长率（%）	3.82	3.68	2.61	1.77	1.74	1.71	1.26	0.83	0.82

图 8-2 依据过去 25 年全球主要储备货币的广义货币增长率与黄金的供给增长率，预测未来 25 年的情况。根据计算，在未来 25 年，比特币供应量将增加 27%，而黄金供应量将增加 52%，日元增加 64%，瑞士法郎增加 169%，美元增加 272%，欧元增加 286%，英镑增加 429%。

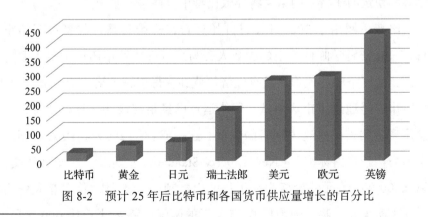

图 8-2　预计 25 年后比特币和各国货币供应量增长的百分比

---

[1] 资料来源：blockchain.info。
[2] 资料来源：作者的计算。

表 8-2 可以帮助我们领会比特币的适销性以及比特币如何实现货币功能。到 2025 年，比特币的供给增长率将低于黄金，可以想见，由于其供给限制，未来会有相当大的价值存储需求转向比特币，换句话说，比特币拥有时间上的适销性。比特币本质上是电子的，这使它很容易安全地发送到世界各地，拥有之前的货币形式从未企及的空间上的适销性。并且，1 亿聪的可分割性使它具备价值尺度上的适销性。此外，比特币免除了对可信第三方的依赖，不存在政府货币的主要缺陷，任何当局对它的贬低几乎都不可能生效。在数字时代，技术进步几乎为我们生活的每一个方面都带来了改善，比特币则是为了解决间接交易问题而出现的货币技术的巨大飞跃，这个飞跃或许与货币从牲畜和盐向金和银的飞跃一样意义重大。

传统货币，供给量会持续增长，导致购买力下降。到目前为止，尽管比特币的供给量也在增长，但其增长是稳定、不断下降、有上限的，我们也见证了比特币实际购买力的大幅上升。验证交易的矿工会获得比特币奖励，因此这些矿工有强烈的意愿维护比特币网络的完整和稳定，完整和稳定的比特币网络又将导致比特币价格进一步上升。

比特币网络于 2009 年 1 月开始运行，开始只是个前景不明的小项目，只有密码学邮件组中的少数人参与。也许比特币历史中最重要的里程碑，是网络中的代币从没有经济价值到获得市场价格，这个节点表明，比特币已经通过了市场测试：网络运行已经足够成功，足以让有的人愿意用现金购买一些这个网络的代币。这一成就于 2009 年 10 月解锁，一个名为"新自由标准"（New Liberty Standard）的人做了一笔在线交易，以 0.000 994 美元的价格交易了比特币。2010 年 5 月，首次有人用比特币在现实世界购物，他为价值 25 美元的两张比萨支付了 10 000 比特币，这将每个比特币的价格定价为 0.0025 美元。随着时间的推移，越来越多

的人听说了比特币并想购买它，比特币的价格也一路上扬。○

比特币的市场需求来自这样一个事实：它是首个（迄今为止，可以说是唯一的）可用的、可靠的数字现金系统。○ 最开始，比特币网络成功运行的事实使比特币在密码学家和自由主义的小圈子中获得了收藏价值，他们尝试着用自己的电脑挖矿，最终甚至开始互相购买比特币。○ 比特币的供给受到严格限制，而且比特币无法复制，这些属性帮助它建立了最初的收藏地位。在被更多的个体购买并在网络上使用后，比特币获得了经济价值。由于越来越多的人将其用作价值存储的手段，比特币开始被货币化。这一系列过程符合米塞斯关于货币起源的回归理论。该理论认为，货币商品最开始是市场商品，然后被用作交易中介。作为小圈子中的收藏品，比特币的价值与贝壳、雅浦岛石币以及贵金属的观赏价值没有什么不同，这些货币都是从类似的起点出发，后来获得了极大提升价值的货币角色。

作为一种新的刚刚开始传播的货币，比特币的价格随着需求的波动而大幅波动，但是其供给不可能因为价格的波动被任意更改，任何权威都做不到，这一点解释了比特币的购买力总体上一直在快速上升的原因。当比特币需求激增时，比特币矿工无法像铜矿工那样，超出既定计划，增加产量，也没有中央银行可以像格林斯潘曾建议的美国央行对黄金市场的干预那样，向市场灌入更多的比特币。市场满足增加的需求的唯一方式是，随着价格上涨，原有的持币者会卖出一部分比特币给新来的人。这就是为什么只用了 8 年时间，比特币的价格就

○ 这两笔交易的详细信息可以在纳撒尼尔·波普尔（Nathaniel Popper）的《数字黄金》中找到。
○ 参看第十章中对为什么不能将山寨币（竞争币）称为数字现金的讨论。
○ 对这一点更详尽的讨论，请参考 Kyle Torpey, "Here's What Goldbugs Miss About Bitcoin's 'Intrinsic Value,'" *Forbes Digital Money*. 链接：https://www.forbes.com/sites/ktorpey/2017/10/27/heres-what-gold-bugs-miss-about-bitcoins-intrinsic-value/2/#11b6a3b97ce0.

从 2009 年 10 月 5 日首次有记录的 0.000 994 美元上涨到 2017 年 10 月 5 日的 4200 美元，8 年内增长了 422 520 000%，年复合增长率为 573%（见图 8-3①）。

图 8-3　比特币的价格（以美元计算）

为了让比特币价格上涨，人们必须将其作为一种价值存储载体较长期的持有，而不仅用于消费。如果没有人愿意在较长时间内持有比特币，持续地卖出将使比特币的价格下行。到 2017 年 11 月，所有流通比特币的总市值在 1100 亿美元左右，超过了大多数国家广义货币供给的总值。如果比特币是一个国家，它的货币价值将排在全球第 56 位，与科威特或孟加拉国大致相当，大于摩洛哥和秘鲁，小于哥伦比亚和巴基斯坦。如果仅比较狭义货币供给，比特币大约排在全球第 33 位，与巴西、土耳其以及南非相当。②比特币可能是互联网最显著的成就之一：自发自愿的经济出现在一个由匿名程序员设计的网络上，经过 9 年的发展，超过了大

---

① 资料来源：CoinDesk 比特币价格指数，请参阅 www.coindesk.com/price。
② CIA 世界概况，请参阅 https://www.cia.gov/library/publications/the-world-factbook/。

多数国家在其货币供给中蕴含的价值。㊀

　　保守的货币政策及与之相关的比特币市场价格的上升，对于比特币系统的成功运行至关重要，有了这些，矿工才有动力花费电力和算力诚实地验证交易打包区块。如果比特币是像凯恩斯主义者或货币主义经济学家青睐的那种软通货，那么它的货币供给会随着用户数量或交易量的增加而增长，如果是这样，比特币只会是密码学爱好者的一个边缘的线上实验，不会有大量算力参与挖矿，因为为了验证交易和求解工作量证明而大量投资，最终只会收获随着使用人数增加而不断贬值的比特币，毫无意义。就像之前讨论过的，现代法定经济体和经济学家推行和主张的扩张性货币政策从未通过自由市场的考验，只能依赖政府的法律强制推行。比特币系统是一个自愿参与的系统，没有办法强制别人使用，如果采用扩张性的货币政策，比特币将无法吸引大量需求，成功的数字现金这一地位也无法得到保证。虽然交易可以在无须第三方信任的情况下执行，但网络容易受到恶意节点的算力攻击。换句话说，如果没有保守的货币政策和难度调整机制，比特币作为数字现金仅仅在理论上是成功的，但在实操中很不安全，以至于不会被广泛使用。由于比特币引入了硬通货政策，当有恶意节点试图纠集算力攻击比特币时，反而会使比特币网络的算力增加，产生新区块，并使更新总账本的成本更高。这种高成本会激励矿工诚实工作，使网络更加安全。

　　价格的增长其实是网络使用和效用增长的反映。比特币网络上的交易数量经历了迅速增长：2009 年发生了 32 687 笔交易（每天交易量为 90 笔），2017 年这个数字增加到了 1.03 亿笔以上（每天交易量为 284 797

㊀ 对于这些比较我们应该有所保留，因为这些比较并不完全是同类之间的准确比较。政府货币的供给不仅是中央银行发行的，还包括商业银行的货币创造，但比特币不存在这样的过程。货币供给的衡量标准也因国家而异，金融资产也可能被纳入货币供给的一部分。

笔)。到 2018 年 1 月,累计交易量接近 3 亿笔。表 8-3 ⊖ 和图 8-4 ⊖ 展示了比特币年交易量的增长。

表 8-3 比特币年交易量和日均交易量

年份	年交易量	日均交易量
2009	32 687	90
2010	185 212	507
2011	1 900 652	5 207
2012	8 447 785	23 081
2013	19 638 728	53 805
2014	25 257 833	69 200
2015	45 661 404	125 100
2016	82 740 437	226 067
2017	103 950 926	284 797

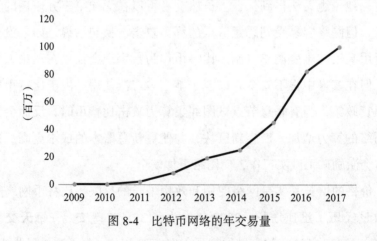

图 8-4 比特币网络的年交易量

尽管比特币交易量的增长令人印象深刻,但它与存量比特币总价值的增长并不匹配,正如比特币网络上的交易量远远少于价值上与它相当

⊖⊖ 资料来源:blockchain.info。

的经济体中会发生的交易量。每天 30 万笔交易，是一个小城镇的量，不是一个中型经济体的量。此外，由于当前比特币区块的大小限制为 1MB，每天 50 万笔交易将接近比特币网络可以承载的极限。尽管网络已经几次触碰了这个上限，并且这个上限是众所周知的，但比特币价格和每天发生的交易的价值并未因此止步。这表明接受比特币的人更多的是将它作为价值存储的载体，而不是交易中介，我们会在第九章继续讨论这一点。

比特币网络上发生的交易的市场价值也越来越高。由于比特币交易的特殊性，我们很难用比特币或美元精确估算交易的价值。但是保守估计，在比特币爆裂式发展的 2017 年，日均交易量约为 26 万比特币。虽然以比特币计价，过往发生的交易价值不会升高，但是以美元计价，这些交易的市场价值就上升了。2017 年比特币网络上的交易额为 3756 亿美元。截止到比特币的第九个生日，网络合计处理了价值近 5000 亿美元的交易（见表 8-4㊀）。

表 8-4　比特币网络交易额的年度总值　　（单位：美元）

年份	总交易值	年份	总交易值
2009	0	2014	23 159 832 297
2010	985 887	2015	26 669 252 582
2011	417 634 730	2016	58 188 957 445
2012	607 221 228	2017	375 590 943 877
2013	14 767 371 941	总计	499 402 199 987

衡量比特币网络增长的另一个指标是交易手续费的价格。理论上比特币交易是可以免费的，不过比特币交易是由矿工负责打包到区块中，

㊀ 资料来源：blockchain.info。

提交到共享账本上，因此支付的交易费越高，矿工越有动力快速处理它们。早期交易量很少的时候，矿工可能会打包交易手续费为零的交易，因为奖励的新币本身已经足够多。随着比特币交易需求的增长，矿工会选择优先打包手续费更高的交易。截至 2015 年年底，每笔交易的费用都低于 0.1 美元，大约在 2016 年年初，每笔交易的费用开始上涨并超过 1 美元。2017 年，比特币价格快速上涨，当年 11 月底时，平均每笔交易的手续费已经达到 7 美元（见图 8-5[一]）。

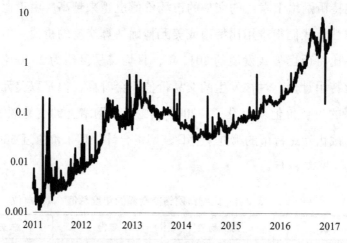

图 8-5　比特币网络的平均交易手续费（以美元计算，对数坐标）

虽然整体上看比特币的价格一直在上涨，但这种上涨波动很大。图 8-6 显示了过去 5 年比特币交易日收益率的 30 日标准差。[二] 虽然波动率有下降的趋势，但与国家货币、黄金相比仍然很高，而且这种趋势仍然太弱，无法得出是否会继续下降的结论。图 8-6 包含了美元的 30 日波动率，以供对比。

㊀　资料来源：blockchain.info。

㊁　资料来源：作者基于圣路易斯联邦储备银行经济数据中的美元数据和 coindesk.com 中的比特币数据进行计算。

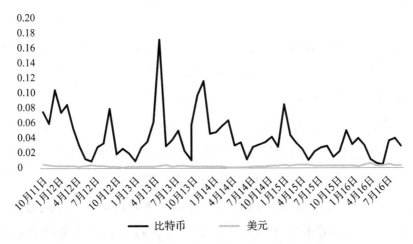

图 8-6　比特币和美元指数月度 30 日波动率

对比黄金、主要国家货币以及加密货币的价格数据，可以发现这些货币市场价格的波动率存在显著差异。收集黄金、主要国家货币以及比特币过去 5 年的日收益率数据，可以发现，主要国家货币的标准差都不到比特币的 1/7（见表 8-5⊖）。

表 8-5　2011 年 9 月 1 日～2016 年 9 月 1 日，货币市场价格（每美元）的日均变化百分比和标准差

	日均变化（%）	标准差		日均变化（%）	标准差
人民币	0.000 02	0.001 36	日元	0.000 20	0.006 10
美元	0.000 15	0.003 05	瑞士法郎	0.000 03	0.006 99
英镑	0.000 05	0.005 59	黄金	-0.000 18	0.010 99
印度卢比	0.000 19	0.005 60	比特币	0.003 70	0.050 72
欧元	-0.000 13	0.005 79			

⊖ 所有货币价格均以美元计价，而以美元指数衡量美元。国家货币数据来自圣路易斯联邦储备银行经济数据，黄金数据来自世界黄金协会，比特币数据来自 coindesk.com。

比特币的高波动性是源于这样的现实：供给速度被程序写死，所以比特币完全没有供给弹性，完全不会响应需求的变化。对于任何普通商品而言，需求变化将影响商品生产者的生产决策：需求增加导致产量增加，缓和价格上涨并增加生产者的利润；同样，需求减少导致生产者减少供应，使损失最小化。国家货币也存在类似情况，中央银行希望通过设定货币政策参数抵消市场波动，从而维持货币购买力相对稳定。由于比特币的发行计划完全不会响应需求，并且没有中央银行管理它的供给，因此，比特币很可能出现高波动性，特别是在早期阶段，每天的需求变化非常不稳定，与比特币相关的金融市场也不成熟。

随着市场规模的扩大，以及与比特币相关的金融市场的日渐成熟，波动性很可能会下降。随着市场更大更具流动性，比特币需求的每日波动就会相对变小，从而使做市商能在对冲价格波动的过程中获利。这个结果的达成，必须要有大量市场参与者持有比特币，并以长期持有为目的，显著提高比特币的市场价值，使小部分供给就足以维持流动性良好的较大市场。未来有一天，比特币在某个点上达到了稳定状态，届时每天流入和流出的金额会大致相等，比特币的价格也会稳定下来。在这种情况下，比特币将更加稳定并且有足够的流动性，不会随着日常市场交易而大幅波动。但是眼下，波动性降低为期尚远，只要比特币的接受度上升，它的升值就会吸引更多的人，从而带来进一步的升值。只要比特币在成长，它的价格将会像初创公司的股票价格一样迅速增长。有朝一日，比特币停止增长从而稳定下来，它也将不再吸引高风险投资的流入，成为一种正常的货币资产，每年只有很小的升值。

附录

以下是三种比特币使用技术的简单说明。

哈希是这样一个过程,将任何数据流作为输入,用不可逆的数学公式将输入转换为固定大小的数据集(称为一个"哈希")。换句话说,用此函数可以很简单地为任何数据片段生成统一大小的哈希,但不能根据哈希确定原始数据。哈希算法对比特币的运作至关重要,它被用于数字签名、工作量证明、默克尔树、交易标识符、比特币地址以及各种其他用途。本质上,哈希算法允许公开识别一段数据,但会不泄露关于该数据的任何信息,使用哈希算法可以查看多个参与方是否拥有相同的数据,安全且无须信任。

公钥密码学是一种验证身份的方法,依赖于一组数学相关的数字:私钥、公钥、一个或多个签名。通过私钥可以生成公钥,但无法通过分析公钥来确定私钥的内容,因此私钥必须保密,公钥可以自由传播。

此方法用于身份验证:某个人公开公钥后,可以对数据进行哈希,然后用私钥签署哈希以创建签名。然后,任何人都可以将签名与之前收到的公钥进行比较,如果发现它们是与数学相关的,就证明拥有私钥的人对数据哈希进行了签名。比特币利用公钥加密技术,实现在开放的不安全网络上进行安全的价值交换。只有持有私钥,比特币持有者才能动用它的币,而与私钥相关的地址可以广泛广播,没有泄密风险。所有网络成员都可以验证交易中的币是否来自持有正确私钥的人,从而验证交易的有效性。对比特币来说,唯一的所有权存在于对私钥的掌握。

点对点网络是一种网络结构,所有成员之间具有平等的权利和义务。任何人都不可以改变网络规则,不同意网络功能的节点运行者不能将他们的意见强加给其他成员,也不能拥有超越其他成员的特权。一个广为人知的点对点网络的例子是BitTorrent——一种在线共享文件的协议。在中心化的网络中，成员从托管文件的中央服务器下载文件，而在BitTorrent中，用户互相直接下载被分成小块的文件。一旦用户下载了部分文件，就可以成为该文件的种子，其他人可以从他们那里获得分享。通过这种设计，大型文件可以相对快速地传播，而不需要大型服务器和大规模的基础设施，同时还可以防止由于单点故障中断下载过程。网络上共享的每个文件都受加密哈希保护，文件的完整性和正确性可以被轻松验证，以确保共享它的任何节点没有损坏它。执法部门打击了像Napster这样中心化的文件共享网站，但BitTorrent是去中心化的，这意味着执法部门永远无法将它关闭。随着全球网络用户的不断增长，BitTorrent一度占据了全球所有互联网流量的1/3。比特币使用类似BitTorrent的网络，在BitTorrent中，网络成员共享由电影、歌曲或书籍构成的数据，而在比特币系统中，网络成员共享记载所有比特币交易的账本。

第九章

比特币的优势在哪里

价值存储

稀缺性是经济学背后的核心概念，因此认为资源是稀缺和有限的，则是对稀缺性的误读。地球上任何一种原材料的绝对数量都超出人类测量或估算的范围，我们也无法计算出其产量的上限。迄今为止，我们仅仅在地球表面寻找需要的矿物，当我们探测的范围更广、深度更深时，总能发现更多的资源。事实上，对任何资源数量真正的限制一直都是人类投入的生产时间，人类的时间才是真正的具有稀缺性的资源（直到比特币的诞生）。已故经济学家朱利安·西蒙（Julian Simon，1932—1998）在他的著作《终极资源》（*The Ultimate Resource*）中阐释了为何唯一有限的资源、事实上唯一可称之为资源的东西是人类时间。作为个体，每个人在地球上的时间都是有限的，这是个人面对的唯一稀缺性；作为社会，唯一稀缺的是社会成员用来生产不同商品和服务的总时间。只要有人类将时间投入其中，任何商品都能生产得更多。因此，商品的真正成本是它的机会成本，是为生产此商品而放弃的其他生产。

纵观历史，我们从未耗尽过任何原材料或资源，相反，当下几乎所有资源的价格都比历史上的价格低，这是因为技术进步大大降低了生产它们所需的时间成本。尽管消费量上升，然而我们非但没有耗尽任何原材料，反而现存各种资源的探明储量都在上升而不是下降。如果把稀缺性理解为资源是有限的，那么资源的存量应该随着我们消耗的增加而降低才对。但事实上，尽管我们的消费总量在增加，资源价格却在持续走低，并且由于技术的进步，探明和开采的资源总量越来越多。石油，现代经济的命脉，就是最好的例子，因为石油拥有相当可靠的统计数据。如图 9-1 所示，尽管石油的消费量和产量逐年递增，其探明储量却在以更快的速度增长。⊖英国石油公司（BP）的统计显示，2015 年石油年产量比 1980 年增加了 46%，消费量增加了 55%，而石油储备则增加了 148%，储量的增长约是产量和消费量的三倍。

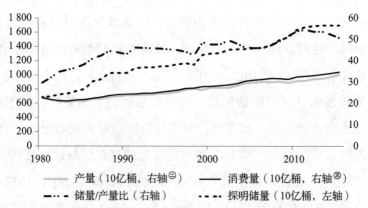

图 9-1　1980~2015 年全球原油消费量、产量、探明储量以及储量 / 产量比

⊖　资料来源：BP Statistical Review.
⊜⊜　疑原书有误。

尽管地壳中的其他资源丰富程度各有不同，但结果是类似的。资源的丰富程度只是决定它的开采成本，丰富程度高的金属（如铁和铜），容易开采，因此价格较低，而稀有金属（如金和银），就会更加昂贵。然而，就这些金属的产量而言，限制因素不是它们在地壳中的绝对数量，而是生产它们相对于生产其他商品的机会成本。关于这一点最好的例证就是第三章中讲到的，地壳中最稀有的金属——黄金。在经过几千年的持续开采后，随着技术的进步，黄金年产量还在不断增加。如果地壳中最稀有的金属的年产量都可以连年上升，那么，说任何自然资源的产量都受其绝对数量的限制，实际上毫无意义。物质资源的稀缺性只是相对的，不同的开采成本决定了某种资源的稀缺性水平。正如朱利安·西蒙一针见血指出的，真正的稀缺性是人类投入到生产这些金属上的时间，这也解释了全球性的工资水平上升以及原材料的成本相对于人力成本持续走低的事实。

这是人们最难理解的经济学概念之一，正因如此，人们才会在环境运动数十年的危言耸听中惴惴不安。朱利安·西蒙对这种歇斯底里的宣传的最著名的反击是他与保罗·埃利希（Paul Ehrlich）的10年赌约。保罗·埃利希是斯坦福大学教授、生态学家，也是20世纪最著名的环境灾难末世论者，他写了好几本书，宣称地球正处在重要资源耗尽的灾难边缘，并对这些资源耗尽的时间做了明确的悲观预言。1980年，朱利安·西蒙向保罗·埃利希发出挑战，由保罗·埃利希指定任意金属并指定任意大于一年的时间期限，打赌到期时，剔除通货膨胀因素，这些金属的价格会下降，赌注为1万美元。埃利希选择了铜、铬、镍、锡、钨，这些都是他曾经预言将要耗尽的金属。然而，到了1990年，尽管在这10年间全球人口前所未有地增长了8亿，这些金属不但没有耗尽，反而都出现了价格下降、产量上升。

事实上，人口越多，这些原材料的生产就会越多。也许更重要的是，就像经济学家迈克尔·克雷默（Michael Kremer）指出的，人类进步最根本的驱动因素不是原材料，而是解决问题的技术方案。[一]技术本质上是兼具非排他性（一旦某人发明了一项新技术，所有人都可以使用并从中受益）和非竞争性（一个人从某项创新中获益，并不会减少这项创新对其他人的效用）的商品。以轮子为例，一旦某人发明了轮子，所有人都可以效仿，制造自己的轮子，人们使用轮子的时候，从任何角度讲，都不会减少别人从使用轮子中获得的好处。奇思妙想是罕见的，只会在少数人的头脑中出现。与人口较少的社会相比，人口众多的社会能发展出更先进的技术，出现更多的思想大师。由于每个人都能从其他人的发明中受益，所以我们最好生活在人口更多的社会里。地球上的人口越多，出现的技术和创意也会越多，更多的人会相互借鉴，从这些想法中获益，从而让人类的生产力更高，生活水平进一步改善。

克雷默进一步举例，随着地球上人口规模的增大，人口增长率非但没有下降，还在上升。假如人口是资源的负担，那么就像马尔萨斯的人口模型预测的，人口规模越大，每个人可获得的资源越少，经济增速和人口增速应该降低才对。事实上，人口本身就是资源，经济增长的驱动力是人们的奇思妙想。人口数量越大，人群中出现的奇思妙想和技术进步也就越多，人均生产力越高，越能支撑大规模的人口。此外，克雷默还指出，跟人烟稀少的地方比，人口密集的地方经济增长和进步的速度更快。

将原材料称作资源是用词不当。人类不是仰赖天赐的被动消费者，原材料是人类劳动和创造力的产物。人类总是会用时间、努力和创造力

[一] Michael Kremer, "Population Growth and Technological Change: One Million B.C. to 1990," *Quarterly of Journal of Economics*, vol. 108, no. 3 (1993): 681-716.

生产更多的产出，因此人类才是终极资源。

面对时间，人类的永恒困境是，如何存储自己生产出来的价值。人的生命是有限的，除此之外的任何东西实际上都是无限的，只要投入更多的人类时间，这些东西都能生产更多。不管人类选择哪种价值存储载体，它都会升值。这些东西的产量是可以增加的，其他人自然会扩大生产，以获取存储在里面的财富。在雅浦岛，奥基弗通过炸药和更先进的船只带来了更多石币，窃取了雅浦岛人储存在石币中的财富。在非洲，欧洲人运来了整船的珠子，窃取了非洲人储存在珠子中的财富。除了黄金，所有被用作货币的金属都被过量生产，直到价格崩溃。如第四章所述，在现代经济中，凯恩斯主义的中央银行，总是一边假装对抗通货膨胀，一边逐步或者快速地削减本币的价值。随着近年来美国人将房产作为储蓄价值的载体，房地产供给大量增加，最终带来了价格的轰然倒塌。在现代经济中，随着货币通胀不断发展，很多经济泡沫都可以理解为，人们为了寻找更好的价值存储载体，病急乱投医。由于黄金独特的化学属性，没有人能够随意增加黄金的供给，因此在人类历史上，只有黄金近似地解决了价值存储的问题，也给人类带来了一段黄金时代。但是，随着政府对黄金的控制，黄金的货币角色很快受到限制，政府代之以自己发行的纸币，这种纸币的表现记录非常糟糕。

以上讨论反射出比特币这项技术成就惊人的光彩。人类有史以来第一次拥有了一种供给受到严格限制的商品。无论多少人使用这个网络，无论币价上涨多高，无论矿机如何进步，比特币的总量都永远是2100万。需求增加的时候，不可能额外增加任何供给。如果有更多的人想持有比特币，唯一的办法就是让比特币升值，刺激现在的持币者出售一些。由于每个比特币可以被分成1亿聪，随着比特币的升值，人们有足够的空间采用更小的记账单位。因此，比特币是非常适合承担价值存储角色的新型资产。

在比特币发明以前，对所有的货币形式来说，它们的数量都是无限的，因此，长期保值方面都不完美。比特币不可更改的货币供给政策使它成为储存有限人类时间创造的财富的最佳载体，也可以说，比特币是人类有史以来发明的最好的价值存储工具。换句话说，比特币是购买未来的最好方式，因为无论未来升值多少，只有比特币拥有不被劣化的保证（见图9-2①）。

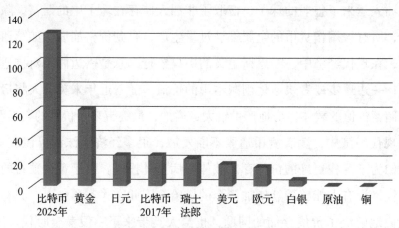

图9-2　全球现有总存量/年产量

到2018年，比特币仅有9岁，但它已经被全球上百万人所接受，②其货币供给增长率也与全球储备货币的供给增长率相当。借用第一章介绍的存量-增量比的概念：2017年的比特币存量约是2017年新币产量的25倍，此时存量-增量比仅仅是黄金的一半，但是到2022年左右，比

---

① 黄金数据来自美国地质调查局，白银数据来自世界白银协会，比特币数据来自Block-chain.info和作者自己的计算，石油数据来自英国石油公司的全球能源综述，国家数据为美联储的经济数据（参见 https://fred.stlouisfed.org），铜数据为作者自行估算。

② 因为每个用户能拥有任意数量的钱包地址，因此没办法简单估计比特币用户的数量。2017年，不同的估算方法给出的数据在1000万~1亿，我认为我给出的是较为精确的估计。

特币的存量－增量比将超过黄金，到 2025 年，比特币的存量－增量比将比黄金高一倍，此后比特币的存量－增量比仍会快速上升。但是黄金，基于第三章讨论过的黄金开采的动态变化，其存量－增量比将大致维持不变。到 2140 年左右，比特币不再有任何新币产出，存量－增量比会上升为正无穷，这将是首次有货币和商品达成这一成就。

比特币的供给减少和供给增长率的持续降低意味着，现有存量与新增供给相比非常大。在这个意义上，比特币挖矿与开采黄金非常相像。作为一种货币媒介，相比于其他供给容易增加的货币，在货币发行方面，比特币只会吸引相对较少的人类时间和努力，更多的人类时间和努力会转而从事更有用的经济生产活动，这些经济生产活动创造的价值可用于兑换比特币。随着区块奖励的减少，矿工的收入来源将会主要来自交易手续费，矿工的角色也将更多的是维护网络安全，而不是发行新币。

在绝大多数人类历史上，被用作价值存储载体的都是一些实物。价值存储本身并不一定依赖实体，但实体可以增加供给膨胀的难度。比特币纯粹以数字形态存在，达成了严格的稀缺性。在此之前，任何货币的可分割性和便携性都未曾达到比特币的水平。比特币让人类能够以数字的形式转移价值，完全不依赖于物理世界，这样，世界各地的大额价值传递可以在几分钟内完成。比特币严格的数字稀缺性既体现了实物货币的优点，又没有实物货币难以移动和运输的缺陷。或许可以说，比特币是有史以来人类发明的最好的价值存储技术。

个体主权

作为首个电子现金，比特币最重要的价值主张是，让每个人都获得对自己货币的绝对主权。任何拥有比特币的人，都获得了比特币发明之前不可能存在的某种经济自由。比特币的持币者，无须任何人许可，就可以在全球范围内完成大量价值移动。比特币的价值不依赖于任何地方的任何实体，因此永远不会被任何实体力量完全阻碍、摧毁或没收。

对于21世纪的政治现实来说，这项发明的意义在于，自现代国家诞生以来，个体第一次拥有了清晰可行的技术工具，可以摆脱政府对个人生活施加的金融影响。值得一提的是，对这种技术的重要性，1997年出版的一本书中做出了最好的描述。这本书出版于比特币诞生的12年前，书中预言了与比特币十分相像的电子货币，也预言了它对人类社会转型的影响。

在这本《主权个体》（*The Sovereign Individual*）中，作者詹姆斯·戴维森（James Davidson）和威廉·里斯-莫格（William Rees-Mogg）认为，由于法网严密、税收高昂和不时泛起的极权冲动，现代民族国家已经变得与中世纪的教会有点相似了。正如在中世纪，对欧洲人来说，重税、人身控制和烦琐的宗教仪式使教会成为越来越难以承受的负担，于是更新的、更具生产力的政治和经济组织形式出现，取代了教会并使它变得无足轻重。机器、印刷术、资本主义和现代民族国家的兴起孕育出了工业社会和现代公民观念。

500年后，新技术正在消解工业社会和现代民族国家的力量。信息技术将孕育新的组织形式，国家将不能强迫公民缴纳超出其意愿的费用。

戴维森和里斯莫格在他们的书中大胆预言，在不久的将来，基于更新科技手段的电子微处理器（Microprocessors）有可能会取代当前的民族国家。电子科技的革新将会给予个人前所未有的权力和对自己生活的完全掌控。

电信技术也使贸易和就业突破政府的规定和限制。最典型的例子是优步（Uber）和爱彼迎（Airbnb）这类公司，它们没有申请政府的许可就成功推出了自己的产品，也颠覆了传统的监管模式。通过建立在同意和相互尊重基础上的身份与保护系统，现代人可以与在网上认识的人交易，而不需要诉诸强制性的政府法规。

廉价在线通信形式的出现也颠覆了工作地点的重要性。许多生产者现在可以选择在他们喜欢的任何地方定居，而他们的产品也越来越信息化和非物质化，可以在瞬间送达全球。由于个人可以选择适合自己的地方定居和工作，还可以通过电信网络交付产品。因此，政府监管和税收的影响力从某种程度而言正在变得越来越小。

更多经济生产以无形商品的形式出现，土地和有形生产资料的价值相对下降，暴力占有这些有形生产资料带来的回报也随之降低。当个体自身即是生产资本，生产力与个体自愿密不可分时，以前通过暴力占据有形生产资料达成对生产者进行控制的方式，就变得越来越过时和失效。当农民的生产生活离不开不属于他们的土地时，暴力威胁可以有效地迫使农民生产，让地主获益。同样，工业社会对有形生产资本及有形产出的严重依赖，使国家对社会的征用直接而有效，20世纪正是这一事实的残酷写照。

在这场数字化变革中，还缺失最后一块拼图，货币转移和价值转移的方式还依然如旧。尽管信息技术可以颠覆地域的限制，但支付仍然处于政府和国有银行垄断机构的严格控制之下。与所有由政府强制实施的垄断一样，多年以来，银行业一直抵制有利于消费者的、限制银行业肆意收取费用和租金的创新和变革。随着全球经济的扩张和全球化的深入发展，这种垄断变成越来越沉重的枷锁。戴维森和里斯莫格以非凡的先见之明预测了新的数字货币突破樊笼的方式：加密安全的货币形式，不受任何物理限制。1997年他们的书出版的时候，这似乎还是怪诞的预言，但现在，预言已经变成了生动的现实。尽管比特币的意义尚未得到广泛的理解，但它已经被全世界数以百万计的人使用。

比特币，或者通常讲的密码学，是防御性技术，目的是让保护财产和信息的成本远远低于攻击它们的成本。这些技术使偷窃行为成本极高且后果难料，因此密码学有利于想和平生活、不侵略他人的人。在20世纪，政府可以通过中央银行肆意创造货币，从而使个人的生存和幸福完全依赖政府，比特币孜孜以求的就是纠正这种权力失衡。历史上的健全货币——黄金，无法做到这一点，黄金的物质性使其易受政府控制。黄金无法轻易转移，意味着使用黄金的支付行为不得不通过银行和中央银行集中完成，也意味着政府容易将其没收征用。与黄金不同，任何人都可以通过任何联网设备免费访问比特币交易账本，验证比特币交易是件区区小事而且几乎没有成本。[一]虽然比特币的扩展性可能需要借助第三方中介，但这与黄金结算对银行体系的依赖有着重要不同，因为第三方处理的交易最终会提交到可公开获取的总账本上，从而提高了其透明度和可审计性。

比特币源于密码朋克（Cypherpunk）运动，深入探究一下密码朋克的理念，就可以更好地理解比特币的政治愿景。用蒂莫西·梅（Timothy May）的话说：

> 强大的、牢不可破的公钥密码学与赛博空间中虚拟网络社区的结合，将使经济和社会系统的本质产生有趣而深刻的变化。加密无政府是无政府资本主义在网络空间的实现，让人们可以超越国界，自由地通过共识达成自己希望的经济安排……[二]

[一] 获得联网设备和联接互联网的成本也不高，而且还在不断下降。
[二] Timothy C. May. *Crypto Anarchy and Virtual Communities*. 1994. Available on nakamotoinstitute.org.

梅提到的无政府资本主义的愿景，是美国奥地利学派经济学家穆瑞·罗斯巴德（Murray Rothbard）发展出的政治哲学。罗斯巴德在其著作《自由的伦理》（*The Ethics of Liberty*）中解释道，自由意志和自我主权理念唯一逻辑连贯的推论，就是自由意志无政府资本主义：

> 另外，要考虑到自由伦理，以及在这一伦理下人们所取得的天然人身和财产权利的普遍性。因为任何人，无论何时、何地，都适用这些基本规则：对自己享有的所有权，对其占领并开发的无主资源享有的所有权；以及所有从基本所有权衍生出来的所有权——通过自愿交换或赠与的方式。这些规则，我们称之为"天赋所有权规则"，可以明确地被使用，而且不论何时、何地、何种社会经济状态，这些所有权都不受侵犯。任何其他的社会制度都不可能成为普遍使用的自然法，因为如果存在一个人或集团对另一人或集团的强制统治（并且所有规则都涉及此项霸权），就不可能对所有人适用同样的规则。㊀

不侵犯原则是罗斯巴德的无政府资本主义的基础，在此基础上，任何侵犯都不具备道德上的正当性。比特币是完全自愿平和的，为我们提供了合适的货币基础设施，以建立完全建立在自愿合作的基础上的世界。与人们对无政府主义者的通俗描述相反，比特币撑起的无政府主义旗帜是完全平和的，是为个人提供的摆脱政府控制和通胀的工具。比特币从不试图把自己强加于任何人，如果比特币继续获得成长和成功，也仅仅是因为它是一种和平中立的货币和结算技术，而不是因为任何强迫。

㊀ Murray Rothbard, *The Ethics of Liberty*. (New York, NY: New York University Press, 1998), p. 43.

国际和网上清算

由于任何组织都不能大量增加黄金供给，黄金成为通行世界的传统的支付和价值存储结算媒介。黄金的价值来自自由市场，而不是来自任何人的债务。在 19 世纪，人们扩大了交流和旅行的范围，因此需要远距离的金融支付，为此，黄金从个人的手中转移到了银行的金库中，最终，被集中到了中央银行的金库中。在金本位制度下，人们通过纸质票据就能完成贸易，无须转移实物黄金，极大地提高了全球贸易的速度和效率。

正如第六章讨论过的，随着各国政府没收黄金并发行各自的货币，个人之间和银行之间的全球结算不再可能通过黄金来完成，转而通过价值不停波动的国家货币来完成，造成了严重的国际贸易问题。比特币的发明从根本上创造了一种新的独立的国际结算替代机制，它不依赖于任何中介，可以完全独立于现有的金融基础设施运行。

任何人都可以在不经他人的许可、不暴露自己身份的情况下，运行节点，发送自己的比特币，这是黄金和比特币之间的重大区别。比特币并非只能存储在电脑上——某人的比特币对应的私钥是他记下来的一串字符或一串单词。带着比特币私钥四处走动要比带着一堆黄金容易得多，将它发送到全世界也容易得多，而且还没有被盗或被没收的风险。使用黄金的时候，政府可以没收人们的黄金储蓄，迫使人们用据称是由黄金背书的纸币，若是使用比特币，人们能够将自己的大部分比特币储蓄存放在不受政府控制的地方，只留下少量的钱用于中介支付。与所有其他货币形式相比，比特币技术的本质使政府不再强势无匹。

此外，比特币持有者能在比特币区块链上追踪所有比特币的分布情况，这使得任何当局都没有办法像中央银行在现代银行体系中的角色那样，充当处理比特币交易业务的银行的最后放贷人。即使在纸币可以兑换黄金的国际金本位全盛时期，中央银行发行的纸币也极少有100%的黄金储备，中央银行发行纸币的数量总有一定的杠杆倍数。比特币会使这种情况很难发生，比特币带来了密码学保证的数字确定性，有助于揭开部分准备金银行的假面。

未来，比特币主链可能不会承担小额支付，小额支付会由第二层网络承担，我们将在第十章继续讨论这一点。可以把比特币看作线上交易的新兴的储备货币，线上类似于银行的机构会将比特币储存在冷钱包中，向其用户发行以比特币储备背书的代币，每个人都能实时审计机构的持仓情况，并且通过在线的验证和声誉系统验证没有发生通货膨胀。这样，网络就可以支持无限数量的交易，同时无须支付高昂的交易费用。这将允许无限数量的交易在网上进行，而无须为交易写入比特币主链而支付高昂的交易费用。

随着比特币的市场价值和交易费用的持续增长，它开始变得越来越像储备货币，而不是日常使用和交易的货币。尽管当下全社会对比特币的接受程度还比较低，今天发生的大部分比特币交易也并不是发生在比特币网络上，而是发生在数字货币交易所和各种各样基于比特币的在线平台，比如在线博彩或赌博网站。这些企业会根据自己的内部记录将比特币贷记或借记给客户，只有当客户存取款时，才会在比特币网络上进行交易。

由于数字现金的特性，比特币的相对优势可能不在于取代现金支付，而在于允许在超远距离上实现现金支付。小额的个人支付可以通过多种方式进行：实物现金、以货易货、互助减免、信用卡、银行支票等。目前的支付结算技术已经为小额支付提供了多种低成本的选择。比特币的优势可能不在于与这些小额、短距离的支付方式竞争。更确切地说，比特币的优势在于，它将现金结算带入了数字世界，为跨境、长距离的大额支付创造了最快的最终结算方式。这种场景下比特币的优势是最为显著的。当前的国际支付，只有几种货币在世界范围内获得认可，即美元、欧元、黄金和国际货币基金组织的特别提款权。绝大多数国际支付是通过上面提到的货币之一进行的，剩下的小部分由其他几种主要货币共享。在国际上转移价值几千美元的这些货币通常需要花费几十美元，需要几天的时间，还要接受金融机构的侵入性的司法检查。这些交易的高成本主要是由于货币的波动，以及不同国家机构之间的结算需要多个层次的中介机构经手。

不到10年，比特币已经获得了相当程度的全球流动性，使用比特币进行国际支付的成本低于现有的国际转账手段。这并不是说比特币将取代全球汇款市场，只是指出了比特币在国际流动性方面的潜力。目前来看，国际汇款的规模远远超过比特币区块链的处理能力，如果更多此类支付转向比特币，费用将会上涨，从而限制比特币对这类需求的吸引力。不过，这也不会给比特币带来什么阴影，因为比特币的功能不限于此。

比特币是一种免于交易对手风险的货币，它的网络可以在几分钟内完成大宗支付的最终结算。因此，最好理解为，比特币与央行和大型金融机构在结算支付领域形成了竞争关系，并且由于交易记录可核实、加密的安全性以及不受第三方安全漏洞的影响，比特币比央行和大型金融机构更受欢迎。使用主要国家货币（美元、欧元）进行结算需要面对这些货币汇率波动的风险，并涉及对现有中介的信任。各国央行与大型金融机构之间的清算需要数日，有时甚至数周的时间，在此期间，各方都面临着巨大的汇率和交易对手风险。黄金是唯一一种传统的货币媒介，它不是任何人的债务，也不存在交易对手风险，但转移黄金是成本极其昂贵的任务，充满风险。

比特币既不存在交易对手风险，也不依赖于任何第三方，因此特别适合扮演黄金在金本位中扮演的角色。对于一个不赋予任何国家发行全球储备货币的"过分特权"，不依赖于任何国家经济表现的国际体系而言，比特币是一种中性货币，其价值不会受到有关的贸易量的影响，从而避免了困扰20世纪的所有汇率问题。此外，比特币交易的最终结算不依赖于任何交易对手，也不需要任何一家银行成为事实上的仲裁者，因此相对于全球霸权式的中央秩序，比特币是全球对等伙伴网络的理想选择。比特币网络基于这样一种货币形式——任何一家成员银行都不能增加其货币供给，而国家货币的出发点恰恰就是便于增发和政府融资。因此，比特币是比国家货币更具吸引力的价值存储载体。

即使每天结算一次账户，当前比特币网络的交易能力也远远超过了国家央行的需求。比特币网络上目前每天约有35万笔交易，可以在850家银行组成的全球银行网络上，让每家银行都与所有其他银行每天进行一次交易结算（网络中的交易连接数量等于$n(n-1)/2$，其中n是节点数）。

由850家央行组成的全球网络可以通过比特币网络进行每日的最终结算。如果每家服务的客户在1000万左右，就将覆盖全球人口。这种估算是基于最坏的情况——比特币网络的承载能力未来不会通过任何方式得到任何扩展——得出的。然而，正如我们将在第十章讨论的，即使不以向后兼容的方式对比特币的现有架构做任何改变，也有几种方式增加比特币网络的容量，允许数千家银行之间每日结算。

在没有政府能创造更多比特币的世界里，这些"比特币央行"将提供以比特币背书的实物或数字的货币工具和支付解决方案，并且互相竞争。没有了法币央行充当最后放贷人，部分准备金将成为极其危险的安排，我预计，能长远存活下来的银行是提供的金融工具拥有100%比特币准备金保证的银行。然而，这正是经济学家争论的焦点，未来是否会如此，只有时间能给出答案。银行与自己客户之间的支付结算将在比特币区块链之外进行，银行之间的每日最终结算会在比特币区块链上进行。

这种思路由来已久，尽管仿佛背叛了比特币完全点对点现金系统的最初设想。中本聪第一笔比特币交易的接收者哈尔·芬尼（Hal Finney），2010年在比特币论坛上这样写道：

> 实际上，以比特币为储备的银行有充分的存在理由，它们可以自己发行可兑换为比特币的数字现金。比特币本身无法扩展到让世界上的每一笔金融交易都向所有人广播，并纳入区块链，它需要有一种更轻便、更有效的二级支付系统。同样，完成比特币交易所需的时间也使比特币不适宜用作大额购买的交易中介。
>
> 以比特币为储备的银行会解决这些问题。它们可以像货币国有化之前的银行那样运作。不同的银行会有不同的策略：有的更激进，有的更保守；有的会采用部分准备金，有的会坚持100%的比特币储备。不同的银行利率会有很大不同，交易时，有的银行发行的数字现金可能会折价。
>
> 乔治·塞尔金（George Selgin）详细阐述了竞争性自由银行的理论，他认为，这样的体系将是稳定的、抗通胀的、自我监管的。
>
> 我相信这将是比特币的终极宿命，成为"高能货币"，为发行自己数字现金的银行充当储备货币。大多数比特币交易将是

银行间发生的净结算。届时，个人之间的比特币交易会十分稀少……嗯，就像今天用比特币购物一样稀少。○

比特币经济中的交易数量仍然可以像今天一样大，但这些交易的结算不会发生在比特币主链上，比特币主链交易不可改变和去信任化的优点，对于普通消费者的日常支付来说，属于杀鸡用了宰牛刀。银行和支付是现代经济世界中最僵化的行当，它们被政府控制，政府可以创造货币供自己使用。比特币的出现给这些领域带来了自由市场竞争，无论现有的支付解决方案有多少不足，它们都将因为比特币的出现而获益匪浅。

如果比特币继续升值，并被越来越多的金融机构利用，它将成为"新型央行"的储备货币。这些央行可能存在于数字世界，也可能存在于现实物理世界，现在越来越值得正视的问题是，各国央行是否应该将比特币纳入货币储备。在目前的全球货币体系中，各国央行持有的外汇储备主要是美元、欧元、英镑，以及国际货币基金组织特别提款权和黄金。这些储备货币被用来在各国央行之间结算账户，并捍卫本国货币的市场价值。如果比特币继续像过去几年那样升值，它很可能会吸引关注未来的央行的注意。

如果比特币继续大幅升值，它将为央行的货币政策和国际账户结算提供更大的灵活性。但或许央行购入比特币的真实想法是，就当是买了一份意外保险，防范未来比特币真的大获成功这种"意外"。鉴于比特币的供给受到严格限制，对央行来说，明智的做法是，花少量资金购买目前比特币供给的一小部分，以防比特币未来大幅升值。如果比特币继续升值，

○ Bitcoin Talk forums, December 30, 2010. Available at: https://bitcointalk.org/index.php?topic=2500.msg34211#msg34211.

而央行却没有持有任何比特币，那么以比特币计价，它们的储备货币和黄金就会大幅贬值，央行决定购入比特币的时间越晚，就越会处于不利地位。

现在，比特币仍然被视为一个古怪的互联网实验，但是随着时间的推移，随着比特币持续的生存和发展，就会开始真正吸引高净值人群和机构投资者，然后，或许是吸引央行的注意。当高净值人群和机构投资者都走近比特币远离传统银行的时候，就是央行开始不得不考虑使用比特币的时候。第一家购买比特币的央行将提醒其他央行注意这种可能性，并引发许多央行匆忙跟风。央行首次购买比特币的时候，可能会使比特币的价值大幅上升，从而使反应较慢的银行购买成本越来越高。在这种情况下，央行购买一小部分比特币是最明智的做法。如果央行在制度上可以购买比特币而又秘而不宣，这将是更明智的做法，使央行可以用较低的成本囤积比特币。

对于面临国际制裁，或者对以美元为中心的国际货币体系不满的央行来说，比特币也可以成为一种有用的储备资产。储备比特币的可能性本身就是这些央行与美国货币当局讨价还价的宝贵筹码，美国人可能最不愿意看到任何央行转而用比特币结算，因为其他国家的央行看到后，可能也会加入进来。

虽然各国央行大多对比特币的重要性不屑一顾，但它们很快就负担不起这种昂贵的藐视了。银行业务已经与市场竞争隔绝了一个世纪之久，央行行长们可能难以相信，比特币是他们的直接竞争对手。比特币使任何人都可以以较小的成本进行全球支付和最终结算，它用优越且完全可预测的算法取代了人为主导的货币政策。现代央行的商业模式正在被打破，央行现在没有办法像以往那样通过法律来阻止竞争，它们现在面对的是一个数字竞争对手，这个对手极有可能不受物理世界法则的约束。

如果各国央行不像比特币那样采用即时清算和健全货币政策，面对暴起的数字竞争者，它们就会门户洞开，让比特币占领越来越多的价值存储和结算市场。

如果现代是古罗马，美元就是被罗马皇帝劣化的奥雷金币，世界正在承受货币崩溃的经济后果，那么中本聪就是我们的君士坦丁，比特币就是他的苏勒德斯，互联网就是我们的君士坦丁堡。基于上述分析，比特币的真正优势在于，它是一种可靠的长期价值储存手段，是一种允许个人进行无许可交易的主权货币形式。在可预见的未来，比特币的主要用途将来自这些竞争优势，而不在于支撑无所不在的或廉价交易的能力。

全球记账单位

尽管比特币的野心不太可能在短期内尽数实现，但它特殊的性质还是令人着迷。自金本位时代结束以来，全球贸易一直由于不同国家货币的价值不同而备受阻碍，这破坏了人们使用单一交易中介进行间接交换的能力。相反，庞杂的政府货币体系创造了这样的世界：若要跨境购买商品，必须事先购入生产者的货币。几乎是在模拟以物易物，这严重阻碍了人们进行经济核算的能力，并催生了一个庞大的外汇行业。该行业除了缓和货币国家主义带来的可怕后果之外，几乎没有任何价值。

金本位制曾是这个问题的解决方案，在金本位制下，有一个独立于任何政府或当局控制的单一货币形式，它是全世界的货币标准。全世界的价格都根据黄金进行校准，并用黄金表示，从而可以很方便地进行跨境经济核算。然而，黄金的物理性质意味着它只能集中在一起，在中央银行之间进行结算。一旦黄金被集中托管，对于控制了黄金的政府来说，就成了不可抗拒的诱惑。最终，政府法定货币取代了黄金，健全货币变得不健全。

比特币是否会成为全球贸易和经济活动的记账单位，目前还是一个有争议的话题。实现这一点的前提是，比特币被非常非常多的人接受。这种接受很可能不是直接的而是间接的，是由于比特币被用作了储备货币，很多人甚至在无意识中接受了它。与被人持有的比特币总量相比，日常交易涉及的数量将是微不足道的，比特币供给的稳定是否会带来价值的稳定，也尚待观察。目前来看，比特币在全球货币供给中所占比例不足1%，大额个人交易可以对价格产生巨大影响，需求的微小变化也可能导致价格大幅波动。当前现状是，比特币作为全球结算网络和货币，在全球结算支付和货币供应中所占比例很小。今天，购买比特币可以被视作一种投资，投资这种快速增长的新兴的价值存储手段。未来比特币的规模和价值可能会继续增长许多倍。如果比特币占据了全球市场货币供给和国际结算交易的主要份额，那么比特币的需求水平将变得更加稳定和可预测，从而导致比特币的价值趋于稳定。假设，如果比特币成为全球唯一使用的货币，它的价值将不再继续有很大的增长空间。到那时，对它的需求将仅仅是持有流动资金的需求，而我们今天看到的投机和投资方面的需求将会消失。在这种情况下，比特币的价值会随着全球人口的时间偏好而变化，如果整体时间偏好变低，人们持有比特币存储财富的需求增加，也只会导致比特币小幅升值。

没有权威能控制比特币的货币供给，长远来看，这一属性会从制造价格波动变成减少价格波动。由于供给的可预测性，加之用户数量的增长，需求的每日波动对价格的影响会显著降低，做市商也能更好地对冲供求波动，创造更平稳的价格。

这种情形与金本位制下的黄金一样，就像我们在第六章介绍过的贾斯特拉姆的研究。在黄金被用作货币的几个世纪里，黄金供给渐进而稳定的增长使其价值没有发生过于剧烈的上升或下降，成为完美的跨越时空的记账单位。

但是，这种假设忽略了黄金和比特币一个根本的不同点，即黄金在工业上和装饰上存在很大且高度弹性的需求。黄金独特的化学性质使其在货币角色之外，存在大量需求。即使对黄金的货币需求发生变化，货币需求下降导致黄金价格下跌，工业界也会随时准备着接盘。由于特殊的性质，黄金其实是很多应用领域的最佳选择，只不过由于金价太高，这些行业只能选择较差的替代品。即使全球所有央行都抛售全部的黄金，在短暂降价之后，来自珠宝业和工业的需求也能消化掉所有的过剩供应。由于在地壳中极其稀有，黄金相对于其他材料将永远是昂贵的。无论由于各国采用或抛弃金本位带来怎样的全球货币需求变化，黄金能保证在一段时间内价值的稳定性，这种相对稳定反过来又巩固了黄金作为货币资产的吸引力，并确保了对黄金的需求。在黄金作为货币崛起的过程中，这一点起了很大作用。这可以被理解为，法定货币赎回黄金被停止几十年后，各国央行仍不出售黄金储备的真正原因。如果央行出售其黄金储备，净效应将是，未来几年有更多的黄金用于工业用途，但对黄金价格的影响并不严重。如果做了这种交易，央行只会获得可以自行印刷的法定货币，却会失去比自己印刷的法定货币更具价值的资产。

与此对应地，对比特币的非货币性需求可以理解为，持有比特币不是出于对价值存储的需要，而是出于比特币是使用比特币网络的必要前提。这与黄金的工业用途不同，黄金的工业用途完全独立于货币需求，而比特币的非货币需求和货币需求是不可分割的。因此，随着比特币的货币地位不断成长，不能指望比特币的非货币需求在缓解比特币市值波动方面发挥重大作用。

一方面，比特币严格的稀缺性使其成为一种非常有吸引力的价值储存选择，只要比特币的价值长期来看不断上行，就会有越来越多的比特币持有者能够忍受长时间较大的波动，就像目前的情况一样；另一方面，比特币价值的持续波动将阻止它扮演记账单位的角色，直到比特币增长到目前价值的许多倍，全球持有和接受比特币的人口比例增加许多倍。

然而，考虑到今天所有人都生活在各种法定货币相互波动的世界里，因此，与在金本位制下生活的人相比，今天的人对比特币的波动性应该有更好的耐受力。即使最好的法定货币，也不过是能够维持短期稳定，长期贬值的趋势一望可知。黄金虽然可以保持长期的稳定性，在短期内却不太稳定。既然所有的其他选项都有相对不稳定的缺点，缺乏稳定性看起来也不会成为阻碍比特币增长和普及的致命缺陷。

当前，这些问题不可能有明确准确精确的回答，在我们面前，只有时间能将未来的变化徐徐展开。货币地位是人类行为的自然产物，不是人类设计的理性产物。[1]个体出于自身利益做出行动，经济现实——如技术实现的可能性、供求关系等，决定了行动的结果，让他坚持、适应、改变或创新。自发的货币秩序是从这些复杂的相互作用中产生的，不是通过学术辩论、理性规划或政府授权授予的。理论上更好的货币技术在实践中未必会成功。比特币的波动性可能会让货币理论学家对它成为货币媒介的可能性不屑一顾，但货币理论无法凌驾于人类行为导致的市场自发秩序之上。作为一种价值储存载体，比特币会继续吸引更多的储蓄需求，导致它相对于所有其他形式的货币继续大幅升值，直到成为所有希望有所收获的人的首选。

---

[1] 关于这一重要区别的更多讨论，请参阅 Adam Ferguson, An Essay on the *History of Civil Society* (London: T. Cadell, 1782); Vernon Smith, *Rationality in Economics* (New York: Cambridge University Press, 2008)。

一旦达成某种形式的价值稳定，比特币就将在全球支付清算方面优于国家货币。今天，国家货币的价值会因为不同国家和政府的状况发生波动，将某种国家货币广泛用作全球储备货币，导致的结果是，发行储备货币的国家拥有"过度特权"。国际结算货币应该中立于各国的货币政策，黄金在国际金本位时期就出色地扮演了这个角色。要扮演这一角色，比特币比黄金更有优势，因为它的结算可以在几分钟内完成，而且交易的真实性可以被任何人通过互联网轻松验证，几乎没有成本。但是黄金转移需要更长的时间，清算依赖负责结算和转移黄金的不同信任程度的中介机构。因此，在面对面现金交易的场景中，黄金的货币角色或许尚能保留，而在国际结算场景中，比特币将独领风骚。

第十章

对比特币的常见疑问

在第八章里,我们讨论了比特币运行的经济学基础。在第九章里,我们又对比特币的其他主要潜力进行了探讨。本章,我们尝试回答一些常见和突出的问题。

挖矿是浪费资源吗

每一个加入比特币网络的成员都会生成自己的地址和私钥。它们可以类比为电子邮件地址及其密码:人们可以向你的公开地址发送比特币,你要使用私钥才能从你的比特币余额中向外发送比特币。比特币地址也可以通过二维码的形式呈现。

发生一笔交易的时候,发送者将这笔交易广播给全网其他成员(节点),其他成员会验证发送者是否有足够的余额,以及这笔交易涉及的比特币是否在其他交易中重复支出。一旦这笔交易通过了多数节点的确认，就会被添加到全网用户共享的大账本中，所有用户都会同步更新交易双方的"账户"余额。对网络节点来说，验证这些交易的有效性非常简单。因此，采用一人一票的方式验证交易是不安全的，黑客可以布置大量虚假节点，验证虚假交易。只能根据网络成员消耗的算力，换句话说，只有采用工作量证明机制（PoW），比特币才能在不依赖第三方的情况下解决双花（双重花费）问题。

从本质上讲，工作量证明就是让网络成员竞争解决难以解出却易于验证答案的数学问题。在约10分钟内被验证过的比特币交易会被节点打包进一个区块中，某个节点会将区块添加到比特币总账本上，即比特币区块链上。节点为了获得添加区块的权利而竞逐工作量证明的有效解，一旦有节点算出了有效的解，便会立刻将这个解广播给其他网络成员，他们可以快速验证这个解是否有效。一旦节点提交的区块和工作量证明的有效性得到了多数网络节点的认可，这个节点就会得到一定量的比特币。系统发放的比特币被称作"区块补贴"，这是增加比特币供给的唯一途径，就像挖矿是增加黄金供给的唯一途径一样，正因如此，该获取新币的过程被称作"挖矿"。除了区块补贴，首先完成工作量证明的节点还会获取该区块包含的交易手续费。区块补贴与交易手续费之和就是区块奖励。

节点竞相进行工作量证明，乍看起来似乎是对电脑计算能力和电力的浪费，然而工作量证明对比特币的运行至关重要。[⊖]要使数字商品具备

⊖ 比特币是否浪费电力，这个问题的出现从根本上说是源于人们对价值本质的误解。价值是主观而不是客观的。世界各地大量发电以满足消费者的需要，电力是否被浪费了，只能由消费这些电力的人评判。那些愿意为比特币网络支付运营成本的人，实际上是在有效利用这种电力消费，这意味着电力是为了满足消费者的需求而生产的，没有被浪费。从功能上讲，PoW是人类迄今发明的唯一创造数字硬通货的方法。只要人们觉得值得，这些电力就没有被浪费。

可靠的较高的生产成本，迄今为止，仅有工作量证明一途。正是因为要消耗电力和算力才能产出新币，比特币才有可能成为硬通货。只有求解工作量证明需要消耗大量的算力和电力，扩大算力的节点才有强烈动机不在自己的区块内打包无效交易。验证交易和工作量证明有效性的成本远远小于求解工作量证明的成本，因此，如果节点试图在区块中混入无效交易，几乎肯定会遭到失败，使之前参与工作量证明花费的算力成本有去无回。

工作量证明使打包区块的成本极其高昂，同时验证区块有效性的成本极其低廉，这样就几乎消除了任何人创建无效交易的动机。如果有人试图这么做，只会白白浪费电力和算力，而得不到区块奖励。因此，比特币可以理解为是一种技术：它通过算力的消耗，将电力转化为真实的交易记录。节点消耗了电力换来了比特币奖励，因此它们有强烈的动机维护比特币的完整。由于对诚实节点的经济激励，从诞生到今日起，比特币账本都不曾有过纰漏，针对已确认交易的双花攻击从未成功。实际上，比特币账本的这种完整性并不依赖任何一方的诚实。比特币完全依赖验证，无须相信任何人。

攻击者需要掌握全网的大部分算力，才能在比特币账本中插入虚假交易。网络中的诚实节点完全没有这么做的动力，因为这将破坏比特币账本的完整性，降低收到的区块奖励的价值，浪费他们投入在挖矿上的电力和资源。所以攻击者的唯一希望是，自行掌握超过全网算力 50% 的算力资源，自己验证自己的欺诈行为，并将它写入比特币账本，假装这是一笔有效的交易。在比特币诞生的早期，全网算力非常小，这种事情尚有可能出现。可是，由于当时比特币网络的经济价值并不存在，或者说微不足道，因此也并未吸引这样的攻击。随着比特币网络的成长，用户带来的算力越来越多，攻击的成本变得不可同日而语。

网络节点可以通过验证打包交易获得的区块奖励，因此掌握算力有利可图。截至 2017 年 1 月，比特币网络的全网算力约等于 2 万亿台消费型笔记本电脑算力的总和，这个数字大于世界上最大超级计算机算力的 200 万倍，大于全世界排名前 500 的超级计算机算力总和的 20 万倍。通过直接将算力货币化，比特币已经成为全世界最大的单一用途的计算机网络。

促进算力增长的另一个因素是，验证交易和解决工作量证明问题的，已经从个人电脑转向了专用的矿机，这些矿机为比特币软件达到最佳运行效率而专门设计。ASIC（Application Specific Integrated Circuits）矿机最早出现于 2012 年，它们的部署更加提高了比特币网络中算力的效率，使用 ASIC，没有任何电力会被浪费在与比特币计算不相关的计算单元中。矿机组成的全球分布式网络守护着比特币账本的完整。除了验证交易和解决工作量证明，这些矿机并没有其他的用途。如果比特币因为某种原因而失败，矿机将变得毫无用处，投资者的投资将会泡汤，因此他们有强烈的动机维护网络的完整和可信度。

如果有人想要篡改比特币网络的交易记录，他需要先行投入至少上亿美元，开发新的 ASIC 芯片。就算有人成功地篡改了交易记录，他也不大可能得到任何好处，因为由于他的攻击，比特币网络的价值会大幅下跌，乃至归零。换句话说，为了摧毁比特币，攻击者需要付出极大的成本，却不会得到任何回报。事实上，即使这样的图谋成功了，网络上的诚实节点也可以及时回滚到攻击发生的区块之前，让网络继续运行起来。然后，攻击者需要继续投入巨大的成本，攻击诚实节点的共识。

在比特币早期，用户运行节点发送自己的交易，同时验证彼此的交易，实际上每个节点既是钱包又是验证者／矿工。但随着时间的推移，这些功能被分开了。现在，ASIC 芯片被专门用于验证交易和获取区块奖励（这也是为什么它们常被称作矿机）。节点运营商可以产生无限的钱包，供企业为用户提供方便的钱包服务，让用户不需要运行节点或者花费算力就可以收发比特币。从这个意义上说，比特币虽然不再是纯粹的对等节点之间的点对点网络，但是网络仍然由大量节点构成，网络的运行不依赖任何一方，网络去中心化和分布式的本质完整地保存了下来。此外，正是由于挖矿专业化，才使网络背后的算力成长到今天这样惊人的规模。

在早期，比特币几乎还没有价值的时候，网络曾经很容易被黑客劫持或摧毁，但是随着网络具备了一定的价值，人们就可以免于这种担忧了。比特币网络的价值升高了，可能使其对攻击者更有吸引力，但与此同时，攻击成本的上升也更加明显，结果就是没有任何攻击真的成功。换一个角度看，也许对比特币网络的真正保护是，在任何时候，网络代币的价值完全依赖网络的完整性。任何成功修改了区块链的、盗了币的、双花成功的攻击，都会让网络成员觉得，比特币网络不再安全，从而显著降低使用比特币网络和持币的需求，造成比特币价格的崩溃，攻击者最终得不到好处。换句话说，比特币的护甲不仅是攻击成本高昂，还有很重要的一点是，攻击成功会让攻击者的战利品一文不值。作为一个完全自愿的系统，只有网络是可信的，系统才能运作，不然人们就会丢弃它。

算力的分散、代码的强抗更改性、稳如山的货币政策，是比特币存活下来并成长到今天这个规模的原因。新接触比特币的人很难想象，比特币发展到今天攻克了多少逻辑和安全方面的挑战。互联网为黑客创造了无尽的机会，他们出于兴趣或利益攻击各种网站和网络，世界各地的计算机网络和电子邮件服务器每天都被曝出这样那样的安全漏洞，这些系统能给攻击者提供的不过是数据或政治加分的机会而已，比特币则是价值巨大的资产,这样一想,比特币今天的成就就更惊人了。比特币网络价值巨大但是能够持续安全稳定运行,是因为它从一开始就是在高度敌对的环境中运行,长期面对着无情的试炼。世界各地的程序员和黑客曾试图以各种方法挑战它,但比特币兀自屹立。

失控:为什么没人能改变比特币

"比特币的本质决定了,自 0.1 版本发行以后,其核心设计便已固定,永远不会被改变。"

——中本聪,2010 年 6 月 17 日

迄今为止,比特币的抗逆性(resilience)并不仅体现在成功击退了外来的攻击,还体现在有力地抵制了任何改变比特币、更改比特币特性的企图。大多数怀疑论者尚未充分认识到这一表述的力量及其含义。如果将比特币比作一家央行,它将是全球最独立的央行;如果将比特币比作一个国家,它将是世界上主权最高的民族国家。比特币的主权源于这个事实:所有人都知道,比特币的共识规则决定了没有人可以左右它。毫不夸张地说,没有人能控制比特币,人们唯一的选择就是,按原样使用它,或者不使用它。

这种不可变性并不是说比特币软件无法更改,对任何具备编程能力的人来说,改变它轻而易举;这种不可变性源于比特币作为一种货币和网络的经济学效应,改变的难度在于让全网的每一个用户都接受同样的修改。比特币是开源软件,允许个人运行节点连接到比特币网络。比特币最初是由中本聪与已故的哈尔·芬尼和其他一些程序员合作开发出来的。自那时起,任何人都可以自由下载和使用该软件,并对其进行修改。

开源属性创造了一个自由竞争的市场，任何人都可以自由地对软件进行修改或改进，并将其提交给用户使用。

长期以来，来自世界各地的数百名计算机程序员自愿花时间改进节点软件，改进单个节点的功能。这些程序员完成了很多不同的实现，其中最受欢迎的被称作"比特币核心"（Bitcoin Core）。除了比特币核心，用户也可以使用其他开发者完成的比特币软件接入比特币网络，也可以自由地修改源代码。节点加入比特币网络的唯一要求是，遵守其他节点共同使用的共识协议。如果违反共识规则，改变区块链结构、交易有效性、区块奖励或任何其他系统参数，该节点提交的交易会被所有其他节点拒绝。

定义比特币参数的过程正是苏格兰哲学家亚当·弗格森（Adam Ferguson）所说的"人类行为的产物，而非人类设计的产物"㊀的绝佳例子。中本聪和哈尔·芬尼等人在2009年1月完成了比特币的工作模型，但从那以后，比特币又有了长足的发展。通过数千运行节点的选择，数百名开发人员的贡献，比特币代码发生了显著变化。没有中央权威机构决定比特币软件如何发展，也没有哪个程序员能够决定任何结果。实践证明，某项改进被采纳的关键是遵循原始设计的参数。就变化而言，比特币软件的改进更多可以被理解为，改进了单个节点与网络的交互方式，而不是改变了比特币网络或其中某一项共识规则。详细讨论这些超出了本书的主旨，可以简而言之：如果某项改动使某节点与其他节点不一致，则需要所有其他节点均进行更新，发起更改的节点才能继续留在网络上。如果有一批节点集体采用新的共识规则，而其余节点并不跟进，就会出现所谓的硬分叉。

尽管他们很出色，但比特币的开发者并不能控制比特币，只有他们

㊀ Adam Ferguson, *An Essay on the History of Civil Society*. (London: T. Cadell, 1782).

提供的软件获得节点的使用，才能说开发者一定程度上可以影响比特币。不仅开发者不能控制比特币，矿工也不能，无论其掌握多少算力。无论矿工在无效区块上浪费多少算力，也不会获得大多数网络节点的认可。如果矿工试图改变共识规则，他产生的区块只会被其他网络成员忽略，从而白白浪费算力，一无所获。只有矿工按照现有的共识规则打包只包含有效交易的区块，才能说矿工在一定程度上可以影响比特币。

既然开发者和矿工都不行，似乎可以说，运行节点的人控制着比特币。然而，这种判断只在高度理论化的语境下为真。事实上，每个节点运营者只能控制自己的节点，决定自己加入哪一个网络协议，决定自己认为这些交易有效还是无效。节点在选择共识规则时并不能放飞自我，因为如果选择了与全网不一致的共识规则，自己就会被网络拒绝。因此，所有节点的强烈偏好就是保持共识规则不变，并与运行该共识规则的其他节点保持兼容。任何一个节点都无力强迫其他节点更改代码，于是就造成了强烈的维持现有共识规则的集体共识。

总言之，比特币的开发者如果想让他们的代码被接纳，最好保持原来的共识规则不变；比特币矿工如果想获得回报，不浪费挖矿付出的成本，最好的选择也是遵守原有的共识规则；网络用户如果想让自己的交易顺利结算，最好的选择也是维持原有的共识规则不变。任何一个开发者、矿工或节点都不是比特币不可或缺的，如果偏离了共识规则，最可能的结果就是浪费自己的资源。只要比特币网络为参与者提供正向激励，就没有谁不可替代。因此，从这个角度看，这些共识特征就是比特币主权的体现，比特币在多大程度上依然是比特币，正取决于这些特征和规范。比特币这种非常强烈的现状偏好，使改变它的供给或其他重要经济参数极其困难。正是由于这种稳定的均衡，比特币的硬通货属性才获得了认可。如果比特币偏离了这些共识规则，它硬通货的地位也将严重缩水。

据笔者所知，到目前为止还没有试图改变比特币货币政策的重大联合行动，㊀不仅如此，一些更简单、更直接的、试图更改比特币某些技术参数的尝试也都失败了。一些看似无害的技术改进也很难推广，原因就在于比特币网络的分布式特征。需要互不相关甚至利益冲突的各方共同同意，一项改动才能得以实施。参与者越多，越难让大家都能理解一项改动的意义，因此获得共同同意也就越难。对大家来说，现在的状态经过了反复的测试，安全而熟悉、稳定而可靠。比特币的现状可以被理解为稳定的谢林点㊁（Schelling Point），激励所有参与者坚持下去，放弃会带来巨大的损失风险。

如果比特币网络的一些成员决定通过引入新版本的比特币软件，改变比特币代码的某些特征，而这种新的比特币软件又与其他网络成员不兼容，结果将会是分叉，实际上会创造两种不同的货币和网络。只要有人愿意继续使用原来的旧网络，他们就会受益于现有的网络基础设施、挖矿设备、网络效应、知名度等。新的分叉想要取代旧网络，就必须让用户数量、算力以及所有相关的基础设施同时压倒性地迁移过去。如果不能获得压倒性的多数，最有可能的结果是，出现两种比特币。如果分叉背后的人希望胜出，他们就必须卖掉原有网络上的比特币，并且希望所有人都这么做，这样旧网络的比特币就会价格下跌，而新分叉上的代币会价格上升，从而驱动更多的算力和经济活动从旧网络转移到新网络上来。但是，对比特币任何特征的任何修改，都只可能是对一些人有利同时对一些人不利，因此不太可能所有人达成一致，一起转移到新网

㊀ 2012年比特币产量首次减半后，一些矿工试图继续挖取每块50新币补贴的区块，但是这种尝试很快被其他节点拒绝了，迫使他们退回了原定的比特币发行计划。

㊁ 谢林点，也叫"聚焦点"，是博弈论中人们在没有沟通情况下的选择倾向，做出这一选择是因为这看起来是自然选择，希望别人也采取这样的选择。谢林这样描述："每个人期望的谢林点是他人期望他本人期望被期望做出的选择。"由于无法精确估计有多少比特币节点，因此对每个节点来说，谢林点就是保持现有的共识规则，避免改变。

络上去。从更广义上讲，多数人持有比特币的原因，是比特币自动完成交易且不受第三方的影响。这样的人不太可能冒险，不太可能将对网络进行修改的裁量权交给提交不兼容代码的组织。争辩谁才是多数并无实际意义，重要的是，只要一批坚持原有网络规则的人存在，就能保证现有的系统特性一直保持下去（除非出现不可知的原因破坏了系统的运行）。

除非当前设计出现灾难性的故障，否则可以肯定的是，将有相当大比例的节点选择继续使用现有的比特币实现方式，对任何人来说，这都比使用分叉网络安全得多。使用分叉网络的问题在于，要帮助分叉网络成功，就不得不卖掉你在原来网络上的比特币。任何人都不愿意看到的是，自己卖掉了旧网络上的比特币，来到了新网络，却发现身后的跟随者寥寥无几，新网络上的代币价格暴跌。简而言之，如果没有绝对多数的人愿意集体转移，就不可能有新的共识规则实现，而没有绝对多数共同支持，参与新网络的各方几乎一定会面临经济上灾难性的后果。如果任何新的转向获得成功，都会让这一转向的发起方获得对比特币未来发展方向的极大话语权。不过，想要成功，前提是必须获得广大持币者的支持，而持币者可以说打心眼里就反对比特币出现任何形式的权威，因此他们几乎不可能支持这样的转向。这些持币者群体的存在，使得对任何其他人来说，支持分叉都特别危险。以上分析或许可以解释为什么迄今为止比特币拒绝了所有试图大幅改变它的尝试。协调利益对立的人做出步调一致的行动是非常棘手的，尤其是这中间有很多人出于自身立场极为坚持比特币的不可改变性。除非未来出现什么不可抗力，让人们不得不放弃现行的比特币实现方式。

举例来说，比如某个修改可以增加比特币新币发行的速率，增加矿工得到的挖矿奖励，矿工可能会喜欢这个提议，但是现有的持币者应该不会喜欢，所以持币者不大可能同意这样的修改。与此类似地，如果提议增加比特币网络的区块大小，对矿工是有利的，这样的话，矿工可以在一个区块中打包更多的交易，收到更多的交易手续费，从而使投资挖矿的收益更大。但是，长期持币者不大可能支持这种修改，他们会担心更大的区块会让整个区块链的体积过于庞大，使运行全节点的成本太昂贵，因此降低全网的全节点数量，使网络变得中心化，更加易受攻击。开发者开发比特币节点运行的软件，却无法将改变强加给任何人。他们只能提交代码，用户自由选择下载喜欢的代码和软件版本。跟现行的比特币实现兼容的代码会比不能兼容的代码更容易得到用户的认可和下载，因为不能兼容的代码要等到全网压倒性多数的用户都使用它的时候才能有效。

因此，比特币表现出了极强的现状偏好。迄今为止，发生的都是一些微小的没有争议的更改，每次试图大规模改变比特币的尝试都以彻底失败而告终。这令比特币的长期持币者感到高兴，因为他们最看重的就是比特币的不可改变性和对改变的抵抗力。在这些尝试中，最令人瞩目的就是"扩容"（增加单个区块的大小，以增加网络交易承载量）的尝试。先后有过数个试图扩容的项目，它们争取到不少杰出的和早期的比特币参与者为其摇旗呐喊，也极力争取公众的支持。加文·安德烈森（Gavin Andresen）是与比特币有关的知名度最高的人物之一，他与许多利益相关者（包括一些技术精湛的开发者和财力雄厚的企业家）一起，非常积极地推动了几次让比特币拥有更大区块的尝试。

最初，加文·安德烈森和一名叫麦克·赫恩（Mike Hearn）的程序员于 2015 年 6 月提出了"比特币 XT"（Bitcoin XT），目的在于将比特币的区块大小上限从当时的 1MB 增加到 8MB。但是，大部分节点更倾向于保持 1MB 的区块大小，拒绝升级。之后，麦克·赫恩被一个"金融机构区块链联盟"[1]雇用，以将区块链技术应用于金融市场，同时《纽约时报》上发表了对麦克·赫恩不吝赞美的文章，称他是拼命试图挽救比特币的英雄，由于英雄得不到认可，比特币已经不可挽回地走向失败。赫恩宣称"比特币实验已经失败"[2]，交易承载能力增长乏力是比特币的致命障碍，并宣布他已经卖出了所有的比特币。当时比特币的价格是 350 美元，两年过去了，比特币的价格又上涨了 40 倍不止，而他加入的"区块链联盟"什么都没干出来。

加文·安德烈森并没有善罢甘休，随即提议以"比特币经典"（Bitcoin Classic）之名进行新的分叉，还是要将区块大小提升至 8MB。这一尝试同样没有成功。到 2016 年 3 月，支持比特币经典的节点数开始减少。接下来，大区块一族在 2017 年又一次聚集在"比特币无限"（Bitcoin Unlimited）的旗帜下，这一次声势更为浩大，他们中有世界上最大的矿机生产商，有控制着 bitcoin.com 域名的超级富豪，他们花费了无数资源推动大区块运动。媒体大肆炒作，对所有关注主流媒体和社交媒体上比特币新闻的人来说，危机感扑面未来。然而，事实是，大区块一族依然没有成功，大多数节点继续运行 1MB 版本的比特币。

最终，2017 年 8 月，大区块一族以"比特币现金"（Bitcoin Cash）之名硬分叉出一个分义版的比特币。比特币现金生动展示了没有得到极大共识的分叉币的命运。大多数人选择留在原有的比特币网络上，整套经济的基础设施也集中在原有的比特币网络上，比特币的价值远高于比特币现金，比特币现金的价格持续下跌，到 2017 年 11 月，不足比特币的 5%。比特币现金不仅无法取得经济上的价值，严重的技术问题还使它几

---

[1] 即 R3CEV。——译者注

[2] https://blog.plan99.net/the-resolution-of-the-bitcoin-experiment-dabb30201f7#.5jvqjf-9lg。——译者注

乎无法使用。既然新链和比特币使用相同的哈希算法，矿工就可以在两条链上挖矿，从两边获取挖矿奖励。比特币的价值远高于比特币现金，挖比特币的算力比挖比特币现金的算力多得多。但是，一旦比特币现金的挖矿收益率升高，就会有大量的比特币算力切过来。这给比特币现金带来了不幸的两难困境：如果挖矿难度太高，就会算力泄出，长时间无法挖出区块，交易无法获得确认；如果挖矿难度过低，就会算力涌入，挖出区块太快，货币供给增加过快。比特币现金的供给速度快于比特币，将会导致比特币现金的挖矿奖励很快被耗尽，未来无法吸引矿工。更可能的是，将导致比特币现金不得不继续进行硬分叉，调整供给增速，以期获得挖矿激励的可持续性。只有比特币的分叉币会面临这个困境，比特币本身不会。比特币挖矿一直都吸引着最多的算力，随着矿工购入更多的挖矿设备，算力还在持续递增。但是对比特币的分叉币来说，价值较低，挖矿难度也较低，总是很难抵抗来自更高价值链的算力蹂躏。

比特币现金试图发起挑战，证明谁才是真的比特币，它失败了。另一个由活跃在比特币经济圈的很多初创公司协商的，试图将比特币区块大小增大一倍的分叉企图，在2017年11月被取消了，这是因为它的推动者们认识到，他们不大可能获得网络上的压倒性支持，最终极有可能以另一个分叉币和分叉网络收场。经过事实的反复教育，比特币的支持者们开始对这样的企图不屑一顾，他们知道，无论怎样炒作，任何改变比特币共识规则的尝试都将导致另一个山寨比特币的诞生，就像所谓的"竞争币"（Altcoin），不管抄袭了多少细节，都抄不去比特币最重要的特征——不可变性。通过以上分析我们可以认识到，比特币的优势不在于速度、便利性或友好的用户体验，比特币的价值来自无人可以改变的不动如山的货币政策。任何一群人试图改变比特币的某个特征分叉出一个新币，在这个币诞生的那一刻，就失去了比特币最具价值的根本属性——不可变性。

比特币易于使用，但几乎无法改变。使用比特币是完全自愿的，没有人是被强迫使用比特币的，一旦你选择使用比特币，就必须遵守它的规则。比特币几乎不可能发生实质性的改变，任何尝试，都无非是再增加一个毫无意义的假货。比特币就是比特币，你只能完整接受它的一切，遵守它的规则，使用它提供的服务。就所有的实际意图和目的而言，比特币是至高无上的：它按照自己的规则运行，没有外人能改变这些规则。甚至可以把比特币的参数想象成类似于地球、太阳、月亮或星星的旋转，这些都是我们无法控制的力量，它们是存在的，而不是被改变的。

反脆弱性

比特币是纳西姆·塔勒布提出的"反脆弱性"概念的具体体现。所谓反脆弱性，塔勒布将其定义为某种事物能从逆境和混乱中获益的特性。比特币不仅有强大的抗攻击能力，可以说，不论从技术还是从经济角度看，比特币还都具有反脆弱性。迄今为止，所有试图杀死比特币的尝试都失败了。而且，由于这些攻击，开发者得以发现代码中的弱点并加以改进，使比特币变得更强大。每次失败的攻击都是比特币的荣耀，都在向参与攻击的人证明比特币的强大，向围观的人宣传比特币网络的安全。

由有志愿的软件开发人员、代码评审人员和黑客组成的全球团队致力于改进和加强比特币的代码和网络，他们将自身专业上、财务上和智识上的贡献注入其中。在代码中发现的任何漏洞或弱点都将吸引一些开发者的注意，他们会提出解决方案，讨论、测试，然后提交给其他网络成员使用。迄今为止，比特币网络发生的所有改进都是执行层面上的，都只是让网络更有效率，而没有改变比特币运行上的基本特质。比特币的世界不需要利益回避，开发者也可以拥有比特币，因此，出于自身的经济考虑，开发者也会全力保证比特币的发展和成功。一路走来，比特币从胜利走向胜利，这个过程中开发者也获得了经济回报，这些回报让他们可以投入更多的时间和精力维护比特币网络。一些知名的比特币开发者已经通过投资比特币获得了足够的财富，他们可以将比特币作为主要职业，无须为别人打工。

从媒体的角度看，比特币简直是格言"所有新闻都是好新闻"的生动诠释。比特币是一种不易理解的新科技，同很多不易理解的新科技一样，媒体对比特币的报道常常不那么准确，有时候还会完全敌视。网站99bitcoins.com 收集了超过200篇近些年出现的宣布比特币死亡的文章。一些作者发现比特币和自己的认知——通常是货币国家理论或者凯恩斯式货币弹性供给的重要性——完全冲突，但是拒绝思考一下有没有可能错的是自己。相反，他们因此得出结论，比特币的存在是错误的，它将会很快死亡。另一些人则坚信，比特币需要变革才能在成功的道路上继续前进，当无法让比特币按照自己希望的方式进行改变时，他们得出结论：比特币一定会死亡。这些人写了攻击比特币的文章，让比特币引起了更多人的注意。讣告越来越多，比特币的算力、交易和市场价值也越来越多。很多比特币爱好者，包括作者本人在内，正是由于看到在媒体的反复唱衰下，比特币非但没死，反而不停再起，其势更烈，才产生了深入了解比特币的兴趣，继而认识到比特币无与伦比的重要性。比特币讣告无力阻止比特币的发展，它们的作用似乎只是为比特币做了更多的宣传，让公众意识到，尽管有这么多负面报道，比特币仍在继续，从而唤起人们的好奇心。

2013 年秋天，美国 FBI 逮捕丝绸之路网站创建者的事件，就是比特币反脆弱性的极佳例子。丝绸之路是一个黑市购物网站，允许用户买卖任何东西，包括非法药物。当时，在公众心目中，比特币总是与毒品、犯罪联系在一起，因此大多数人预测，随着丝绸之路的关闭，比特币将再无用武之地。当天，比特币的价格从 120 美元左右跌至 100 美元左右，不过很快就反弹了回去，并且在随后的几个月里开启了一段波澜壮阔的上涨，最后达到 1200 美元的高位。直到此书写作时，比特币的价格从来没有跌回丝绸之路关闭时的水平。比特币在丝绸之路关闭事件中安然无恙，足以证明比特币绝不是一种只能用于犯罪活动的货币。

比特币具有可扩展性吗

在本书撰写的当下，围绕比特币最热的争议之一就是扩容问题，或者说增加交易承载能力的问题。比特币 1MB 的区块容量上限意味着每天全网可以处理约 50 万笔交易。比特币网络的交易量早已达到了这个水平，由于区块大小没有增加，结果就是，手续费水涨船高。一种叫作隔离见证（SegWit）的技术升级可能会使网络处理交易的能力增长 4 倍，但无论如何，人们越来越清楚地认识到，由于比特币去中心化和分布式的本质，比特币网络处理交易的能力会有上限。每笔比特币交易都会记录在每个比特币全节点上，每个全节点都要存储全完整的交易账本。这种必要性意味着，与任何中心化的解决方案相比，比特币存储交易的成本都高得多，因为中心化的解决方案只需要一份记录和几个备份就够了。最高效的支付处理系统都是中心化的，其优点是：存储一个中心化的记录比存储多个分布式记录便宜得多，而且分布式存储还要操心如何同步更新的问题，这个问题迄今为止只有通过比特币的工作量证明可以解决。

中心化的支付解决方案，比如 Visa 和万事达卡（MasterCard），使用的是记录所有交易的中心总账和完全隔离的备份系统。Visa 每秒可以处理约 3200 笔交易，折合每年约 1008 亿笔交易。㊀ 当前，比特币 1MB 大小的区块上限意味着每秒最多处理 4 笔交易，也就是每天 35 万笔，每年 1.2 亿笔。如果比特币像 Visa 那样每年处理 1000 亿笔交易，每个区块会膨胀到大约 800MB，这意味着每 10 分钟，每个比特币节点需要增加 800MB 的数据。一年后，每个比特币节点要增加约 42TB 或 42 000GB 的数据。这个数字完全超出目前或可见的未来消费级计算机的处理能力。普通的消费级计算机，或者一般的外接存储设备，容量大约是 1TB，只能存储 Visa 大约一周的交易数据。换个角度，研究一下 Visa 处理交易的电脑设备也是有意义的。

2013 年的一份报告显示，Visa 拥有一个被称作"数字诺克斯堡"的数据中心，其中包含 376 个服务器、277 个交换器、85 个路由器、42 个防火墙。㊁ 显而易见，Visa 的中心化系统存在出现单点故障的风险，因此它使用大量冗余和备用容量保护自己免受不可预见事件的伤害。对比特币来说，许多对等节点的存在意味着每个节点都不是必不可少的，因此对单个节点的安全性和容量要求没有这么高。倘若每年增加 42TB 数据，将要求节点配备非常昂贵的计算机，而且所需的网络带宽也是巨大的成本，对一个分布式网络来说，这些要求显然过于复杂和昂贵，是不可行的。

这样的数据中心目前世界上只有为数不多的几个，它们都是 Visa、万事达卡和其他支付服务商建立的。假如比特币试图获得这个级别的交

㊀ Visa, Inc. at a glance. Available at https://usa.visa.com/dam/VCOM/download/corporate/media/visa-fact-sheet-Jun2015.pdf.

㊁ Tony Kontzer, "Inside Visa's Data Center," *Network Computing*. Available at http://www.networkcomputing.com/networking/inside-visas-data-center/1599285558.

易承载能力，就需要建立几千个类似规模的分布式节点，这是不可能的，最后的结果必然是中心化，变成另一个 Visa。为了保持比特币的分布式特质，必须保证在比特币网络上运行节点的成本是可控的，成千上万的人可以在个人商用电脑上运行，并且日常的商用带宽可以支持节点之间的数据传输。

让比特币的链上交易规模与中心化支付系统媲美，是不可想象的。正因如此，随着比特币的发展，交易手续费一直在上升，而且极大可能会继续上升下去。比特币最大的扩展空间并非在链上，而是在链下，对小额支付和普通支付来说，有很多更简单的技术可用，而且不会让比特币之所以能够吸引大量算力的两个最重要属性——数字硬通货和数字现金——受到损害。没有其他技术能够实现数字硬通货和数字现金的功能，但是有很多技术可以低成本地实现小额支付和普通支付。技术选择也非常简单，现有的银行技术就可以相对可靠地完成。考虑到比特币交易需要经过几分钟到十几分钟乃至几十分钟才能得到第一次确认，将比特币大规模用于商业支付甚至不太可行。商家和客户不太可能为一笔支付等待那么长的时间。对于一次小额支付来说，双花⊖的风险可以忽略，但是对于每天接受很多笔支付的商家来说，双花的风险不可不防。就像我们将在后面如何攻击比特币的小节中会给出的比特币骰子（BetCoin Dice）的例子。

对于那些将比特币用作长期价值存储的人，或者想避开政府管控进行重要交易的人，较高的手续费是可以接受的。存储本身意味着不需要频繁交易，手续费较高也无大碍。对于无法通过银行系统进行的交易，比如有人想让自己的资金免受通胀和资本控制的影响，比特币较高的交易手续费也是可以接受的成本。尽管当前全社会对比特币的接受程度还

⊖ "双花"指数字现金在交易过程中重复使用的现象。——译者注

比较低，但数字硬通货和数字现金的需求已经推高了比特币的交易手续费，使其在小额支付上与中心化的解决方案（如 PayPal 或信用卡）相比并无优势，但是，这并没有限制比特币的成长。这说明，比特币的市场需求是其数字现金和数字价值存储的用途驱动的，而不是小额数字支付的用途驱动的。

如果比特币的普及程度继续增加，自然会有一些扩容解决方案浮出水面，这些解决方案不会改变比特币的架构。比如，可以利用比特币的交易构成方式来增加支付笔数。一笔比特币交易可以包含多个输入和输出，使用一种叫作"混币"（CoinJoin）的技术，多笔支付可以被整合进一笔交易中，从而减少对空间的占用。使用这种技术，比特币网络每天支持的交易数量有可能上升到数百万笔。随着交易手续费越来越高，该技术可能会受到更多欢迎。

另一种可能的扩容方式是数字移动 USB 钱包，这些钱包可以加入物理防篡改机制，能随时核对余额。这种 USB 硬件可以携带一定数量比特币的私钥，持有者可以随时将钱转出。它们可以被当作物理现金使用，每个持有者都可以随时验证里面的余额。

比特币不断上涨的价格说明，手续费的上升并没有减缓人们对比特币需求的增长，还说明，相对于为交易支付的成本，人们更看重交易本身。交易手续费并没有阻碍比特币的传播，所带来的只是不重要的交易被移到链下，链上的交易更加重要。比特币重要的用途是价值存储，以及支付难以追踪，对这些用途来说，手续费不过是毛毛雨。对长期持币的人来讲，一次性的小额交易费用是意料之中的，与交易佣金和卖方溢价相比，这笔费用通常显得微不足道。对于试图绕开资本管制或者向经济困难的国家输送资金的人来说，这笔手续费就更值了，因为它是唯一的选择。当比特币的普及程度进一步升高，交易手续费上升到影响人们支付行为的程度，经济压力会驱使人们更多地使用上面提到的扩容方法，在不损害网络规则和不导致分叉的前提下，增加比特币网络的交易承载能力。

　　抛开上面讲的可能的方案不谈，其实，今天大部分比特币交易都是在链下进行的，只是在链上进行最终结算。比特币相关的商业活动，比如交易所、博彩或游戏网站，仅在用户出入金的时候使用一下比特币区块链，用户在平台内的交易都是以比特币计价记录在本地数据库上。由于企业数量庞大、缺乏公开数据以及比特币经济的快速变化，这些交易的数量无从精确估计。保守估计，其数量应该是比特币链上交易的10倍以上。事实上，比特币已经成为比特币经济中大多数交易的储备资产。如果比特币继续增长，那么很自然地，链下交易的增长速度将快于链上交易。

　　以上分析或许和认为比特币将完全取代银行和银行业的看法相悖。不要说全球数十亿人，即便是区区几百万人，仅仅直接通过比特币网络进行所有的交易也是不现实的，因为这意味着每个网络成员需要记录其他人的所有交易。随着交易数量的增长，记录会越变越大，变成严重的计算负担。此外，比特币作为价值储存手段的独特属性，会使人们对它的需求持续增长，使它很难以纯粹的点对点网络的形态生存下去。比特币要想继续增长，就必须有链下的支付解决方案，当前，这种解决方案正在从竞争激烈的市场中涌现出来。

　　银行作为一个机构之所以不会消失，还有一个重要原因，就是银行托管的便利。虽然许多资深的比特币爱好者极为珍视财富不依赖金融机构而真正掌握在自己手中的自由，但绝大多数人并不想要这种自由，他们更倾向于不必亲自保管财物，更喜欢免于被盗窃的风险和被绑架的恐惧。如今，尤其是在比特币圈子里，在非常普遍的反银行氛围中，人们很容易忘记，存款银行是一种合法的业务，几百年来，世界各地的人们都需要这种业务。人们很乐意付费把财富安全地储存起来，这样他们只随身带少量的钱就够了，同时也不必担心财富不翼而飞。继而，银行卡普遍取代了现金，人们随身携带的钱更少了，这可能是现代社会更加安全的原因之一，因为大部分潜在的袭击者意识到他们不可能遇到携带大量现金的受害者，盗窃银行卡很可能劳而无功，因为受害人可以及时挂失。

即使比特币网络无须二层处理方案就能每天支持数十亿笔交易，也会有许多（即便不是绝大多数）币量很大的持币者，最终选择将自己的比特币交给比特币安全托管服务者，这样的服务正在越来越多。比特币安全托管服务是一个全新的行业，很可能获得极大的发展，提供不同级别安全性和流动性的存储技术解决方案。无论这个行业采取何种形式，如何发展，它所提供的服务将塑造未来以比特币为基础的银行体系的轮廓。我无法预测未来的服务将会是何种形态，它们将具备何种技术能力，我只知道，为了获得成功，这些服务很可能使用建立在市场声誉之上的密码学证明机制。闪电网络（Lighting Network）是一种可能的技术。闪电网络技术正在开发中，有望显著提高比特币的交易承载能力。闪电网络允许节点运行链下的支付通道，用比特币账本验证有效余额，而不是验证每笔交易。

在2016年和2017年，交易数量达到了比特币网络每日交易处理能力的上限，但没有阻碍比特币的高速发展，第八章的数据清楚地揭示了这一点。比特币正在通过链上交易的价值而不是数量扩容。越来越多的交易发生在链下，发生在包含比特币业务的交易平台和网站上，比特币越来越变成一个结算网络而不是直接支付网络。然而，常见的解读还是错的，这并不代表比特币不再是现金了。"现金"一词今天的意思是用于小额消费交易的货币，但现金的原意是无记名的，价值可以直接转让，无须第三方进行结算或承担责任的货币。在 19 世纪，现金是指中央银行的黄金储备，现金结算是指银行间实物黄金的转移。尽管比特币链上交易的数量没有很大提升，但价值和链下交易仍在不断增长。因此，比特币最好被理解成经典意义上的现金，与黄金现金储备类似，而不是现代意义上用于小额支付的纸币。

总之，有多种无须改变比特币的现有架构，也无须要求所有节点同时升级，但是可以增加网络交易承载能力的可能性。扩容解决方案来自节点改进向其他网络成员发送比特币交易数据的方式，来自合并交易、链下交易和支付通道。链上扩容方案不大可能满足日益增长的交易需求，因此，二层解决方案的重要性将会越来越显现，也会带来类似于今天银行的新型金融机构的大发展，它们会使用密码学技术，主要在线上运营。

比特币是为犯罪分子发明的吗

从诞生之日起，对比特币最常见的误解就是，这是为犯罪分子和恐怖活动量身定制的工具。很多媒体文章刊登过未经证实的表述，声称恐怖分子或黑帮分子利用比特币获取经济支持。虽然有很多这类文章已经被证伪，[⊖]但它们却将错误的印象留在了很多人的脑海中，甚至还误导了一些犯罪分子。

事实是，在世界各地都可以获取比特币账本，而且这个账本不可篡改。只要比特币网络还在运行，账本上就会记载发生过的每一笔交易。与其说比特币是匿名的，不如说它是伪匿名（或者说化名或假名）的。

⊖ Stein, Mara Lemos. "The Morning Risk Report: Terrorism Financing Via Bitcoin May Be Exaggerated." *Wall Street Journal*, 2017.

虽然不是一定能，但还是有可能在某个比特币地址和某个人的真实身份之间建立联系。一旦联系被建立起来，就可以追踪所有与这个地址有关的交易。当谈到匿名性的话题，将比特币的匿名性与互联网的匿名性做一下比较是很有趣的：它们都取决于你藏的有多好，以及找的人有多认真。不过，在比特币上隐身比在互联网上隐身更困难。你很容易处理掉一个硬件设备、一个电子邮件地址或一个 IP 地址，再也不使用它，但是你很难完全擦除一个比特币地址上的资金痕迹。就其本质看，比特币的区块链架构根本就不适合隐身遁形。

这就意味着，对于任何有受害者的犯罪行为，罪犯使用比特币都是不明智的。比特币伪匿名的本质意味着地址可以与现实世界的身份联系起来，不管犯罪行为已过去多少年，都不会有最终的安全。即便在多年以后，警察、受害者或任何调查人员还是有可能找到那个地址与某个真人的联系。比特币支付留下的线索已经成为很多线上贩毒者被识别出来的原因，可以说，正是比特币完全匿名的传说让他们失了手。

换句话说，比特币会增加个体自由，但并不会让他们更容易犯罪。比特币不是魔戒，而是和平与繁荣的未来不可分割的一部分。

使用比特币的一种令人瞩目的犯罪类型是勒索病毒：入侵受害者的计算机，加密他的文件，只有受害者支付了赎金（通常是比特币）之后，才能解密。这种犯罪形式在比特币发明之前就有了，比特币的发明只是让这种犯罪实施起来更加方便，很多人认为这是比特币促进犯罪的最好例证。然而，正是计算机安全防护的松懈才让这些这种攻击有机可乘。如果一个公司的电脑系统被黑客锁定，被勒索价值几千美元的比特币赎金，那么这家公司真正暴露出的问题远比这几千美元严重得多。黑客所求可能就是几千美元，但如果公司的竞争对手、客户、供应商拿到了公司的数据，他们的胃口可要比黑客大得多。就实际效果而言，勒索软件会让公司检查和排除电脑安全漏洞。这个过程会让公司采取更好的安全措施，促进安全行业的发展。换句话说，比特币让计算机安全市场货币化，刚开始的时候黑客会从中获利，长期看来，优质企业会掌握最好的安全资源。

如何杀死比特币：新手指南

很多热爱比特币的人对比特币的发展出了准宗教般的信仰，认为无论发生什么事，比特币都会生存下来，庞大的算力和遍布全球的分散节点意味着比特币系统具有极高的稳定性，可以抵抗任何可能的威胁。绝大多数不熟悉比特币的人则往往会认为，比特币终将失败，就像任何数码产品一样，它终有一天会被黑客攻破。一旦了解了比特币系统是如何运作的就会知道，直接"黑掉"比特币是不可能的。但是，对比特币来说，仍旧存在一些潜在的威胁。毕竟，计算机安全是一场永无止境的赛跑，躲在暗处的攻击者总在寻找新的角度。详细罗列并分析所有可能的威胁超出了本书的范围。[一]这一节我们只分析人们最常提到的，以及与本书的主旨（比特币作为一种健全货币）相关的威胁。

黑客袭击

比特币对攻击的抵抗力源于三个特性：（1）极致简洁的设计；（2）逆天的算力，这些算力除了保护系统的简洁设计，无事可做；（3）分布式的节点，任何改变想要生效，先要取得这些节点的一致同意。想象一下，把美国军队的步兵和装备全部放在一所学校周围，以保护其免受入侵，

[一] J. W. Weatherman 发起了一个开源项目，评估比特币网络遇到的威胁，参见 BTCthreats.com。

你就会明白比特币的防御能力有多强。

比特币本质上是一个记载虚拟货币所有权的账本。全世界总共只有 2100 万比特币，分属几百万个不同的地址，每天会发生不到 50 万笔导致比特币所有权转移的交易。如果仅仅做一个可以实现以上功能的简易系统，实际上所需的资源非常少。一台 100 美元的笔记本电脑就能做到，还不耽误上网。比特币之所以没有这么设计，是因为靠一台电脑记录交易的话，就不得不无条件信任电脑的所有者，同时，这台电脑很容易成为攻击的靶子。

所有计算机网络的安全都依赖于，让某些机器无法被攻击者渗透，并将它们的记录作为最终记录。比特币不是这样，它采取了完全不同的做法：它不单独保护所有计算机，并且在所有节点都是恶意攻击者的假设下运行。比特币不建立对任何网络成员的信任，而是验证他们所做的一切。通过工作量证明完成的验证过程要消耗大量算力，这被证明非常有效，因为它将比特币的安全建立在算力的基础上，简单直接，不受任何访问或证书问题的影响。假设每个节点都是不诚实的，无论哪个节点，想要向比特币账本上提交新的区块，都需要付出巨大的成本，如果真有欺诈行为被发现了，付出的成本就将付之东流。比特币的经济激励设计使得不诚实的行为极为昂贵，因此极难成功。

要黑掉比特币，也就是说搞乱交易账本，欺诈性地将某些比特币转到特定账户，或者让比特币账本变得不可用，就需要某个节点在区块链上提交无效区块，并且让网络接受这个无效区块，让区块链在无效区块之后继续延伸。但是，由于在比特币系统中，验证欺诈的成本非常低，而提交区块的成本非常高且持续升高，同时，网络中大多数节点的共同利益是让比特币活下去。所以，这场斗争中，攻击者获胜的概率实在渺茫。随着提交区块的成本继续升高，攻击者获胜的概率愈加渺茫。

比特币设计的核心是，提交新区块的成本和验证区块有效性的成本是极其不对称的。这意味着伪造交易仅仅在理论上可行，在经济激励的面前却寸步难行。因此，比特币区块链构成了迄今为止最无可争议的有效交易账本。

51% 攻击

51% 攻击是这样一种攻击方式，攻击者使用大量算力，为同一笔比特币生成两笔支付交易，最后，其中一笔交易失效，欺骗收款人。如果某矿工控制着大量算力，他就可以在短时间内率先完成工作量证明。该矿工可以将一笔比特币交易 A 发送到区块链上，让交易 A 被打包进比特币区块链，这样，收款人会认为自己收到了款项。同时，他还可以在包含交易 A 的区块前面分叉比特币区块链，构建一条包含交易 B，将同一笔比特币转给另一个地址的分叉链。由于该矿工掌握大量算力，一旦分叉链的长度超过原链，攻击就成功了，交易 A 的收款人收到的比特币将不翼而飞。

攻击者掌握的算力越多，他让欺诈链超过原链，擦除原有交易并牟利的可能性越大。道理听起来很简单，实际做到却难得多。收款人等待确认的时间越长，攻击者成功的概率越低。如果收款人愿意等待 6 个确认，攻击者成功的可能性就基本上不存在了。

理论上，51% 攻击是可行的，但在实际操作中，比特币系统的经济激励体系让它寸步难行。如果一个矿工成功实施了 51% 攻击，会严重削弱所有人使用比特币的经济动机和对比特币的需求。现在大量资本被用于挖矿，比特币矿业已经成为资本高度密集的行业，这些资本的回报（比特币）的价值正是取决于网络的完整性，比特币矿业公司会维护自己的长期收益，而不会搬起石头砸自己的脚。迄今为止，从未有任何比特币双花交易得到过确认，更遑论攻击成功了。

针对比特币的最接近成功的双花攻击发生在2013年，当时网站BetCoin Dice，由于双花攻击受到了总额约为1000比特币的损失（按当时的价格折算约为10万美元）。然而，那次攻击之所以成功，很大原因是因为BetCoin Dice接受零确认交易，这样就大大降低了攻击成本。哪怕他们等待一个确认，实施攻击都要困难得多。这也是比特币区块链不适宜大量商业支付的原因：等待新区块以获得一次确认的时间长达10分钟左右。倘若有大型支付服务商为了支付的便捷性，不顾零确认的风险，它又会成为居心不良者利用大算力实施双花攻击的重点目标。

总的来说，如果收款人不多等待几个确认以保证交易的有效性，51%攻击理论上有成功的可能。事实上，在经济激励的作用下，大算力的拥有者不会将自己的算力用于51%攻击。结果就是，所有等待了至少一个确认的人，都没有遭受过51%攻击。

若出于盈利的目的，51%攻击不大可能成功。但这样的攻击未必全是出于盈利的目的，攻击者的目的也有可能就是单纯地摧毁比特币。政府或其他实体也可以修建比特币矿场，获得全网大部分算力，然后用这些设备发起连续的双花攻击，摧毁人们对网络安全的信心。但是，挖矿产业的经济学属性会让这样的攻击无法实现。算力是一个高度竞争的全球市场，比特币挖矿是全世界体量最大、利润最高、增长最快的算力使用场景。攻击者可能会计算一下当前拥有多少算力才能获得51%的算力占比，然后投入相应成本购买矿机。然而，这种大肆购买只会带来设备价格的大幅上涨，现有的矿工会因此获利，在矿业中投入的资本也会更多。大肆采购还会导致矿机生产商加大投资，使单位算力价格降低，全网总算力飙升。作为一个市场的外来者，攻击者不停地购买算力，却永远处在不利位置，因为不属于他的算力增长更快。结果，为攻击比特币而投入的资源越多，比特币的算力增长越快，越难以攻击。因此，还是那句话，尽管技术上有可能，但面对比特币网络的经济属性，攻击成功的可能性基本不存在。

攻击者，尤其某国倾举国之力的那种，可能会试图控制（没收）现有的挖矿设备，用这些设备攻击系统，以降低比特币网络的安全性。但是，这一策略需要世界各国政府的通力协作，比特币挖矿在地理上高度分布式的现实，使这一策略面临极大挑战。更可行的方法不是从物理上，而是通过硬件后门控制这些设备。

硬件后门

另一种扰乱或摧毁比特币网络的可能是，破坏运行比特币软件的硬件设备，让它们被外部侵入。例如，在挖矿的节点安装难以察觉的恶意软件，让外部人可以操纵这些硬件。当51%攻击发生时，这些设备可能被关闭或远程控制。

还有一种可能是，在用户电脑上安装间谍软件，获取用户的私钥从而控制用户的比特币。如果这种攻击大规模泛滥，会严重打击比特币作为一种资产的可信度，降低对比特币的需求。

这两种攻击都有理论上的可行性，而且不像上一小节提到的攻击方式，它们不需要完全成功就能制造足够的混乱，损害比特币的声誉和需求。在只有少数几个矿机设备生产商的情况下，对矿机设备的攻击更有可能成功，这是事关比特币成败的关键点之一。然而，随着比特币挖矿产业的发展，会吸引更多的制造商来制造挖矿设备，降低由于某一制造商的失误对比特币网络造成灾难性影响的可能性。

至于对个人电脑的攻击，这种攻击较少可能造成系统性的影响，因为世界上存在无数的制造商，可以制造各式各样的能访问比特币网络的个人设备。倘若某个生产商出现了问题，结果不过是消费者转投另一家生产商。不仅如此，用户还可以在永不联网的离线电脑上生成私钥和地址，更偏执狂的做法则是在离线设备上生成私钥和地址，随即将此设备毁掉。存于这些私钥中的比特币将免受任何形式的网络攻击。

对这些攻击尤其重要的防御是深植于比特币爱好者心中的无政府和密码朋克取向，这让他们认为，与其相信，不如验证。比特币爱好者通常比一般大众更具技术能力，会非常小心地检查自己使用的软件和硬件。代码开源同行评议也是应对这类攻击的重要屏障。由于比特币网络分布式的特征，这类攻击通常只会造成某个中招的个体的重大损失，最多给系统造成一时的混乱，但几乎不可能造成整个网络的瘫痪，不可能完全摧毁人们对比特币的需求。应该知道，是经济激励赋予了比特币价值，而不是任何硬件赋予了比特币价值。任何单独的设备都不是比特币运行不可或缺的，都可以被替代。话说回来，如果比特币硬件设备的生产商更加多样化，不让任何一个生产商占据影响全局的重要地位，那么比特币会生存得更好，稳健性（robustness）更强。

互联网和基础设施的攻击

人们对比特币最常见的误解之一是，只要关闭重要的通信基础设施，或者说，关闭互联网，比特币网络就被杀死了。这些误解在于，它们误以为比特币网络是传统意义上由专门的硬件和基础设施构成的网络，有最怕人攻击的罩门。但是，比特币是一个软件协议，分布于全球的几十亿台计算机中的任何一台都可以运行它。比特币没有单点风险，运行比特币协议的任何硬件设备都不是不可或缺的。任何可以联网的计算机都可以将比特币网络运行起来。从这个角度看比特币和互联网类似，是协议让让计算机互相连接，成为互联网，而不是某些硬件设备。传递比特币信息的数据流量并不大，只占互联网总流量的极小部分。比特币区块链只是每 10 分钟传递 1MB 的数据，因此它并不像其他网络那样需要大量的基础设施。全世界有无数种有线的或无线的数据传输技术，只要其中有一项可用，比特币节点就可以联通网络。如果想制造一个比特币用户无法互联的世界，就必须彻底破坏全世界信息、数据、联通的基础设施。这显然不可能发生，现代生活在极大程度上依赖信息联通，没有通信基础设施的正常运转，许多至关重要的服务和生死攸关的事情无法完成。试图同时关闭互联网和基础设施，对任何社会都会造成极大伤害，却依然不能阻止比特币的流动，因为分散的机器依然可以使用自身的协议和加密通信互相连接。世界上有太多的计算机和网络，使用它们的人太多了，任何力量都无法使它们同时停止工作。杀死比特币的唯一可能的场景，是出现世界末日式的劫难，在那之后，就没人关心比特币是生是死了。在人们经常提到的针对比特币的各种威胁中，我认为这是最杞人忧天的一种。

节点成本升高，节点数量降低

不用为了杀死比特币进行科幻类的幻想，比如毁灭全人类的电信基础设施，比特币本身面临着比其现实得多的威胁，这些威胁来自比特币的基础设计。比特币供给量无法被篡改的硬通货属性，无须可信第三方免审查的数字现金属性，都是建立在比特币网络难以更改的共识规则尤其是货币供给规则的基础上。就像之前讨论的，之所以达成现在的稳定状态，是因为网络成员若想脱离现在的共识规则，极有可能充满风险且对自身不利。之所以会充满风险且对自身不利，是因为全网节点众多，采取协调一致的行动几无可能。因此，假如运行比特币节点的成本大幅上升，将有越来越多的用户不能运行比特币节点，比特币网络上的节点数量随之下降。一个只有数十个节点的网络是不足以称为去中心化网络的，这时候很有可能出现少数节点共谋，出于私利改变网络规则，甚至蓄意破坏网络。

在我看来，这仍然是比特币在中长期要严肃对待的技术威胁。当前，个人运行比特币节点的主要限制是网络带宽。在区块大小限制在 1MB 以下的情况下，情况还是可控的。提高区块大小的硬分叉将会升高运行节点的成本，使节点数量下降。不过就像之前提到的几种威胁一样，这种威胁只是存在于理论上，真正实施的可能性不大，因为系统的经济激励不利于这种行为，过去几次增加区块大小的企图都失败了，就是明证。

攻破 SHA-256 哈希算法

SHA-256 哈希算法是比特币系统运行必不可少的部分。简单来说，哈希过程的输入可以是任何数据，通过不可逆的数学计算，得到输出，即固定大小的字符串。换句话说，它可以轻而易举地生成任何数据的哈希值，却不能通过哈希结果逆推原始数据。然而，理论上，如果计算机的计算能力上升到可以破解这些哈希函数，就将使所有的比特币地址面临被攻破的风险。

我们无法预言这一场景是否会发生，何时会发生，但是一旦出现这样的情况，就将对比特币构成严重的技术威胁。比特币的应对之策是换成更强的加密算法，但更换加密算法的棘手之处在于，如何协调绝大部分节点放弃旧的共识规则，转向使用新哈希函数的新的共识规则。之前讨论过的所有分叉比特币的困难都将在这里显现，但此时比特币将面临真正的威胁，继续使用旧共识规则的持币人将面临被攻击的风险，因此，我们可以预期压倒性多数的用户会选择进行硬分叉。还剩一个有趣的问题，就是这次迁移是否会有序进行，用户是否会迁移到同一个新链，还是说，比特币会分裂成几个使用不同加密算法的分支。唯一可以确定的是，一旦 SHA-256 算法被攻破，网络用户合乎经济理性的选择是切换到一个更强的算法上，而且是同时行动。

回归健全货币

关于比特币如何失败或者被摧毁的讨论，大部分都是聚焦于技术攻击。然而，更加可行的攻击手段是釜底抽薪，减弱人们使用比特币的经济动机。前面所述的任何一种方式，都不太可能成功攻击或摧毁比特币，因为它们与驱动人们使用比特币的经济动机相冲突。就像禁止人们使用轮子和刀具一样，只要这些技术对人们有用，禁令就不可能成功，人们总会找到各种合法或非法的方式继续使用它们。让人们放弃使用一项技术的方式不是禁止它，而是发明更好的替代品，消除人们对它的需求。我们无法通过禁令或立法淘汰打字机，是个人电脑的兴起淘汰了它。

对比特币的需求源于世界各地人们的需要，人们需要进行一些绕开政治管控的交易，人们需要拥有抗通胀的价值储存手段。只要政治当局禁止和限制人们的资金转移，只要政府货币是可以根据政客的妄想随意增发的软通货，对比特币的需求就会存在。不断放缓的供给会使比特币的价值不断升值，吸引更多的人用比特币来存储财富。

假设全世界的银行和货币体系一夜之间回到19世纪末的金本位制度，个人自由和硬通货是至高无上的原则，那么对比特币的需求可能会大幅降低。剧情可能会是这样，世界转向金本位，对比特币的需求大幅降低，导致比特币价格显著下降，给比特币持有者带来了较大伤害，从而进一步增加了比特币价格的波动性，让比特币的发展倒退很多年。由于比特币的波动性升高，同时出现的国际货币本位是可靠和相对稳定的硬通货，人们使用比特币的动机严重下降了。在政府管控一切的欲望和通胀的欲望都受到金本位严格限制的世界里，黄金的先发优势和相对稳定的购买力会构成比特币难以逾越的障碍，比特币很难快速有大量用户，因此也就无法成长到足够大的体量,从而获得任何形式上稳定的价格。

然而,全球回归健全货币和自由政府的可能性微乎其微,这些概念在很大程度上与世界上绝大多数的政治家和选民格格不入,在几代人的时间里,他们一直被灌输的观念是,政府对货币和道德的控制是任何社会运转所必需的。此外,即使这样的政治和货币转型是可能的,由于比特币的供给增长率不断递减,它仍会是对许多人颇具吸引力的投机标的,而这本身就会导致比特币进一步增长,并获得更大的货币角色。在我看来,全球货币回归黄金可能是比特币面临的最大威胁,但这既不太可能发生,也不太可能彻底摧毁比特币。

另一种消灭比特币的可能性是,发明另一种优于比特币的健全货币。似乎有很多人认为,其他模仿比特币的加密货币可以做到这一点。但我坚信,任何模仿比特币设计的加密货币都无法与之竞争,原因我们会在接下来的一个小节详细论述,简单地说就是:比特币是唯一真正去中心化的电子货币,自发地形成了矿工、开发者和用户之间的精妙平衡,任何一方都无法控制比特币。基于这样的设计再造一种货币的可行性只存在于理论中。如今比特币的可行性已经显现,任何仿制都必然是自上而下的,必然成为一个中心化控制的网络,永远无法逃脱创立者的掌控。

因此,若说到比特币的结构或技术,任何模仿币种都无法将其取代。只有全新的设计和技术,实现全新的数字现金和硬通货,才有可能与其一较高下。在这种技术诞生之前,我们无法预测它是否以及何时会出现。基于多年来对数字现金发展过程的了解,我们都很清楚,这项发明绝非易事。

竞争币

比特币是第一个点对点的电子现金,但它绝不会是最后一个。一旦中本聪的设计传播开来，比特币有了价值和用户，自然就会有很多人抄袭他的设计，制造类似的产品。域名币（Namecoin）是第一个，它使用了比特币的代码，于 2011 年 4 月开始运行。截至 2017 年 2 月，根据 coinmarket.com 上面的数据，至少已经出现了 732 种电子货币。

常见的观点是，这些货币和比特币存在竞争关系，其中的佼佼者有朝一日有可能取代比特币。实际上，它们无法和比特币竞争，因为它们永远不会获得使比特币成为数字现金和硬通货的那些性质。要想让一个数字系统行使数字现金的功能，就必须免于任何第三方的掌控，能充分实现用户的意愿，不能有任何第三方可以拦截用户的支付行为。到目前为止，模仿比特币的数字货币层出不穷，但是看起来没有任何一个能够重现比特币那样的各方制衡，能够阻止体系内的强势一方制霸系统。

比特币出自一名化名为"中本聪"的神秘人士之手，他的真实身份目前仍然是一个谜。中本聪将比特币的设计发布于一个由爱好密码学的程序员组成的小众邮件组，在邮件组中收到反馈几个月后，中本聪和已故的程序员哈尔·芬尼上线了比特币网络（哈尔·芬尼于 2014 年 8 月因渐冻症去世）。中本聪和哈尔·芬尼进行了几天的交易和测试，之后更多的成员加入网络，开始进行交易和挖矿。中本聪从 2010 年年中开始神隐，声称"转向其他项目"，从那以后中本聪很可能从未出现过。㊀中本聪掌握的比特币很可能有 100 万之巨，但这些比特币从来没有移动过。中本聪非常谨慎，以确保自己的身份不会暴露。直到今天，依然没有令人信服的证据证明谁是中本聪。如果中本聪想被认出来，他早就走上前

㊀ 此后，中本聪可能出现过两次：一次是否认自己是日裔美国工程师多利安·中本聪，当时《新闻周刊》仅仅根据名字上的巧合以及多利安·中本聪也具备一定的电脑知识，就认定多利安·中本聪是比特币的创造者；另一次是他就比特币扩容的辩论发表了意见。然而，我们并不能确定这些发言是出自中本聪本人，还是有人盗用了他的账号。尤其是大家都知道，中本聪曾使用电子邮件的账号被盗过。

台了，如果中本聪留下了任何可以被追踪到真实身份的线索，他也就早被挖出来了。中本聪留下的所有文本和发言都被调查人员和记者反复研究，然而终归无济于事。现在，所有关心比特币的人是时候停止关心中本聪是谁了，我们应该接受，发明者是谁对这项技术并不重要，就像现在，轮子的发明者是谁对轮子能否转动并不重要。

中本聪神隐，哈尔·芬尼去世，比特币的发展方向不是任何权威或领导人的一言堂，也没有人能施加决定性的影响。就算是曾与中本聪有很多联系，在后中本聪时代曾最接近权威的加文·安德烈森，当他试图对比特币的演化方向发挥个人影响时，也一次又一次地遭到失败。媒体经常引用一封据称是中本聪发出的最后一封邮件："我要做别的事了，加文和大家干得不错。"[一]安德烈森好几次试图增大比特币区块的大小，但他的提议每次都无法得到节点运营者的支持。

如第八章所述，比特币在所有指标上持续增长和繁荣，相对而言，任何个人或团体的权威都已无足轻重。比特币可以被理解为一段拥有自我主权的代码，没有任何外在权威可以控制它的行为。只有比特币的规则控制着比特币，而保持现状的偏好持续影响着每个参与比特币的人，对比特币的规则做任何实质性的改变都极不现实。

正是这种以工作量证明为后盾的比特币代码的自我主权，让它成功地解决了双花的问题，成为成功的数字现金。其他数字货币无法复制的正是这种无须信任的特质。任何在比特币之后诞生的数字货币，都面临深刻的生存危机：比特币已经存在，它更安全、算力更多、用户基础更牢固，任何希望使用数字现金的人自然会更喜欢比特币，而不是规模更

[一] 作者无法验证这封邮件的真伪，但它被广泛引用，《麻省理工技术评论》(*MIT Technology Review*)曾刊登长文，称安德烈森为"真正建立比特币的男人"，认为对比特币的发展来说，加文·安德烈森比中本聪更加重要。

小、更不安全的替代品。复制代码以生成一种新数字货币的成本几乎为零，于是仿制品数量激增，除非有团队积极致力于为某一种新币培育市场、管理市值，重金聘请开发团队持续开发并保护这个系统的安全，否则，任何比特币之后的模仿者都不太可能出现任何形式的显著增长。作为第一个此类发明，比特币展现出来的自身作为数字现金和硬通货的价值，足以确保人们对它的需求不断增长。也正是因为如此，尽管背后只是一个匿名的开发者，尽管未曾花过一分钱做推广，比特币还是成功了。从根本上说，正是因为仿制轻而易举，所以对任何仿制品来讲，真实的需求都非常奢侈，因此必须有团队积极的建立和扩大市场对自己的"需求"。

这就是为什么几乎所有的"竞争币"都有一个团队，他们发起这个项目，推销它，设计营销材料，把新闻稿塞进各路媒体，同时他们还有信息优势，在人们听说他们的项目之前，大量挖掘自己项目的代币。团队成员的信息是公开的，无论怎样努力，都无法让人相信他们不是控制这个"竞争币"的中心。在这种情况下，任何其他币种若是声称自己是免受第三方控制的数字现金，都没什么可信度。换句话说，比特币精灵从瓶子里钻出来以后，若要制造比特币的替代品，就必须投入重金精心培育这个币种，而这种行为，恰恰将项目方变成了不可或缺的控制中心。只要有某个项目方掌握着控制权，这种数字货币就不可能成为数字现金。相反，它只是一种中介支付形式，而且是效率很低的中介支付形式。

这让"竞争币"的设计者陷入两难：若没有开发团队或营销团队的积极管理，他们的币种就无法从1000多种币里面杀出重围，吸引人们或资本的关注，但是，如果存在开发团队或营销团队的积极管理，又无法让人相信该币种不是处于这些人的掌控之中。如果开发者团队掌握着该币的大部分数量、算力和编码实现，这种币实际上就是中心化的，团队偏好决定着未来的发展路径。我并不是说中心化是数字货币的原罪，在自由市场上，比特币可能正需要这样的竞争者。我是说，"竞争币"深层次和根本性的错误在于，若是中心化的货币，就不该采用类似于比特币这种笨重而低效的设计，这种设计的唯一目的只是避免单点故障。

对于通过首次币发行（Initial Coin Offering，ICO）起步的数字货币来说，这个问题更加严重。这些 ICO 项目，开发团队高度公开，直接与投资者勾兑，使整个项目完全成为中心化的。以太坊（Ethereum）是市值上仅次于比特币的数字货币，它的经历生动地证明了这一点。

去中心化自组织（Decentralized Autonomous Organization，DAO）是以太坊智能合约首次较大规模的实践，在这个智能合约吸引了超过 1.5 亿美元的投资之后，一个攻击者通过其代码漏洞将接近 1/3 的资金转移到了自己的账户。将这次攻击表述为盗窃可能不那么准确，因为在转入资金之前，所有人都接受这样的前提，即这些资金由智能合约代码控制，代码即法律，再无其他。攻击者的所作所为并没有超出 DAO 代码的范围。事后，以太坊的开发者决定硬分叉出新的以太坊版本，将这个令人尴尬的错误抹去，没收攻击者的资金，返还给受害者。这种主观人力管理，与以代码为法律的目标格格不入，本身就是对智能合约整个理论基础的质疑。

如果算力第二大的区块链网络都因为开发团队的影响力，修改开发团队认为应该修改的交易，那么，任何竞争币宣称自己的管理是基于算力和既定规则都是站不住脚的。持币分布、算力分布、开发能力都集中于同一批人之手，这些人还是同一个团队的合作伙伴，这样的形态与采用区块链架构的目的完全南辕北辙。

还有，如果背后的团队纤毫毕现的暴露于世人面前，很难想象这样的私人发行货币能够取得全球货币的地位。如果它大幅升值，背后的创始小团队会变成巨富，并获得收取铸币税的权力。在现代世界，铸币税是民族国家垄断的权力。央行和各国政府不会容忍对它们权威的挑衅。对央行来说，扼杀或取缔这样的项目，让它不再与国家货币竞争，并非难事。没有任何"竞争币"表现出接近比特币的抗逆性，这种抗逆性来自比特币真正的去中心化本质，来自由于经济激励，每个成员都有强烈的维持现有规则的偏好。比特币在没有任何权威控制的情况下，在互联网的荒野中发展了9年，并击退了很多有组织有预谋有资金支持的改变比特币运行规则的图谋。与此相反，"竞争币"是明确无误的友好文化，一帮人共同致力于一个团队项目。这种模式适合创业公司，但是若要让世人相信该"竞争币"的货币政策永远不会改变，这一模式无异于诅咒。任何"竞争币"背后的团队想要改变该币的货币政策，都轻而易举。以以太坊为例，以太坊至今没有明确未来的货币政策是怎样的，这个问题只是留给社区进行讨论。这种讨论可能对以太坊的社区精神有所帮助，却完全无助于建立一种全球性的硬通货。当然，话说回来，以太坊也从未说过要成为一种硬通货。不管是因为意识到了这种根本的不可能性，还是为了避免与政治权威发生冲突，又或者是单纯为了制造营销噱头，绝大多数"竞争币"并不声称自己是比特币的竞争对手，而是声称自己与比特币赛道不同。

比特币固然从设计上就不适宜其他"竞争币"宣称可以实现的种种功能，但那些币，抛开宣传的噱头，也不曾真正实现任何比特币不具备的功能和特征。这些项目都有自己的内生货币，这些货币对在其复杂系统上执行某些在线应用不可或缺（如以太坊上的以太币）。

但是，要求新应用使用自己的去中心化货币，这种理念实在太过幼稚，这等于制造出一堆与我们在第一章所述的基本需求不匹配的问题，还幻想在实践中可以成功。真实的商业行为中，没有哪个商家会发行自己的货币，没有人愿意持有用途单一的货币。人们持有货币的目的在于持有流动性，可以随时随地很方便地在各种地方使用。只有特定商家接受的货币形式，只能提供很少的流动性，不具备现实的货币意义。人们自然会倾向于持有流动性强的支付方式，任何坚持使用自己发行的货币进行交易的企业，都只是将极高的成本和风险推给了自己的潜在用户。

即使是在业务上需要使用代币的特殊行业，比如游乐园或赌场，其代币的价值也是与流动性更高的货币锚定的，这样消费者可以知道自己手里有多少钱，可以做精确的经济核算。想象一下，假如这些宣称自己如何具有革命性的去中心化货币真的提供了任何在现实世界有价值的应用，消费者必须为每种应用准备对应的货币，这实在麻烦的不可想象。

实际上，通过数年观察，我还不曾看到哪个"竞争币"真的提供了有市场需求的产品或服务。所谓去中心化应用，吹嘘中的未来从未到达。不过，据称对这个未来必不可少的代币，却每月增加几百种。令人不禁怀疑，这些号称革命性的货币，唯一的作用就是让它们的创造者盆满钵满吧。

除了比特币，没有任何其他币可以宣称自己不受任何人的控制，正因如此，它们照搬支撑比特币的复杂架构没有任何意义。抄袭比特币的设计并制造出一个略有不同的山寨货，既没什么创新，也没什么难度，现在已有上千个糟粕在前。随着时间的推移，我们还将看到更多的山寨诞生，稀释"竞争币"这个品牌。总的来说，比特币之外的数字货币，都是软通货。没有哪个"竞争币"有自己独特的优点可言，它们都是千人一面，供给和设计都很容易改弦更张，唯有比特币的货币政策真正不变。

未来，这些"竞争币"是否能够在比特币之外提供有市场需求的服务尚不能断言，但是清楚的是，在成为免信任的数字现金方面，它们无法与比特币竞争。它们都模仿比特币的内容或仪式，同时假装在解决比特币没有解决的问题，这并没有让人们对它们充满信心，认为它们除了让自己的创始人富有以外，真的能达成了什么成就。成百上千的山寨货本身就是对中本聪最真诚的恭维，但他们并没有比中本聪走得更远，哪怕一步，这是对中本聪非凡成就最有力的证明。对比特币设计唯一有价值的改善是由更能干而无私的程序员志愿完成的，他们花了很长时间让比特币代码变得更好。同时，有很多不那么能干的程序员通过重新包装中本聪的设计，通过市场营销和无意义的吹嘘让自己变得富有，却未能添加任何存在真实需求的功能。如果脱离了政府宽松的货币政策导致大量资金不当投资，堆出大量泡沫的现实语境，就无法理解这些"竞争币"的所谓发展。

区块链技术⊖

比特币的价值迅速上涨，吸引了很多人的注意，同时它的运行机理和技术理解起来有一定的门槛，因此很多人对比特币存在大量误解。或许最深和流传最广的误解是，比特币运行机制的一部分——将交易打包进区块，再将区块按时间顺序连接起来的账本形式——可以用于解决或改善一些社会或经济问题，甚至是"革新"。这种声音和我们这个时代对每种新发明的过分宣传如出一辙。"比特币并不重要，背后的区块链技术才是未来。"2014~2017年，这种声音在银行高管、记者、政界人士的口中不断传递和重复，这些人有一个共同特征：不知道比特币实际上是如何运行的（见图10-1）。

⊖ 这一节大量引用了我的论文《区块链技术：有什么用途》"*Blockchain Technology: What Is It Good For?*" *Banking and Finance Law Review*, Issue 1, Volume 33.3, 2018.

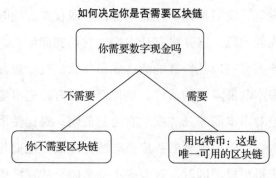

图 10-1　区块链决策图示

这种对区块链技术的追捧正是"草包族科学"的极佳范例。"草包族科学"的概念是物理学家理查德·费曼（Richard Feynman）提出并流传开来的。故事是这样的，在第二次世界大战期间，美国军方在南太平洋的一个岛屿上修建飞机跑道，以协助军事行动。飞机经常给岛上的土著居民带来礼物，他们非常喜欢。战争结束后，这个岛上不再有飞机降落，也不再有礼物从天而降。为了让飞机或礼物回来，岛上的居民想尽了办法。他们会模仿之前机场地面控制人员的行为，认为他们如果像过去那样，把一名带天线的男子放在一间小屋里，点燃一堆火，就会有飞机降落并给他们带来礼物。这种策略显然不会奏效，地面人员的行为并不会凭空制造出飞机。从飞机制造厂出产，到飞离基地，再到降落在岛上，飞机落地是一个复杂的过程。地面人员的行为只是这个复杂过程中的一部分，而南太平洋上的岛民无法理解这一点。

与这些岛民一样，那些鼓吹区块链技术本身就能产生经济效益的人，也失之于盲人摸象。比特币建立账户真实性和有效性的机制极其复杂，但目的明确：发行一种货币，在线上转移价值，无须可信第三方。从这个角度看，"区块链技术"并不是一种高效、廉价、迅速的在线交易方案。事实上与中心化的解决方案比，区块链是低效和缓慢的。它的唯一优势是免除了对第三方的信任。使用这种技术的唯一场景是，对于最终用户来说，免除对第三方的信任十分重要，以至于可以忍受成本的增加和效率的降低。它仅仅可以免除一个环节对第三方的信任，这个环节就是自身网络上的代币转移的过程，区块链代码对除此之外的事情没有任何约束力。

做一个对比就能知道，比特币作为一种记录交易的方法多么低效。如果我们不管去中心化、工作量证明、挖矿、去信任化等这些事，只运行一个中心化版本的比特币，它本质上只包含一个生成币的算法，以及一个每天处理约 30 万笔交易的数据库。这样的任务对任何一台现代社会的个人电脑都是小菜一碟。事实上，一台普通的消费级笔记本电脑每秒就可以处理约 1.4 万笔交易，20 秒就可以处理完比特币网络现在一天的交易。㊀要处理比特币全年的交易量，一台个人笔记本电脑只需要 2 个小时多一点。

显然，在个人笔记本电脑上运行货币系统的问题在于，人们要相信这台电脑的拥有者，要相信这台电脑的安全性可以抵抗网络攻击。为了让这个"微不足道"的软件系统摆脱对任何人的信任，没人可以篡改交易记录，没人可以改变货币的发行速率，人们经过长期探索，得到的唯一可行的设计就是比特币，就是去中心化的点对点网络加上工作量证明验证。这不是一个微不足道的软件问题，在发现确实可行的设计之前，计算机程序员花费了几十年时间尝试不同的设计。今天，一个较好的消费级笔记本电脑的算力约为 10M，而比特币网络的总算力约为 20E㊁，约等于 2 万亿台笔记本电脑。并不是生成货币或者记录交易需要这么庞大

㊀ 参见 Peter Geoghegan 的博客文章，http://pgeoghegan.blogspot.com/2012/06/towards-14000-write-transactions-onmy.html。

㊁ 2019 年 7 月，这个数字约为 70E。——译者注

的算力，而是整个系统的去信任化要求这么庞大的算力。如果任何其他计算过程也想基于区块链技术运行，它需要满足两个标准：

第一，去中心化的收益必须足够大，这样区块链带来的额外成本才是合理的。如果在全过程中，某个阶段还是需要某种形式的可信第三方，那么去中心化的额外负担就没有意义。比如，在司法管辖下执行现实世界中的商业合约，这些合约的执行仍然受到法律的监督，法律可能会推翻网络共识，去中心化的额外成本就是多余的。同样的例子还有金融机构的去中心化数据库，在实际运行中，这些数据库仍然充当机构之间或它们客户的可信第三方。

第二，本身需要足够简单，以确保有很多节点可以运行这个分布式账本，区块链不会变得太过庞大而无法成为分布式系统。否则，随着时间的推移，区块链的体积会持续增长，并让分布的节点越来越难以记录整个账本，最终只有少数大型计算机可以运行该系统，去中心化的初衷也就无从实现了。提醒读者注意，我们在第八章曾讲述了记录全账本的全节点与专注于挖矿的矿工之间的区别：矿工需要掌握巨大的算力，以竞争向账本上提交交易的权力，而全节点只需要付出很少的成本，存储和更新账本副本，验证矿工提交的交易的有效性。这就是为什么一个矿工掌握的算力往往抵得上成百上千台个人电脑，但是个人电脑还可以运行全节点。如果账本本身变得太过复杂，个人电脑就不能运行全节点了，得准备大型服务器才行，这就摧毁了去中心化的可行性。

比特币区块链有1M的区块大小限制，这限制了区块链体积增长的速度。由于这个限制的存在，普通的电脑依然可以运行全节点。假如区块变大，又或者，假如比特币区块链如一些区块链爱好者鼓吹的那样，在区块链上运行一些复杂的过程，那么区块链很快会增大到个人电脑无法运行的程度，系统会缩到几个由大型机构拥有和经营的节点上，去中心化无从谈起。

到目前为止，去信任的数字现金是区块链技术唯一成功的应用，这恰恰是因为现金业务清晰、简单，因此账本大小的增速相对缓慢。对于世界上大部分地区的家用电脑和带宽而言，加入比特币网络都是可行的。可预测的可控通胀过程本身也不消耗什么算力，但这个去中心化和去信任化的过程最终赋予用户巨大的价值。今天，所有其他的货币媒介都被人控制，控制者可以增加货币供给，从中取利。法币和贱金属如此，黄金也不例外。大量黄金被央行持有，央行可以借此操纵黄金市场，避免金价上涨过快，避免黄金排挤法币。从金本位被废除直到今天，比特币第一次让全世界希望持有健全货币的人可以得偿所愿，而且可以比较方便地得偿所愿。轻量级的电脑负载、重大的经济意义，这种不常见的组合正是比特币网络发展为史上算力最大的单用途网络的原因。过去几年的实践已经证明，找不出有同等价值的其他案例，既有必要将网络分布到上千个节点上，同时自身又足够简单，可以实行去中心化。

以上分析告诉我们，任何会增加区块链体积的比特币改进提议都不大可能获得通过，原因不仅有我们之前提到的比特币的不可变性，还有区块链一旦变得更庞大，将有很多节点运行者无法继续运行节点。这些节点运行者可以自行决定运行哪种比特币版本，因此，我们可以预见，必然总是有相当部分的节点运行者会坚守当前的版本，持有当前的比特币，从而使增大区块的努力最多不过收获另一个毫无意义的"竞争币"。

以上分析还告诉我们，任何被吹捧为要颠覆银行或数据库的区块链技术"应用"，都注定要失败，它们最多止步于一些概念演示，永远不会在真实世界中发挥实效。因为对于本身就是可信第三方的实体来说，用区块链承载业务太过低效。绝无这种可能：专用于消除可信第三方的技术，最终被可信第三方所用，并且还能发挥实效。

有很多更简单、更轻便的方式记录交易，但区块链是唯一可以免于第三方信任的方案。一笔交易被成功提交到区块链上，是因为有很多验证者出于自身利益争相进行了验证。交易的完成不需要信任或依赖验证者，任何欺诈行为都会立刻被其他网络成员揪出来，这些网络成员有强烈的动机确保网络的完整性。换句话说，比特币系统建立在笨重和昂贵的验证的基础之上，所以它才能免于各方之间的信任——比特币只需100%的验证和0%的信任。

与那些围绕比特币的浮夸宣传相反，并不是对于商业或生活的所有方面，免于第三方信任都是毋庸置疑的好事。一旦理解了比特币的运行机制，就可以看得很清楚，运行一个免于第三方信任的系统之前，你需要权衡利弊。优势在于区块链赋予的个人主权、抗审查性好、货币供给和技术参数不可改变。劣势则在于，执行同样的工作量，这样的系统需要消耗大得多的成本。没有理由天真地认为这种利弊权衡的结果是利大于弊。也许，唯一利大于弊的场景是，运行一个超越国家主权的全球性的同质健全货币系统。原因有两个：一个是，全球外汇市场现在高达80万亿美元之巨，该系统会逐步减少外汇市场的规模，这一收益可以覆盖系统本身的巨大成本；另一个是，前面已解释过，健全货币的本质恰恰在于没有人可以控制它，因此一个可预测但不可改变的算法正好适合这一任务。经数年思考，我没有在任何其他领域发现类似的场景，既足够重要，值得承担去中介化的高额成本，又足够简单，消除了人类的所有主观因素。

和汽车业做一个类比很有启发意义。1885年，卡尔·本茨在一辆三轮车上安装了内燃机，制造了第一辆汽车，发明汽车的明确目的是把马从马车上卸下来，让人们免于不停地处理马粪的辛劳。本茨安装发动机的目的并不是让马跑得更快。加装沉重的发动机不会让马跑得更快，只会让马跑得更慢，同时不会减少马车产生的粪便量。与此类似，就像第八章解释过的，比特币系统所需的庞大算力是为了消除对可信第三方的依赖，保护既有的货币政策不被改变。如果有人试图给第三方机构加装区块链发动机，那么消耗的算力就只是无意义的电力浪费。

只有时间能告诉我们，比特币模式是否会更加流行甚至被广泛接受。可能比特币会继续发展进而取代很多金融中介机构，也有可能会停滞、失败甚至消失。但不可能的是，比特币区块链有益于它旨在摆脱的第三方机构。

对于任何需要处理支付、交易或记录保存业务的第三方机构来说，区块链都是一项极其昂贵而低效的技术。非比特币区块链结合了双方的缺点：区块链昂贵笨重的结构和可信第三方的安全风险。因此并不奇怪的是，在发明 8 年后，除了量身打造的比特币以外，区块链技术还没有突出重围，市场上还没有出现获得成功的区块链商业应用。

虽然如此，围绕区块链技术的潜力，出现了大量的宣传、会议和高调讨论，媒体、政府、学术界、工业界莫不卷入其中。政府和机构被炒作迷惑，一笔笔巨额投资被用于风投、研究和市场营销，却没有什么实际的产出。

区块链咨询公司已经为股票交易、资产注册、投票和支付清算建立了区块链解决方案原型。但是，这些方案没有一个真正得到了大规模的商业化部署。原因很简单，正如佛蒙特州政府最近得出的结论：区块链解决方案比基于现有数据库和软件技术的解决方案贵太多了。㊀

还有，银行业从不是一个积极采纳新技术的行业。摩根大通的 CEO

㊀ Stan Higgins, "Vermont Says Blockchain Record-Keeping System Too Costly", Coinbase.com, January 20, 2016.

杰米·戴蒙（Jamie Dimon）2016年1月在达沃斯兜售区块链技术时，他自己银行的开放金融交易接口——一种1997年就有的为聚合服务商提供客户资料中心数据库的技术，已经宕机两个月了。

形成鲜明对比的是，在中本聪展示了区块链设计两个月后，比特币网络就诞生了。从诞生直到今天，比特币网络一直在不间断地运行，比特币的价值已经增长到1500亿美元以上。区块链是电子现金的技术解决方案。尽管中本聪匿名工作，在神隐之前也只是通过电子邮件等方式和外界简单沟通，但是由于这种解决方案真实有效，所以这并不妨碍比特币的快速发展。比特币不需要风投、会议和广告。

总而言之，"区块链技术"这个概念是存在的，但要说部署区块链可以解决某一个具体问题，就表示怀疑了。将区块链结构理解为比特币、比特币测试网络及比特币的模仿者运行中不可或缺的一部分，要准确得多。区块链技术这个术语在解释中常被简化，下一部分我们将探讨一下最常被吹捧的区块链技术应用领域，随后将说明这些应用的主要障碍。

区块链技术的潜在应用

概览一下当前与区块链相关的创业企业和研究项目，可以看出，区块链技术潜在的应用领域主要可以划分为三类。

电子支付

当前，支付清算业务还是依赖记录了所有交易和账户余额的中心化账本。从本质上讲，交易的过程是这样的：交易双方向中介机构提交信息，中介机构检查交易的有效性，然后相应调整两个账户的余额。如果使用区块链技术，交易要提交到每一个网络节点，会要求更多的传输、更多的处理能力和更多的时间。同时，交易也会成为区块链的一部分，复制添加到每一台成员电脑上。区块链的处理方式比中心化清算更缓慢也更昂贵，这也是为什么 Visa 和万事达卡每秒可以处理 2000 笔交易，而比特币每秒只能处理 4 笔。比特币使用区块链绝不是为了使交易更快捷、更便宜，而是为了免于对第三方中介机构的信任：交易完成是因为网络节点竞相验证了交易的有效性，系统不需要单独信任任何节点。无法想象，第三方中介机构使用一种为了免于信任第三方而牺牲效率和速度的技术，还能提高自己的业绩。对任何处于某一群体控制之下的货币来说，对交易进行中心化的记录总是更高效的选择。无论如何，有一点是清楚的，区块链支付应用至少要处理基于区块链技术的去中心化货币，处理现有的被中心化控制的货币是别扭的。

合约（合同）

当前，合同是一种律师起草、法庭判决、警察强力保证执行的东西。智能合约加密系统，用以太坊上的智能合约举例，是将合约编码进区块链，让合约自动执行，这样，无法上诉或撤销，同时法庭和警察也无从管辖。"代码即法律"是智能合约开发者的座右铭。这个概念的问题在于，与律师用来起草合同的语言相比，智能合约编写者使用的代码语言更少人能够理解。全世界可能只有几百人具备充分理解一份智能合约的技术能力，即便如此，这些人还是有可能发现不了智能合约中存在的漏洞（bug）。即使越来越多的人开始精通这些合约使用的编程语言，最精通这些语言的少数人还是会继续对其他人形成优势。所有人都是平等的，代码能力更强的更加平等。

以太坊网络上第一个智能合约去中心化自组织（Decentralized Autonomous Organization，DAO）部署的时候，这些问题都浮出了水面。DAO 吸引了超过 1.5 亿美元的投资，之后，一个攻击者通过某种方式执行代码，把约 1/3 的钱转到了自己的账户中。将这次攻击称为盗窃可能并不准确，因为所有的投资人都认可这样的前提，即他们投入的资金完全由代码控制，再无其他。这位攻击者所做的，并没有超出执行这些投资人认可的代码的范围。DAO 攻击发生之后，以太坊开发者分叉出新版本的以太坊，在新的以太坊上，这个令人尴尬的错误被抹去了。这种主观管理的重新加入，与"代码即法律"的目标背道而驰，也令人怀疑智能合约的整个逻辑是否可行。

以太坊是仅次于比特币的第二大区块链网络，以太坊区块链回滚的现实说明，任何小于比特币的区块链网络事实上都是人为控制之下的中心化数据库。事实证明，代码并不真的是法律，因为这些合约的"经营者"可以推翻结果。智能合约并没有用代码取代法庭，它只是用缺乏仲裁经验、法律知识和事后问责的软件开发者取代了法庭。这些事情带来的后果仍在发展之中，真正的法庭和律师是否依旧袖手旁观，也有待观察。

DAO 是第一个也是迄今为止唯一一个在区块链上运行的复杂的智能合约，DAO 的教训表明，哪怕智能合约真的有一天可以实现，这一天也是在遥远的未来。当前所有其他的智能合约都以简化的形态存在。也许未来有一天，人们的代码素养普遍很好，合约代码也更加可靠，智能合约可能会流行开来。但是，只要智能合约增加了成本，却还是依赖区块链工程师的编辑、分叉和判决，那整个过程除了制造流行语和大肆宣传以外，实在没什么用处。智能合约更可能的命运是，它们将存在于安全的中央计算机上，可信的第三方负责运行这些合约，并拥有最后的否决权。这样，区块链智能合约正式变成可编辑的，还可以降低运行成本，减少面临的攻击维度。

对于实际的区块链运营来说，只有代码易于验证和理解的简单合约才有市场。在区块链而不是在中心化的计算机系统上运行这些合约的唯一理由是，这些合约需要以某种形式使用基于区块链的货币形式。若没有这个原因，基于中心化计算机的合约更便于执行和监督，同时还不用承担区块链分布式系统的额外负担。目前唯一有意义的区块链合约应用是简单的定时付款和多签名钱包，它们都基于区块链自身的货币形式，而且主要应用在比特币网络上。

数据库和记录管理

区块链是一个可信赖的数据库和资产登记系统，但仅限于记录区块链原生货币，而且还需要该币种的价值足够高，这样网络才会吸引到足够的算力以抵御攻击。对于其他任何资产，无论是实物的还是数字的，区块链是否可靠，完全取决于该资产与区块链的连接是否可靠。使用私有链并不会增加任何效率或透明度，区块链的可靠性取决于获得授权在区块链上写入数据的组织的可靠性。私有链不使用工作量证明，将区块链引入保存记录的过程，只会降低效率，同时不会增加什么安全和防篡改的特性。对第三方中介机构的信任不会豁免，同时运行数据库所需的时间和硬件成本大幅升高。有原生货币的区块链或许可以用于公证服务，其中合同或文档被哈希到交易区块上，任何一方都可以访问区块链，确保自己得到的版本是当前哈希的版本。由于区块空间的稀缺，这样的服务会衍生出一个市场，但是对任何无币区块链来说，这也是行不通的。

区块链技术的经济学弱点

通过前面对区块链技术三个潜在应用领域的讨论之后，我们可以看到阻碍区块链技术广泛应用的五大障碍。

冗余

让每一位网络成员都记录区块链上的每一笔交易，是非常冗余和昂贵的设计，这种设计的唯一目的是摆脱第三方中介。对于任何第三方机构来说，无论是金融行业的还是法律行业的，只要自己还是一家第三方机构，增加这样的冗余性就不合逻辑。银行没有道理想要和其他银行共享交易记录，也没有道理消耗资源和电力互相记录其他机构的交易。对它们来说，这种冗余性除了增加成本，并不会带来可见的收益。

扩容

一个所有节点记录所有交易的分布式网络，其公共交易账本的增长速度将比网络成员的增长速度快得多。分布式网络成员的存储和计算负担远远大于相同体量的中心化网络。这个问题始终是区块链要面对的扩容障碍，这也是为什么比特币开发者一直在寻找扩容的解决方案，他们正在脱离纯粹的去中心化区块链模型，转而尝试在二层网络上执行支付清算，比如闪电网络，或者在区块链以外借助第三方中介。显而易见，扩容和去中心化之间存在着权衡取舍。如果区块链要容纳更大的交易量，区块就会变大，这会提高加入区块链网络的成本，减少节点数量。这样，网络就会趋向中心化。当中心化到只剩一个节点时，效率也就最高了。

合规

像比特币这种有自己内生货币的区块链，现有法律是无从干预的，任何政府当局都无法影响或改变比特币的运行。美联储主席甚至说过，美联储根本没有权力监管比特币。○ 几乎每过10分钟，就会有一个包含这10分钟所发生的正确交易的区块被添加到比特币区块链上。如果交易是正确的，就会通过验证写入账本，如果交易不正确，就不会通过验证，这就是全部，监管者无力推翻比特币网络给出的共识。如果将区块链技术应用于高度监管的、使用其他货币而不是比特币的行业，比如法律或

○ S. Russolillo, "Yellen on Bitcoin: Fed Doesn't Have Authority to Regulate It in Any Way," *Wall Street Journal*, February 27, 2014.

金融行业，将带来大量监管和法律上的问题。这些监管规则是为完全不同于区块链的行业形态制定的，无法适应区块链这种将所有交易公开给每一个网络成员的运作方式。而且，一个区块链可能会横跨多个不同的司法管辖区，面对不同的监管规则，因此难以实现同时遵守所有的监管规则。

不可逆性

基于中介机构的支付、合约或数据库业务，通过申诉，可以很容易地纠正人为错误或软件错误。如果使用区块链，事情要复杂得多。一旦一个区块被确认，新区块在它后面产生，那么，要推翻其中的任何一笔交易，都必须发动51%算力攻击，回滚整个网络。这意味着51%的节点一致同意同时移动到修改后的区块链上，同时，剩下的49%也会随后加入而不会分叉出去。网络越大，逆转任何交易就越困难。归根结底，区块链技术的目的是在线上复制现金交易，其中就包括现金交易的不可逆性，允许中介机构对交易进行修订或逆转没有任何好处。在银行业，人为错误或软件错误时常发生，假如采用区块链架构，只会使修正错误的成本大幅升高。DAO事件向我们表明，区块链的逆转是多么昂贵和漫长，即使是以太坊，也需要数周时间的编码和公关活动才能说服网络成员采用更新的软件。即便如此，旧链也还存在，并且分散了整个以太坊网络的算力和价值。结果是出现了两个不同的网络，在一个网络上，DAO攻击成功了，在另一个网络上，DAO攻击没有成功。

如果在算力第二大的区块链网络上，当开发团队不喜欢某个交易时，都可以修改区块链交易记录，那其他任何区块链防篡改的特性都站不住脚。如果货币分布、算力持有、开发能力都集中在一起，那实施区块链这种复杂的架构就没有意义。

正如在第九章讨论过的，比特币网络几乎不可能发生这种逆转，只有同意现有的共识规则，比特币各参与方才会加入网络。生态系统中各方的利益并不一致，这意味着只有接受愿意接受共识规则的人，接受他们的自愿贡献，网络才能成长。对比特币来说，共识规则是恒定不变的，用户自由选择加入还是离开。其他区块链项目是模仿比特币来成立的，都有某个团队设定系统规则，因此这个团队也有能力改变规则。比特币是通过围绕既定共识规则的人类自发行为发展起来的，其他项目都是通过创始团队的设计和积极管理获得发展的。数年屹立，比特币赢得了不可变的声誉，其他区块链项目都没有这个资格。

在工程学上，可编辑的区块链是毫无意义的诡辩：区块链通过复杂和昂贵的方法达成了无须第三方的清算，建立了不可变性，然后可编辑的区块链又赋予中介机构推翻这种不可变性的能力。目前修正既有行为的最佳实践是法律和监管部门赋予的监督和可逆性，只不过它们采用了更经济更快速更高效的方式。

安全性

区块链数据库的安全性完全依赖于验证交易和工作量证明的算力支出。可以这么理解，区块链就是一项将电力转化为可核实的、无可争议的所有权和交易记录的技术。为了保证安全，必须对验证者进行补偿，而且补偿方式必须是该系统自身的货币，这样才能让经济激励与网络的健康步调一致。假设比特币矿工收到的奖励不是比特币，而是其他货币，那么比特币区块链实质上就是给矿工发放奖励的人私有的交易账本，系统的安全性取决于资助矿工的实体的安全性，但是由于该系统采用了共享账本，因此平白添加了许多安全威胁。对于建立在算力验证的基础上的开放的去中心化系统，它越开放，参与验证的网络成员越多，系统越安全。对于依赖单点的中心化系统，可以在区块链写入数据的网络成员越多，系统越不安全，因为每个网络成员都是潜在的安全威胁。

区块链技术作为一种制造电子现金的机制

迄今为止，区块链技术唯一成功的商业应用是电子现金，具体地说，是比特币。那些常被吹捧的区块链技术的潜在应用领域——支付、合约、资产登记，只有在使用基于区块链的去中心化货币时，才可能行得通。所有的无币区块链与市场上现有的解决方案相比都没有竞争力，无法从产品原型走向商业落地。比特币的设计一直在网上公开，开发者可以自由地复制和改进它，以开发新的商业商品，但9年过去了，这样的产品未曾出现。

市场检验表明，冗余的交易记录和工作量证明机制只适合于建立无须第三方中介的电子现金和支付网络。记录电子现金的所有权和交易只需很少的数据。其他需要更多数据的经济案例，比如大量的小额支付和合约，在区块链模型中会变得异常笨重。对于很多需要第三方中介才能完成的应用场景，区块链提供的解决方案毫无竞争力。在需要第三方中介的行业，区块链不可能被广泛采用，因为中介本身使运行区块链的一切意义和成本自相矛盾。对于区块链技术应用来说，只有在过程中使用电子现金，而且使用去中介化的电子现金带来的经济收益大于常规的货币和支付方式时，才可能具备现实的商业意义。

好设计的第一步是，要解决的问题是清晰的，然后找出问题的最优解决方案。最优解决方案不仅仅是解决问题，所谓最优，就是不能包含任何无关或多余的部分。比特币创造者的动机是创造一种"点对点的电子现金"，他为此完成了整套设计。除了对比特币机制的无知，没有理由期望这套设计适用于其他功能。经过9年和数百万用户的检验，我们可以说，中本聪的设计成功地制造出了数字现金，而且，不必意外，这套设计不附带任何赠品。电子现金可以有商业和电子应用，但是这并不意味着，将区块链技术当作可以在多个领域广泛应用的技术创新来讨论有何意义。更好的理解方式是，有一部机器制造出了确定性很强的点对点的电子现金，区块链是这部机器中不可缺少的一个齿轮。

致　　谢

本书得益于比特币开发者戴维·哈丁（David Harding）的帮助、指导和技术专长，他深入浅出地解释了一些复杂的技术问题，令人钦佩。感谢纳西姆·尼古拉斯·塔勒布答应为本书撰写推荐序，并帮我联系出版社。在与 Wiley 出版社的合作中，我有幸与编辑比尔·法伦（Bill Falloon）合作，他欣赏我的作品，并不知疲倦地督促我改进。同时也感谢整个 Wiley 团队的专业和高效，感谢雷切尔·丘吉尔（Rachael Churchill）细致和快速的校对。

还要感谢很多阅读了本书的初稿并提出宝贵反馈的朋友，这些人包括 Ahmad Ammous、Stegano Bertolo、Afshin Bigdeli、Andrea Bortolameazzi、Michael Byrne、Napoleon Cole、Adolfo Contrcras、Rani Gcha、Benjamin Geva、Michael Hartl、Alan Krassowski、Russell Lamberti、Parker Lewis、Alex Millar、Joshua Mattettore、Daniel Oliver、Thomas Schellen、Valentin Schmit、Omar Shams、Jimmy Song、Luis Torras 和 Hachem Yassine。

本书是我多年学习的结晶，在此期间，我有幸向一些非常聪明的人学习。我要特别感谢 Tuur Demeester、Ryan Dickherber、Peter Sushenski、Michel Fahed、Akin Fernandez、Viktor Geller、Michael Goldstein、Konrad

Graf、Pontus Lindblom、Mircea Popescu、Pierre Rochard、Nick Szabo、Kyle Torpey 和 Curtis Yarvin，感谢那些对我理解比特币有帮助的文章和讨论。

本书的研究和编辑离不开我非常能干的研究助理 Rebecca Daher、Ghida Hajj Diab、Maghy Farah、Bill Falloon Sadim Sbeity 和 Racha Khayat。同时，非常感谢乔治·霍尔（George Hall）教授慷慨地与我分享了他的研究数据。

最后，若没有致力于完善和维护比特币协议的志愿开发者不知疲倦的工作，无论本书还是比特币都没有今日。感谢他们对这个项目的无私贡献。

推荐阅读

序号	中文书号	中文书名	定价
1	69645	敢于梦想：Tiger21创始人写给创业者的40堂必修课	79
2	69262	通向成功的交易心理学	79
3	68534	价值投资的五大关键	80
4	68207	比尔·米勒投资之道	80
5	67245	趋势跟踪（原书第5版）	159
6	67124	巴菲特的嘉年华：伯克希尔股东大会的故事	79
7	66880	巴菲特之道（原书第3版）（典藏版）	79
8	66784	短线交易秘诀（典藏版）	80
9	66522	21条颠扑不破的交易真理	59
10	66445	巴菲特的投资组合（典藏版）	59
11	66382	短线狙击手：高胜率短线交易秘诀	79
12	66200	格雷厄姆成长股投资策略	69
13	66178	行为投资原则	69
14	66022	炒掉你的股票分析师：证券分析从入门到实战（原书第2版）	79
15	65509	格雷厄姆精选集：演说、文章及纽约金融学院讲义实录	69
16	65413	与天为敌：一部人类风险探索史（典藏版）	89
17	65175	驾驭交易（原书第3版）	129
18	65140	大钱细思：优秀投资者如何思考和决断	89
19	64140	投资策略实战分析（原书第4版·典藏版）	159
20	64043	巴菲特的第一桶金	79
21	63530	股市奇才：华尔街50年市场智慧	69
22	63388	交易心理分析2.0：从交易训练到流程设计	99
23	63200	金融交易圣经II:交易心智修炼	49
24	63137	经典技术分析（原书第3版）（下）	89
25	63136	经典技术分析（原书第3版）（上）	89
26	62844	大熊市启示录：百年金融史中的超级恐慌与机会（原书第4版）	80
27	62684	市场永远是对的：顺势投资的十大准则	69
28	62120	行为金融与投资心理学（原书第6版）	59
29	61637	蜡烛图方法：从入门到精通（原书第2版）	60
30	61156	期货狙击手：交易赢家的21周操盘手记	80
31	61155	投资交易心理分析（典藏版）	69
32	61152	有效资产管理（典藏版）	59
33	61148	客户的游艇在哪里：华尔街奇谈（典藏版）	39
34	61075	跨市场交易策略（典藏版）	69
35	61044	对冲基金怪杰（典藏版）	80
36	61008	专业投机原理（典藏版）	99
37	60980	价值投资的秘密：小投资者战胜基金经理的长线方法	49
38	60649	投资思想史（典藏版）	99
39	60644	金融交易圣经：发现你的赚钱天才	69
40	60546	证券混沌操作法：股票、期货及外汇交易的低风险获利指南（典藏版）	59
41	60457	外汇交易的10堂必修课（典藏版）	49
42	60415	击败庄家：21点的有利策略	59
43	60383	超级强势股：如何投资小盘价值成长股（典藏版）	59
44	60332	金融怪杰：华尔街的顶级交易员（典藏版）	80
45	60298	彼得·林奇教你理财（典藏版）	59
46	60234	日本蜡烛图技术新解（典藏版）	60
47	60233	股市长线法宝（典藏版）	80
48	60232	股票投资的24堂必修课（典藏版）	45
49	60213	蜡烛图精解：股票和期货交易的永恒技术（典藏版）	88
50	60070	在股市大崩溃前抛出的人：巴鲁克自传（典藏版）	69
51	60024	约翰·聂夫的成功投资（典藏版）	69
52	59948	投资者的未来（典藏版）	80
53	59832	沃伦·巴菲特如是说	59
54	59766	笑傲股市（原书第4版.典藏版）	99

推荐阅读

序号	中文书号	中文书名	定价
55	59686	金钱传奇：科斯托拉尼的投资哲学	59
56	59592	证券投资课	59
57	59210	巴菲特致股东的信：投资者和公司高管教程（原书第4版）	99
58	59073	彼得·林奇的成功投资（典藏版）	80
59	59022	战胜华尔街（典藏版）	80
60	58971	市场真相：看不见的手与脱缰的马	69
61	58822	积极型资产配置指南：经济周期分析与六阶段投资时钟	69
62	58428	麦克米伦谈期权（原书第2版）	120
63	58427	漫步华尔街（原书第11版）	56
64	58249	股市趋势技术分析（原书第10版）	168
65	57882	赌神数学家：战胜拉斯维加斯和金融市场的财富公式	59
66	57801	华尔街之舞：图解金融市场的周期与趋势	69
67	57535	哈利·布朗的永久投资组合：无惧市场波动的不败投资法	69
68	57133	憨夺型投资者	39
69	57116	高胜算操盘：成功交易员完全教程	69
70	56972	以交易为生（原书第2版）	36
71	56618	证券投资心理学	49
72	55876	技术分析与股市盈利预测：技术分析科学之父沙巴克经典教程	80
73	55569	机械式交易系统：原理、构建与实战	80
74	54670	交易择时技术分析：RSI、波浪理论、斐波纳契预测及复合指标的综合运用（原书第2版）	59
75	54668	交易圣经	89
76	54560	证券投机的艺术	59
77	54332	择时与选股	45
78	52601	技术分析（原书第5版）	100
79	52433	缺口技术分析：让缺口变为股票的盈利	59
80	49893	现代证券分析	80
81	49646	查理·芒格的智慧：投资的格栅理论（原书第2版）	49
82	49259	实证技术分析	75
83	48856	期权投资策略（原书第5版）	169
84	48513	简易期权（原书第3版）	59
85	47906	赢得输家的游戏：精英投资者如何击败市场（原书第6版）	45
86	44995	走进我的交易室	55
87	44711	黄金屋：宏观对冲基金顶尖交易者的掘金之道（增订版）	59
88	44062	马丁·惠特曼的价值投资方法：回归基本面	49
89	44059	期权入门与精通：投机获利与风险管理（原书第2版）	49
90	43956	以交易为生II：卖出的艺术	55
91	42750	投资在第二个失去的十年	49
92	41474	逆向投资策略	59
93	33175	艾略特名著集（珍藏版）	32
94	32872	向格雷厄姆学思考，向巴菲特学投资	38
95	32473	向最伟大的股票作手学习	36
96	31377	解读华尔街（原书第5版）	48
97	31016	艾略特波浪理论:市场行为的关键（珍藏版）	38
98	30978	恐慌与机会：如何把握股市动荡中的风险和机遇	36
99	30633	超级金钱（珍藏版）	36
100	30630	华尔街50年（珍藏版）	38
101	30629	股市心理博弈（珍藏版）	58
102	30628	通向财务自由之路（珍藏版）	69
103	30604	投资新革命（珍藏版）	36
104	30250	江恩华尔街45年（修订版）	36
105	30248	如何从商品期货贸易中获利（修订版）	58
106	30244	股市晴雨表（珍藏版）	38
107	30243	投机与骗局（修订版）	36